末木文美士
Sueki Fumihiko

冥顕の哲学2

いま日本から興す哲学

ぷねうま舎

装丁＝矢部竜二
Bow Wow

はじめに

『冥顕の哲学1　死者と菩薩の倫理学』に続いて、『冥顕の哲学2　いま日本から興す哲学』を刊行する。

1では、冥顕の哲学の基礎構造を論じた上で、その発展上に「菩薩の倫理学」の構想を展開した。2では、序章で1の基本問題を復習的に論じた後、第Ⅰ部では、日本という場からどのようにして哲学を構築することが可能かという方法論的な問題を中心に論じ、第Ⅱ部では、幾人かの先行する日本の哲学者の営みを仏教との関係という切り口から批判的に検討した。

その上で、第Ⅲ部では、1と2を総合する形で、「脱近代」という今日の時代状況の中で、伝統を踏まえた冥顕の哲学や菩薩の倫理学がどのようにして可能かを検討した。しかし、それで終わるわけではない。探求はいま始まったばかりである。終章では、論じ残した問題をメモ的に記し、次へのステップに備えた。

『冥顕の哲学』1と2は、それぞれ独立して読むことも可能である。しかし、1の哲学は、2の方法論的な考察の上に成り立っている。それゆえ、両者を一体のものとして、連続して読んでいただくならば、私の思索の全貌を理解していただけるであろう。

とは言え、議論は多岐にわたり、錯綜している。本書第Ⅲ部第十章と終章には私のいちばん新しい思想がまとめられているので、まずそこから読んでいただくことも一つの読み方かもしれない。その後、1の第八、九章へと進んでいただけば、私の最近の問題意識がどのように展開しているか、その筋道が見やすいのではないかと思う。

冥顕の哲学2　いま日本から興す哲学◆目次

序　章　伝統思想から哲学へ

一　日本から発信する哲学

新潮社から刊行されていた季刊誌『考える人』で「考える仏教」の特集を組んだのは、二〇〇五年冬号であった。そのとき、僕は「なぜ日本の近代は仏教を必要としたのか」というタイトルでインタビュー記事を掲載してもらった。その前年、トランスビューから『近代日本の思想・再考』として、『明治思想家論』〔末木、二〇〇四a〕、『近代日本と仏教』〔末木、二〇〇四b〕の二冊を刊行したが、思いもかけず好評で、新聞や雑誌の書評などに取り上げていただいて、途惑うことになった。それまでアカデミズムの片隅で、日本の古代・中世仏教を中心にささやかな研究を続けていたが、しばらく前から行き詰まりを感じるようになっていた。もともと僕自身の生き方の問題を求めて仏教の研究に入ったのだが、それまでずっと客観的な文献研究に終始してきた。それはそれで面白いし、好きなことではあるが、しかし、ある程度研究が進むと、それではもともとの課題であった自分の生き方の問題はどうなるのかと、不安になってきた。

そこで、いろいろと試行錯誤を繰り返すことになったが、その中で、それまで手をつけなかった近代の問題にかなり集中して取り組むことになった。時代が近いだけに、そこに直接、今日の生き方の問題にかかわるさまざまなヒントが得られるように思われた。近代の仏教思想家は、それまで宗門内で自派の先人という形で取り上げられたり、時には崇拝対象に近いような扱いをされてはいたが、より広い視点から現代の問題として取り上げられることはほとんどなかった。近代の思想史といえば、宗教抜きの政治思想史か、せいぜいキリスト教が取り上げられることはあっても、仏教が問題になることはまずなかった。そのために、近代の仏教思想はほとんど未開拓で、手探りしながら進むしかなかったが、それだけに興奮するほど新鮮で、豊かな可能性をいくらでも引き出すことができた。

そのようなわけで、僕の近代仏教への関心は、あくまでも自分の生き方に結びつく限りのものであって、客観的で網羅的な研究を意図したものではない。近年、急速に近代仏教の研究が盛んになってきて、その際、僕の研究が多少の刺激を与えたとすれば嬉しいが、僕自身は必ずしもそのような方向を目指すわけではなかった。*

＊　近年の近代仏教研究の動向を知るには、大谷栄一他編『近代仏教スタディーズ』〔大谷・吉永・近藤編、二〇一六〕が便利。この方面に関する僕の新しい成果は、『思想としての近代仏教』〔末木、二〇一七b〕にまとめた。

こうして、その後の僕の探求は、主として哲学的な方向に向かうようになった。哲学とは何か。

ごく大雑把に言ってしまえば、世界観、人間観を理論化したものと言ってよいのではないかと思う。僕たちは漠然と世界を考え、人生を考えている。それは必ずしも整合的に理論化されたものではない。それをきちんと言語化し、理論化することが必要ではあるまいか。

もちろん「哲学」なるものは古代ギリシアに生まれ、西洋に育ったものである。東洋哲学とか日本哲学とか言っても、要するに西洋哲学をモデルとして、それと相似的なものを東洋に探しているだけに過ぎないのではないか。そうとすれば、西洋崇拝の時代ならばともかく、いまさら「哲学」ということにこだわることはないのではないかとも批判されよう。

それに対して、僕はこう考える。たしかに、「哲学」を西洋由来の尻尾を引きずりながら、あたかも他人の衣服を借りて着るようなものとして考える限り、そんなものはなくてよい。しかし、自分の世界観をきちんと理論化し、それに基づいて生き方を考えることは、どうしても必要なことではないだろうか。過去の伝統的な仏教思想や日本思想を単に骨董品として眺めるのではなく、そこに自らの生き方を求めるとしたら、それをしっかりした理論に構築し直すことが必要ではないだろうか。それを「哲学」と呼んで、どうしていけないことがあろうか。

最近、僕は「哲学は日本に始まる」と、本気で主張している〔末木、二〇一二a〕。たしかにフィロソフィーは西洋由来のものであるかもしれない。しかし、日本でそれを西周（にしあまね）が「哲学」と翻訳して使い出してから、すでに一世紀半経っている。その間、優れた哲学者たちが、さまざまな思索を展開している。それを西洋のフィロソフィーとは別の、日本独自の「哲学」と呼ぶことは十分に可能である。あたかも、仏教がインドに発しながら、日本独自の仏教の伝統を築いてきたのと同様である。

その間の哲学者の中には、東洋の伝統を生かそうとして苦闘し、成果を挙げた立派な先達が幾人もいる。彼らを出発点として、東洋の伝統に遡りながら、もう一度伝統を解体し、再構成し直すことが、いまや十分に可能な段階に至っている。西洋のフィロソフィーを参照するにしても、あえてその伝統に立つことはせず、日本の「哲学」を出発点としながら、東洋の伝統のほうに棹差そうというのである。

そのような志向は、僕の著作では、『仏教vs.倫理』〔末木、二〇〇六a〕、『他者／死者／私――哲学と宗教のレッスン』〔二〇〇七a〕などを通して少しずつ熟してきた。『他者・死者たちの近代――近代日本の思想・再考Ⅲ』〔末木、二〇一〇〕や『思想としての近代仏教』〔末木、二〇一七b〕は、こうした哲学への志向と思想史との接点を模索したものである。さらに、『哲学の現場――日本で考えるということ』〔末木、二〇一二a〕においては、近代日本の哲学をベースとした哲学の体系化を試みた。

『冥顕の哲学1、2』は、このような試行錯誤を経て、いまの僕の到達したところを、ともかく洗いざらい提示しようというものである。『冥顕の哲学1』では、冥顕の構造に基づく世界観の構築から、仏教を基盤とした新しい「菩薩の倫理学」への展開を述べた。本書は、もう一度方法論的な場に立ち返り、そのような構築が、日本思想や比較思想の研究の上に成り立つことを確認し、近代の哲学者たちの営みを振り返ることを通して、最終的に『冥顕の哲学1』の死者の哲学や菩薩の倫理学をさらに一歩進めようと意図している。この序章は、1の思索をもう一度原点に立ち返って捉え直し、本書に繋ぐ役割を果たすものである。

二　神仏のいる他者論

明治の宗教哲学者清沢満之（きよざわまんし）（一八六三—一九〇三）の哲学を手がかりにして考えてみよう。基本的に言えば、清沢の哲学は、有限なる我々が絶対無限者である弥陀に出会うという構図である。その際、前近代的に弥陀を自己の外に見るのではなく、心の内で出会われるものと考えた。もちろん古くから「己心（こしん）の弥陀」という思想は仏教の中にずっとあり、清沢もまたその影響を受けていると考えられる。しかし、「己心の弥陀」が自己と弥陀との一体化により、弥陀を自己の中に内在的に解消してしまうのに対して、清沢の絶対無限者は、内心を通して自己とかかわりながら、しかも自己を超越して、自己と対峙する他者である。他者は自己の外にのみあるのではない。自己の内でも他者との出会いはありうる。それが清沢の大きな発見であった。

清沢の絶対無限者という発想は、多分にキリスト教的な一神論の影響を受けている。それゆえ、仏教的な伝統とは必ずしも合致しない。仏教的な絶対（絶待）であれば、相対的な対立がなくなるので、自他の区別が解消してしまう。それが法身（ほっしん）である。清沢の場合も、最終的には有限の自己が絶対無限の中に吸収されるという面を持ちながらも、ひとまず自他の対立は維持される。

もっともキリスト教などの一神論と同じかというと、それはあり得ない。一神教的な神は創造者としてこの世界を超越する。しかし、弥陀は仏教の仏であり、創造者的な超越者ではあり得ない。

仏は人が悟りを開くことによってなるのである。弥陀もまた、かつて法蔵菩薩と言われた修行者が、五劫（ごこう）にわたる修行の末、その誓願を成就して仏となったのである。それゆえ、本来ならば自己を超えた他者ではあり得ても、絶対無限とは言えないはずである。そこにキリスト教の影響がうかがわれ、仏の性格を歪めているとも言える。

しかし、別の観点から見ると、清沢が仏を他者的に捉えたことは大きな意味を持っている。西洋的な見方では、他者として考えられるのは、隣人として捉えられる「他の人」であるか、または、文字通り絶対無限者である神であり、それ以外の存在は考えられない。ところが、仏はそのどち

図1　キリスト教的世界観の基本的枠組み.

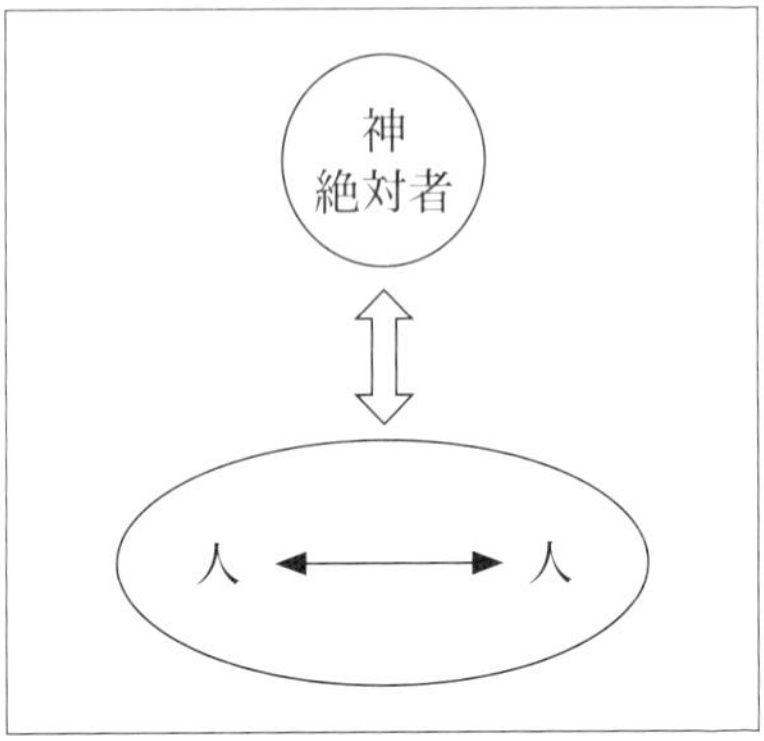

図2　近代的世界観の基本的枠組み.

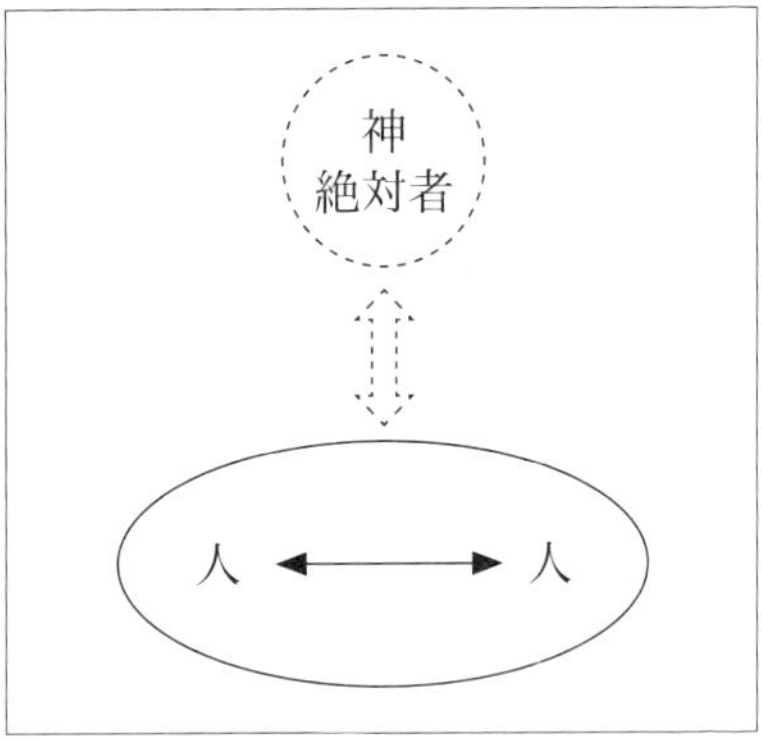

図３ 日本宗教に基づく世界観の基本的枠組み.

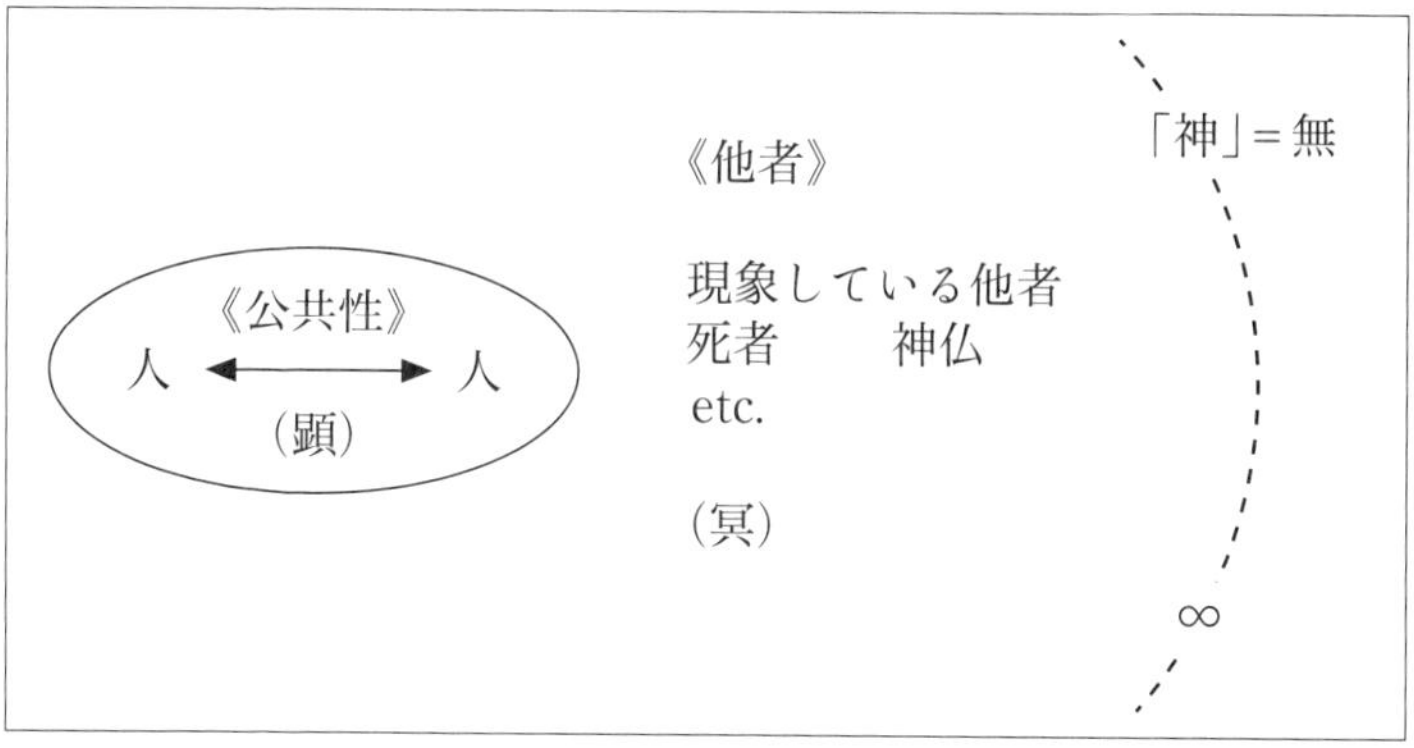

にも当てはまらない。隣人的な人を超えていることは確かだが、創造神的な超越者である絶対無限者でもない。その中間者的な他者である。そうとすれば、西欧的な絶対者＝神が人と対峙する他者論でなく、絶対者と人との間に中間的な存在を認める他者論があってもよいのではないのか。

このような中間的な他者の領域を認めると、西洋的な哲学では考えられなかった多様で豊かな世界が開かれてくる。仏もそうであるが、日本の神々もまた、かつては迷信的なものとしか見られず、ほとんど哲学的に扱う価値のないものとして顧みられなかったが、それは西洋的な哲学では位置づけが得られないからであった。しかし、このような中間領域を認める新しい世界観を受け入れるならば、日本の神々もまた、きちんと考察の対象に入ってくる。そればかりでなく、妖怪や死者もこの領域に属すると考えられる。

このような世界観を、僕は別図のような形で示している。図１は一神教的な西洋哲学の世界観である。ただし、実際には西洋のキリスト教はこれほど単純ではないが、あくまで理念化されたモデルと考えていただきたい。図２は「神の死」を経た近代的・科学的な世界観である。ここでは現世だけが絶対化される。唯物論はその一つの極端な形である。それに対して、図3が、僕の提唱する新しい世界観である。右側の点線に無限大の印があるのは、ただし極限的なところに一神教的な絶対神の可能性が認められる。これを僕は世界観の曼荼羅と呼んでいる。もっとも最近はもう少し思索が進み、複雑な図を描いているが（『冥顕の哲学1』九八頁図6）、いまはそこまで立ち入らず簡単ヴァージョンにしておく。

ここで人と人とがかかわる公共領域は、和辻哲郎の倫理学に従えば、「人と人の間」としての「倫理」が成り立つ場である。この問題については、のちほどもう少し考えてみたい。

また、人と人とのかかわる領域を「顕（けん）」、他者の領域を「冥（みょう）」と記しているが、これは中世に実際に使われていた言葉であり、例えば、仏教の立場から歴史の理論を追究した慈円の『愚管抄』や戦記文学である『平家物語』などで使われている。中世の見方によれば、人が歴史を動かしているように見えるが、その根底には「冥」の力が働いていると言う。「冥」というのは、具体的には神仏などの人知を超え、人間以上の力を持つ不可思議な存在である。慈円によれば、天皇と藤原摂関家の主従関係は人間レベルで決められたことではなく、皇室の祖先アマテラスと藤原氏の祖先アマノコヤネの契約によって定められたという。このように、この世界にはじつは表に現れた「顕」の底に「冥」の力がはたらいていると考えられる。ただし、僕が使う「冥」と「顕」という範疇は必ずしも中世の用法に厳密に従っているわけではなく、それをもとにして幅広く応用的に用いている。

「冥」と「顕」の世界が、空間的表象でどのように見られるかは、必ずしもはっきりしないが、「顕」の世界からどのように「冥」の世界への通路が開かれるかというと、中世には、例えば夢ということが重視された。また、「権化」のように「冥」の世界の存在が「顕」の世界に仮の姿をとって現れたり、天狗などのように、「冥」の存在が「顕」の世界で活動する場合もありうる。

図3では、「冥」の世界が「顕」の世界を囲むように表した。恐らく「顕」と「冥」とは空間的に必ずしも厳密に区別されないのであろう。内心を通して神仏とかかわることができるように、その関係は空間化されないと考えるべきであろう。「冥」の領域の存在は、必ずしも感覚を通して知覚されるわけではない。

三　死から死者へ

他者論を深めていく過程で、死者の問題がクローズアップされることになった。若い頃から、僕にとって死の問題はきわめて深刻なものであったが、納得のいく答えを得ないままに目をそらせていた。ところが、研究が行き詰まって追い詰められていた頃、再び死ということが巨大な問題として立ちはだかることになった。そのとき、これまでの発想が少し間違っていたのではないかと思うようになった。それは、死ではなく、死者を問題とすべきではなかったか、という反省である。

つまり、自分の死ということで考える限り、いまだに経験したことはないし、経験したときはすでに通常の意味では議論もできない状態になっている。かつまた、臨死体験はあっても、死そのものの体験を語ってくれる先達もない。そうであれば、死の問題は結局水掛け論になって、まともな議論にならない。近代の哲学が死の問題を避けてきたのも、理由がないわけではない。

しかし、それでは死の問題をまったく扱えないかと言えば、そうではない。視点を変えれば、僕たちは常に他者の死と出会い、死者たちとかかわっている。人が死んだからと言って、その人との関係がなくなるわけではない。死者は声なき声で呼びかけ、生者の応答を求める。死よりも死者こそ、問題としなければならないのではないか。

このように死者論の近くまできながら、あまりに従来の哲学の発想と異なっていて、もう一歩先に進むのがためらわれていた。その一歩を後押ししてくれたのが、精神医学者渡辺哲夫の著作『死と狂気』（一九九一）〔渡辺、二〇〇二〕であった。死者を死者として適切に位置づけられないことが狂気を生むという氏の説は、死者との関係の重要性が、精神医学的な見地から見ても承認されることを示している。*

＊ 哲学の分野では、古東哲明『他界からのまなざし』〔古東、二〇〇五〕が、死者を含めた異界との交流に踏み込んで論じている。同書では、いち早く「顕」と「冥」の概念を用いている。

その後、京都学派の哲学者田辺元（はじめ）（一八八五―一九六二）がすでに「死の哲学」を提唱し、死者との「実存協同」の可能性を探っていることを知り、また、歴史学者上原専禄（せんろく）が、死者との共闘ということを主張していることを知って、死者論が必ずしも荒唐無稽のことではないという自信を深めることができた。

なぜ西洋哲学で死者論が大きなテーマとなり得なかったのか不思議だが、一つの理由は、西洋哲学では、存在するかどうかがまず問題とされる。それゆえ、中世哲学では死後の魂の永続が前提とされた。ところが、近代になってその存在が曖昧になり、というよりも否定されるようになって、死の問題は最初から哲学の領域から排除されてしまった。それを決定的にしたのは、カントであった。しかし、大事なことは死者とどのような関係が結ばれるかということであり、死者が客観的存在として実在するか否かではない。問題の設定の仕方がそもそも間違っていたのである。

もう一つの理由は、キリスト教の原理に従えば、死者は神の裁きに委ねられるのであり、もはや生者がかかわることは許されない。それゆえ、田辺元の言うような死者と生者との「実存協同」という発想が生まれにくい。田辺は、もともとキリストの死－復活をモデルに死者の問題を考え始めたが、キリスト教ではそれ以上進むことができず、仏教の菩薩に理想を求めるようになった。菩薩は死後も衆生済度のために生者とかかわり続ける。また、生者の側も死者との関係は断絶することがない。キリスト教であれば、生者は死者のために何かをなすことはできないが、仏教の廻向（えこう）の思想は、生者の善行を死者に振り向けることを可能とし、生者が死者を援助することも可能とされる。

このように見てくると、死者はまさしく、先に考察した他者の典型と考えることができる。死者は冥界（めいかい）、すなわち「冥（みょう）」なる世界にいると考えられるが、その冥界がどこにあり、死者がそこでどのようにしているのか、誰にも分からない。そもそも冥界なるものを実在的な世界と考えたら間違いである。「顕（けん）」なる世界のもののあり方とはまったく異なっているのであるから、その意味で言えば、非実在（非在）と言うこともできる。ただ、確実なことは、人は死ぬことでこの世界とのかかわりを失うわけではなく、生者は死者とのかかわりなしにはあり得ないということだけである。

このことを僕は、「関係は存在に先立つ」と定式化したい。「関係は存在に先立つ」ということは、仏教的に言えば、縁起に当たる。仏教の縁起は、実体的な存在を否定し、その点で「空（くう）」と同義とされる。これは、死者だけでなく、「冥」の領域の他者すべてに当てはまることである。例えば、一九六五年頃までは、日本人にとってキツネは人をだますものであり、「冥」なる力を持っていた。ところが、その後、キツネが人をだますという言説は消え去り、キツネは駆逐される生物でしかなくなった〔内山、二〇〇七〕。

この場合、大事なのは、キツネが人をだますか否かの科学的な正しさの判定ではない。そうではなくて、キツネに対して、人をだますものとしてかかわるか否か、という関係性の問題である。死者に関しても同じである。死者の魂の実在を科学的に問うことが問題なのではない。そうではなく、死者とどのようなかかわり方をするか、という関係性の問題である。死者は単に生者の記憶の問題に過ぎないとして矮小化するならば、それは心理的な問題に解消されてしまう。あたかも、仏の存在が、唯心論的な立場を取れば、心に解消してしまうのと同じである。しかし、仏は心に解消されきれず、超越的な他者であり続ける。死者もまた、まったく同じであり、自分の心だけの問題には解消されないのである。

日本で、死者がしばしば神や仏と近い存在と考えられることは、誰でもよく知っているが、従来、そのことは必ずしも十分に説明できなかった。しかし、死者も神仏も同じ他者の「冥」の領域に属するとすれば、その性格が近似していて当然である。

死者が心の問題に解消できないことは、上原専禄の死者との共闘の思想に顕著にうかがえる〔末木、二〇一〇参照〕。死者は単に個人の記憶に留まらず、アウシュヴィッツの死者、ヒロシマの死者たちは、他者として僕たちに迫ってくる。僕たちは、死者たちの告発に耐えなければならない。上原の言葉を使えば、「死者を裁く」のではなく、「死者が裁く」のであり、その裁きの峻厳を受け止め、そこから逃げるのではなく、死者とともに闘うのでなければならない。死者が単なる記憶や心の問題でないことは明らかである。

ところで、このような死者論はまた、思いもかけない別の方面に視野を広げてくれた。それは葬式仏教の問題である。〔末木、二〇〇六。末木・頼住、二〇一八〕。葬式仏教はたしかに民俗学の研究対象ではあったが、仏教者の立場からは、あくまでも方便的なもので、本来の仏教のあるべき姿ではないと考えられ、正面から取り上げられることがなかった。しかし、死者とのかかわりが重要となれば、死者とかかわる葬式仏教が改めて注目されなければならない。それは、死者との関係を儀礼化し、持続する文化として確立したものである。また、寺院が墓地を管理するシステムは、仏教が死者との通路を保持する上で重要な役割を果たしてきたことを示している。幕末以後、神道が神葬祭の運動を興し、神道が葬式仏教の役割を奪取しようとしたのも、このような死者とのかかわりの重要性を認識したからに他ならない。

もっとも、このことは葬式仏教を全面的に肯定評価するということを意味するわけではない。葬式仏教は近世の寺檀制度によって確立したとされるが、実質的にそれが今日の形態になるのは近代になってからのことである。近代になって家父長制が国民の各層に徹底されるようになり、家父長による家の相続が確立し、それとともに家を守る義務が生じた。その際、家の中核となるのが祖先祭祀であり、そのシンボルとなるのが、墓と、仏壇に置かれた位牌であった。それゆえ、家の紐帯をなすのは死者であり、葬式仏教が近代家父長制を支えることになったのである。今日、家父長制の崩壊とともに、葬式仏教が次第に解体しつつあるのも、当然のことと言える。

四　私とは何か

これまで、他者について論じてきた。死者もまた、そのような他者の領域に属することが知られた。それでは、そのような他者とかかわる自己（自分、私）とは何なのだろうか。これまで、生きている人は「顕」の領域に属するのが当然であるかのように論じてきて、それ以上追究しなかった。しかし、ことはそれほど単純ではない。

そもそも「顕（けん）」と「冥（みょう）」の領域とはどのように定義されるのであろうか。これまでのところでは、「顕」が生きている人の領域で、合理的に理解可能であるのに対して、「冥」は人と異質で、通常の感覚的な知覚で捉えられなかったり、あるいは、感覚的な知覚で捉えられるものでも、それを超えた異形のはたらきを持つものと考えられた。例えば、キツネが生物として科学的・合理的に理解される限りは「顕」の領域に属すると言えるが、それを超えて、人をだます力があると捉えられるならば、「冥」の領域に属するということができる。

こう考えれば、生きている人でも、まるごと「顕」の領域に属するとは言い切れない。なぜならば、他の人を完全に合理的に理解しきることは不可能だからである。「顕」の領域は、いわば相互了解の上に成り立っているということができる。すなわち、理性的に対話可能で、定められたルールに従うことによって、「顕」の領域が成り立つ。例えば、親と子、あるいは教師と生徒という関係であれば、それに応じて、互いにどのように振る舞うか、たとえ暗黙であっても、ルールが決められ、それが了解されて行動がなされる。このようなルールは、人と人との間の行動規範となるもので、「倫理」と呼ぶことができる。それはまた、公共的な言説が成り立つ公共性の場所でもある。

しかし、人は常に了解可能な行動を取るわけではない。もしかしたら、相手は突然ナイフを突き出してくるかもしれない。その場合、たとえ目の前にいる人でも、突如了解が崩れ、「人の間」のルールである「倫理」が吹っ飛ぶ。そのとき、人は他者の相貌を露わにする。もっとも、もともと他人が了解可能なのは、ある一面だけであり、その大部分は他者的な「冥」の領域に隠れていると見る方がよいのであろう。

このように、他の人が公共的な倫理に解消されない他者性を持つとすれば、自己もまた同様ではないか。自分が自分のことを完全に分かりきっていると思う人などいないであろう。自分の中には、自分でも理解しきれない衝動があり、欲望がある。それがいつ、どのような形で噴出するか、自分でも制御できない。逆に、思いもかけない才能が自分の中に潜んでいるかもしれないが、それもまた自分の自由になるものではない。そう考えれば、自分もまた自分で了解しきれない他者的な要素を大きく持つ。というか、自分に関しても、「顕」の領域に収めうる了解可能の部分は、ごく一部分に過ぎないのかもしれない。

しかし、たとえそうであっても、自分は自分として、個人として独立していると考えるかもしれない。常識的には、自己は身心の統合体であり、他なるものとはっきり境界線をもって区別されると考えられるであろう。たとえ無意識領域に了解不可能なところがあるとしても、ともかく個体として統一体をなし、ある程度意識をもって了解され、統御可能でなければならない。そうでなければ、法的な責任を問うこともできない。

西洋近代の哲学は、このように自己を了解可能な個として確立することを主眼としてきた。もともと西洋には、個体を変化し得ない実体と考える長い伝統がある。中世には、そのような個体の個体たる所以は霊魂に求められ、それゆえ、霊魂は不滅とされた。近代になると、デカルトの「私は考える、それゆえ私はある」という存在認識が、あたかも普遍的な原理のように哲学界を席捲する。神によって創造された他者依存的な自己ではなく、自分で自分を明証的に確認できる自己了解こそ、世界の根源とされたのである。

それと同時に、このように他者に依存せずに確立した個体としての自己が、社会を構成する単位とされた。こうした自立的な個人が集まって契約を結び、ルールをつくるというのが、近代的な社会契約説の原則である。そのような自立的な個人のモデルとして、しばしばロビンソン・クルーソーが取り上げられる。ロビンソンはダニエル・デフォー（一六六〇―一七三一）の小説の主人公だが、無人島に漂着し、独力で生活を築き上げていく。このように、自分ですべて自分のことをできる個人こそが、近代的な主体としての個人だというのである。

このように、近代の自己論は、一つには、自己は合理的な自己意識として完全に理解しつくせると考え、もう一つには、社会をつくる主体として、個人として確立していると考える。もっともじつはその両者がうまく調和するとは限らない。自己意識を徹底していくと、他者は不確実なものとなり、自己だけが肥大化していき、確実に存在するのは自分だけだという独我論と呼ばれる自己中心主義になり、実践的にはエゴイズムの徹底に陥る。

それはともかくとして、僕たちも、自己というと、個体的な存在であることを当然と思い、しかもこれは自分だという自己意識があるからこそ、自己が自己でありうると考えがちだ。けれども、この前提はそれほど自明ではない。すでに述べたように、自分の中には自分自身で統御できないところが大き過ぎるくらいある。自己意識など、自分の中のほんのわずかな部分にしか過ぎず、それがいちばん中核とは言い切れない。

それに、自己の個体性も、それほどはっきりと確定したものではない。例えば、この身心が自分だと言うかもしれないが、それならば、丸裸にならないと自分と言えないのであろうか。そうとすれば、身につけるファッションで自分らしさをつくり出すなどということは不可能となる。それはおかしい。身心をはみ出し、衣服や装身具まで含めて自分と考えるべきであろう。もっと単純な例で言えば、車を運転するとき、自分の身体の幅ではなく、車と一体化して、車幅を自分の幅として運転する。そのとき、車まで含めて自分と考えられる。

もっと過激に考えてみよう。自己は単一の存在ということができるであろうか。どうもそれも怪しい。同じ一人の人間が、会社では一社員であり、家では夫／妻であり、父／母であるということは、ごく普通のことである。そのとき、相手に応じて人はルールを使い分ける。多重人格などという特殊な例を挙げるまでもなく、今日の社会では、人はさまざまな自己を使い分けている。

それでも、それは一人の自己に統合されるではないか、と言われるかもしれない。しかし、これも怪しい。例えば、僕が外務大臣として（あり得ないことだが）、外国との条約に署名したとする。署名したのは僕であるが、その条約には日本国全体が従わなければならない。署名の主体としての僕は、この個人としての僕とは言えない。国家あるいは国民の意思を体現しているのである。もっと身近でありそうな場面で言えば、セールスマンが、「当社としては、この製品が絶対お勧めです」と顧客に勧めるとき、そのセールスマンは「当社」を代弁しているのであって、セールスマン個人の意見を述べているわけではない。

自己は分裂するばかりではない。他者と融合していくこともある。例えば、性行為を考えてみよう。男女が一体となり、快楽を得る。その場合、もし個体が徹底的に個体であるならば、自分の快楽は相手と無関係に自分だけのものでしかなく、相手と共有することはできないはずだ。極端に言えば、快楽の時が一致したとしても、それは偶然のことに過ぎず、（汚い言い方だが）お互いに相手の身体を使ってマスターベーションしているようなことになってしまう。

じつはこの例は、僕が学生時代、ある非常勤講師の先生が哲学の授業で独我論の説明に使ったもので、すごくインパクトがあって、ずっと引っかかっていた。どうも西洋哲学では、性行為一つうまく説明できないらしい。もちろん快楽自体は互いに別々という面があるとしても、それだけだとは、誰も思わないだろう。自己という殻が破れて、相手と一体化することが認められなければならない。そうとすると、自己の個別性というのは、それほど堅固で決定的なものではないと考えなければならないだろう。自己の身心の枠を越えて、相手の自己と融合してしまうこともあり得るのだ。

他の例を挙げるならば、阪神ファンが球場でみんな一体となって応援するとき、やはり個は吹っ飛んで、「みんな」の中に解消してしまう。もっと危険な例で言えば、戦争のときには「国民」が個別性を失って一体化してしまうこともある。こうした場合、「私」や「我」はたやすく「私たち」や「我々」になるのである。

近代の哲学は自己を単独者としてイメージしてきたので、「我と汝」と言うように、単数的にしか自己や他者を見ることができなかった。というよりも、単独者的な個を理想化し、融合したり、分裂したりするような自己の捉え方を否定してきた。それに対して、神秘主義の立場では、神と自己とが一体化したり、インド哲学的に言えば、アートマン（個人的霊魂）がブラフマン（宇宙的絶対者）と一体化するということが理想視されるが、正統的なキリスト教や、その影響下に立つ近代の哲学では、そのような見方は否定され、個は徹底的に個として絶対視されることになる。

しかし、このような立場はかなり近代西洋的な特殊な立場であり、普遍化できるわけではない。もちろんそれがあって初めて、近代的な民主主義が確立したのであるが、それを絶対視するわけにはいかない。仏教であれば、そのような個としての自己の絶対性に対して無我説を唱え、自己に固着することを批判する。自己は分裂したり、融合したり、アメーバのように動く、始末におえない厄介者ではないだろうか。そのことをきちんと認識して初めて謙虚に自己に向かうことができる。

個としての自己という発想は、西洋の言語構造からは理解されやすい。西洋語は必ず主語を必要とし、主語としての自分を表すには I, ich, je など、確定した代名詞がある。ところが、日本語では、主語などなくてかまわない。それどころか、何が主語か分からない。コンニャク文というのがある。「コンニャクは、太らない」という文は、きちんと意味が通ずる正しい日本語であるが、何が主語で、何が述語なのであろうか。

また、自分を表すのに、「わたくし」「わたし」「ぼく」「おれ」「小生」などといろいろあり、それは決して相互互換的に同じ意味なのではない。相手との関係の中で初めて用いられる言葉が決まってくるのであり、まさしくこの場合も、「関係は存在に先立つ」のである。もっと極端には、子供に向かって、親が自分のことを「お父さん」とか「お母さん」とか呼ぶこともあるし、呼びかけ語として、自分の夫や妻でも、「あなた」「君」ではなくて、「お父さん」「お母さん」と子供の視点から見た言い方をするのは、ごく普通のことである。

さらに、もともと日本語では、単数と複数の区別も曖昧である。いまでも、「我が家」とか「我が国」というときの「我」は、個としての自分ではなく、明らかに複数である。このように、自分と他の人をひっくるめる固有名詞の使い方は、言語学的には包括人称と言われ、多くの言語に見られることである。こう考えてくると、自己とか私とか言っても、それほどはっきり確定したものではないことが分かる。それは、西洋哲学の実体的な自我論ではなく、むしろ仏教的な無我論を柔軟に応用する方が、適切に理解できると思われるのである。

このように、仏教を始めとして日本で継承されてきた伝統的な思想を最大限に生かしながら、かと言って、固定化された伝統思想そのものを振り回すのではなく、それを方法論的に反省しながら、僕自身の中で咀嚼し直すことで、西洋哲学では捉えられない日本人としての感性をどう哲学化していくことができるか。そして、そこから新しい倫理を導くことができるのか。それは本当に試行錯誤の連続であるが、ともかく『冥顕の哲学』全二冊でその試供品を差し出すことにしたい。

I　日本から哲学する

第一章　日本発の哲学
――その可能性をめぐって――

一　「日本哲学」とは何か？

南山宗教文化研究所で大きなプロジェクトとして進めていた英文『日本哲学資料集』が出版された（J. W. Heisig, T. P. Kasulis, & J. C. Maraldo, ed.. *Japanese Philosophy : A Sourcebook*, Univ. of Hawaiʻi Press, 2011）。そこには、西洋哲学輸入後の近代以降のみならず、前近代の「哲学」をも含まれている。その内容は、仏教・禅・浄土・儒教・神道国学のそれぞれの伝統、及び近代のアカデミック哲学に分かれ、その後に追加テーマとして、文化とアイデンティティ、武士の思想、女性哲学者、美学と、テーマ別に取り上げられている。前近代に関しては仏教の比重が大きく、近代に関しては、京都学派に重点が置かれている。各項目は人別で、主要著作の一部の英訳とともに、簡単な解説が付されている。同書冒頭の序論と各章の概観は、適切な入門の役割を果たしている。

私自身そのプロジェクトと多少の関係を持っており、事前の研究会にも参加したことがあるが、その際に大きな問題となったのは、哲学とか哲学者という言い方が、日本の前近代にどこまで通用するかということであった。道元などは、近年多くの哲学者が取り上げるので、哲学者といっても通るかもしれないが、それでもどこまで厳密に通用するかは問題が残る。まして、本居宣長が哲学者かといわれても、ただちには肯定しにくい。「日本に哲学なし」という中江兆民の語は、単に日本に哲学という分野がなかったということだけでなく、もう少し批判的な意味を持つものであるが、そのことはさておいて、ともかくこの兆民の言葉にうなずく人は多いだろう。それでも、日本哲学というとき、それは何を意味するのであろうか。

それは哲学の定義とかかわる問題である。哲学の定義というと、必ず *φιλοσοφία*（フィロソフィア）というギリシア語の語義から出発して、その西洋的性格に進むというのが一般的である。例えば、『岩波哲学・思想事典』（一九九八）で、「哲学」の項は西洋とインドに分かれているが、西洋を担当した渡邊二郎は次のように定義している。

むろん、哲学を広く〈人生観〉（Lebensanschauung）および〈世界観〉（Weltanschauung）の全般にわたる諸思想の意と解すれば、それが古くから東洋でもインド・中国・日本において仏教・儒教・道教その他の諸思潮となって展開されてきたことは言うまでもない。けれども現代においては、とりわけ西洋哲学に由来する厳格な論理性において追究される、統一的全体的な人生観・世界観の〈理論的基礎〉の知的探究が、哲学の根本性格を成すものと世界各国で考えられていることは、間違いのないところであろう。

〔渡邊、一九九八〕

　ここでは、哲学に二義あるものとされている。第一は、「広く〈人生観〉および〈世界観〉の全般にわたる諸思想」であり、これは西洋以外にもある。それに対して第二は、「厳格な論理性において追究される、統一的全体的な人生観・世界観の〈理論的基礎〉の知的探求」であり、これは「西洋哲学に由来する」という限定がつけられる。

　もっとも第二の見方が自明のこととして「世界各国で考えられている」かどうかは疑問である。実際、同じ事典ではインドの「哲学」について論じられており（丸井浩執筆）、インドに「哲学」があることが公認されている。「アジアに哲学はあるか」〔Staal, 1989〕ということは、問いとしては成り立つが、日本の場合はともかく、インドや中国などでは、自国の伝統に「哲学」の呼称を用いることは、それほど不自然とは考えられていない。むしろ自国の伝統に「哲学」と呼べるものがほとんどないことが、日本の特徴だということもできる。日本の中でも、インド哲学・中国哲学という呼称はそれなりに定着しているが、「日本哲学」というと、違和感を感ずる向きが多いであろう。スタールは、「アジアにおいて哲学と呼ばれるものは、主としてインドと中国で発展した」と述べている〔Staal, 1989〕。

　だが、そうであってもなお「日本哲学」を語ることができるのであろうか。それを「広く〈人生観〉および〈世界観〉の全般にわたる諸思想」と言ってしまえば、それはそれで容易に解決がつくのかもしれない。しかし、渡邊の定義では、少なくとも「現代」という限定をつけた場合、それは決して「哲学」の第一義的な語義ではない。あくまでも「西洋哲学に由来する」第二の定義のほうが優越性を持つと考えられている。たしかに、φιλοσοφία に発する「哲学」の語は西洋由来のものである。しかし、言葉が西洋由来だからといって、その内容も西洋由来でなければならないということは、必ずしも自明ではない。

『日本哲学資料集』の中心メンバーの一人であるジョン・C・マラルドは、その論文「生成中の哲学を定義すること」において、従来の西洋中心的な哲学概念をどのように拡張して日本の場合まで含みうるかを、きわめて適切に考察している。マラルドによれば、哲学の理解に二つのグループがあり、それぞれ「文化内（intra-cultural）グループ」と「文化間（inter-cultural）グループ」ということができるという。

文化内とはギリシャ－ヨーロッパ的伝統の中でという意味であり、一方、文化間とは、ギリシャ－ヨーロッパ的伝統以外にも知の達成があることを認め、それをフィロソフィーの名の下に受け入れる（受け入れを拒否する可能性も含めて）という意味である。同様に、結果として生ずるところの定義も二つのタイプに分かれることになる。一つは、哲学の範囲を定め、その範囲を他の分野や試みに対峙するところに置くもの、そしてもう一つは、哲学の範囲を拡げ、それが発展することを受け入れるものである。

〔マラルド、二〇〇六、二六四頁〕

「文化内グループ」とその哲学の定義は、渡邊の定義の第二のものに近く、「文化間グループ」のほうは第一のものに近づくことになる。「哲学」をあくまで西洋の伝統の中のものと考えることは、今日でも必ずしも少数派とは言えない。「〈西洋的－ヨーロッパ的哲学〉というしばしば聞かれる言い方は、実は一つのトートロジーであります。なぜでしょうか。〈哲学〉はその本質においてギリシア的であるからであります」〔ハイデッガー、一九六〇、八頁〕というハイデガーの規定はよく知られている。マラルドが取り上げるように、ジョージ・アナスタプロは、非西洋の七つの思想伝統（メソポタミア、古代アフリカ、ヒンドゥー、儒教、仏教、イスラーム、北アメリカ）を検討し、それらをいずれも「しかし哲学ではない」としている〔Anastaplo, 2002〕。日本でも、単に「哲学」といえば西洋哲学を意味することは多い。東京大学文学部では単に「哲学」といえば、西洋哲学のことを指す。また、近年刊行された『哲学の歴史』全十二巻＋別巻〔内山他、二〇〇六―〇八〕も、あくまで西洋哲学の伝統のみに限定して「哲学」と称している。このように、今日の日本でも「文化内グループ」の力は強い。

それに対して、「日本哲学」の可能性を考えるマラルドは第一の「文化間グループ」の立場を取ることになる。しかし、だからといって何でも無原則に広範囲に受け入れればよいというわけではない。何が、どのような意味で、哲学として受容されるかが、問われなければならない。マラルドは、「日本哲学」に四つの意味がありうるという。

第一は、「たまたま日本人学者によって行われたけれども、ヨーロッパの語法を用いて行う哲学を意味するに至った。……この意味では、日本哲学とは、ただ単に、日本に住む人々によって行われたギリシャ－ヨーロッパ型の哲学だということになる」〔マラルド、二〇〇六、二八三、二八四頁〕。これは渡邊の定義の第二の意味に近い。

第二は、その対極をなすもので、「ヨーロッパ的な用語および学問の導入に先んじて形成された伝統的日本思想とされる、儒学、国学、仏教などを日本哲学とみなす立場がある」〔同、二八四頁〕。渡邊の定義の第一の意味に近い。

第三は、「純粋の哲学的な方法論とテーマは西洋に起源を持つことを認めつつも、前近代の、西洋に触れる以前の日本思想においても、そのような方法論とテーマが適用されうると考える立場である」〔同、二八五頁〕。これは、「現代の哲学の中に体得された、伝統的かつ同時代の日本思想」ということができる〔同、二八五頁〕。マラルドは井上哲次郎の『日本古学派之哲学』〔井上、一九〇二〕などを例として挙げている。

第四は、「非‐日本哲学に対して日本を明確に対峙させる性質を日本哲学に要求するものである」〔マラルド、二〇〇六、二八六頁〕。これは分かりにくいが、要するに西洋哲学に対して、日本の独自性を主張しようとするものと解される。

第四の意味は一種の日本主義の哲学とでも言うものであり、今日受け入れ難いものである。マラルドは、第二の意味もまた、日本の伝統に対する「批判的視点を欠いている」〔同〕として、採用しない。第一の意味では、近代になって西洋哲学導入後については「日本哲学」もありうるが、伝統的な日本の思想に対して「哲学」という呼称を用いることは不可能である。結局、マラルドが採用するのは、第三の意味ということになる。

では、果たして第三の意味で「日本哲学」を認めることは適切であろうか。マラルドは例として、「有や時に関する道元の哲学や言語に関する空海の哲学に言及する作品」〔同、二八五頁〕を挙げる。

マラルドは、この第三の意味を採用すれば、「哲学が明確にギリシャに起源を有することが認識されるとともに、今ではアジア的起源も含むと思われる、非‐哲学的起源の編入を通じての哲学の拡張も認識される」（同、二八七頁）ことになり、そこに、「いまだに生成中の企て」（同）としての哲学の理解が示されるとしている。

しかし、そう言えるであろうか。その場合、すでに哲学の西洋的性格は前提とされ、それに見合ったものが日本の伝統の中から探し出され、思想史の文脈を無視して特定の個人や著作が抜き出されるだけではないのか。例えば、プラトンやアリストテレスが「哲学者」であったかどうか、いまさら検討が必要だとは誰も言わないであろう。しかし、例えば釈迦や孔子が「哲学者」であったかどうか、本居宣長が「哲学者」であったかどうか、それを決める基準は西洋に由来する哲学概念にあり、それを決めるのは西洋由来の哲学を受け入れた人ということになる。

そうとすれば、この場合も西洋と非‐西洋との関係ははっきりと非対称的である。「哲学の拡張」はあるかもしれないが、その際もともとなるのは西洋哲学であり、それが非‐西洋的な要素を取り込んでいくというのであって、西洋哲学中心主義はやはり揺るがないことになる。「有や時に関する道元の哲学」や「言語に関する空海の哲学」が賛美されたとして、それが本当に道元や空海の適切な理解になるのであろうか。もちろん、そのような解釈が道元や空海の思想を解明する上で刺激や参考になることは否定しないが、結局のところ、本来は別の歴史的文脈にある思想を、西洋哲学の概念によって恣意的に切り取っただけのことにならないだろうか。この点に関して、マラルドはいささか楽観的過ぎるように思われる。

他方、マラルドの挙げる第二の意味がただちに批判的視点を欠くことになるとは、必ずしも一概には言えない。たしかに今日の日本では、この場合、非‐哲学的な思想をも受け入れやすいように、「哲学史」よりも「思想史」という言い方が普通である。そして、今日の日本で用いられる「哲学」の用法としては、第一の意味がもっとも一般的である。しかし、上述のように、自国の伝統を「哲学」と称さないのが世界的に当然の常識であるかと言うと、そうも言えない。例えば、中国では第二の意味で「中国哲学」という語が普通に用いられる。人類学の立場から、東アジアの哲学に鋭い考察を行っているジョエル・トラヴァールは次のように言っているが、適切であろう。

> 哲学というカテゴリーは、清末期の中国に導入される以前に、明治時代に造語で日本語に翻訳されたのだが（哲学）、このカテゴリーが適用されたのは、西洋哲学の伝統、および、二〇世紀に確立された日本近代哲学のみである。それに対して、明治時代以前の知的伝統は、哲学の歴史（哲学史）ではなく思想の歴史（思想史）に分類される。……対して、中国が行なった選択はまったく逆である。中国は、自らの思想の伝統――とりわけ儒教的伝統――のすべてを哲学（*zhexue*〔哲学〕）と命名し直したのである。したがって、古代以来、「中国哲学」とヨーロッパの「哲学」があるわけである。〔トラヴァール、二〇〇六、二一三頁。傍点、原著者〕

日本でも、「中国哲学」「インド哲学」という呼称は、明治以来かなり普及した。もっとも今日では、「中国哲学史」「インド哲学史」というといささか古めかしい印象で、「中国思想史」「インド思想史」のほうが一般化しつつある。中国でも、最近は、従来の「中国哲学史」という発想を批判し、方法論的な反省を経た「中国思想史」として組み替えようという新たな試みがなされている〔葛、一九九八—二〇〇〇〕。

そのような動向はひとまずおいて、大まかに言ってしまえば、トラヴァールの指摘は正しい。「哲学」というとき、中国と日本ではその意味するところが違うのである。中国では、「西洋哲学」も「中国哲学」もいずれも古代以来あったと解される（マラルドの第二の意味）のに対して、日本では一般に、「哲学」は西洋由来のものに限られ、それ以外の伝統には「思想」はあったが「哲学」はなかったと解されるのである（マラルドの第一の意味）。日本で「中国哲学」「インド哲学」という場合も、一種比喩的な用法と解され、西洋の「哲学」と同等の資格のものとは認められないのが普通であろう。

どちらが正しいかという問題ではない。「哲学」という語の使い方が異なるのだ。しかも興味深いことに、「哲学」という語は philosophy の訳語として明治の日本で発明されたものであり、それが東アジアに広まった。その間に受け止め方と意味のズレが生じているのである。ちなみに、韓国では日本の場合に近く、西洋哲学の受容から始まったが、その後の伝統の見直しの中で、「韓国哲学すること」が問題とされるようになっているという〔姜、二〇〇五〕。このように、東アジアの中でも「哲学」に対する姿勢はそれぞれ異なっている。なぜそのような相違が生じたのであろうか。その点を考察するために、「哲学」と比較する対象として、「宗教」の場合について、簡単に見ておきたい。

二　「宗教」の場合

「宗教」も「哲学」と同様、明治になって輸入された西洋の概念に対応する訳語として用いられるようになった言葉であり、やはり同様に日本から発して、東アジアで広く用いられるようになった。両者はしばしば対として用いられる〔Nakamura, 1989. 陳、二〇〇七〕。もっとも「哲学」が儒教系の語でありながら、まったくの新語であるのに対して、「宗教」のほうはもともと仏教語であり、それが転用されたという相違はある〔川田、一九五七〕。「宗教」の語は、明六社系の啓蒙思想家たちと同時に、仏教界でも浄土真宗の島地黙雷（しまじもくらい）がいち早く用いたものである（以下、島地の宗教論に関しては、拙著『明治思想家論』〔末木、二〇〇四ａ〕第一章によるところが多い）。

明治初期において島地らが直面した事態は、神仏分離を経て神道が国教化され、それまで幕府に優遇されていた仏教が冷遇されるという仏教の危機であった。その中で、島地ら仏教界のはたらきかけによって、教部省を設置し、神道だけでなく、仏教をも含み込んだ宗教家である教導職の国家的な養成を軸とする新たな宗教政策に転ずる。ところが、教導職には、敬神愛国などの三条教則が課せられ、仏教の自由な活動はかえって阻害されることが判明した。当時、西洋の宗教状況の視察中であった島地は、その影響下に初めて政教分離の原則を打ち出し、浄土真宗諸派は教導職の養成機関である大教院から離脱するに至った。その結果、教部省政策は失敗に帰し、これが日本における信教の自由の確立とされ、大日本帝国憲法に信教の自由が明示されることになった。

これは輝かしい成果であるが、しかし、それで万事問題なくうまくいったかというと、そう簡単に済んだわけではない。なぜ信教の自由が成り立つかというと、それは、「凡ソ宗教ノ要、心情ヲ正フシ、死生ニ安セシムノ他ヲ出ス」（「三条教則批判建白書」）〔島地、一九七三、三八頁〕と言われるように、宗教が個人の「心情」にかかわる問題だからである。それゆえ、個人の心の中まで国家が関与することはできないから、そこに政教分離が行われ、信教の自由が成り立つことになる。そのような「宗教」は死生観を決める個人の生き方の根本にかかわるものであるから、あれもこれも信ずるということはありえない。「宗教ハ尚ホ女ニ一夫アルガ如ク、其二ヲ並ブベキ者ニ非ズ。安心立命、死生ヲ委ネ心身ヲ托スル所、二物有テ可ナランヤ」（「三条弁疑」）〔同、三七六頁〕と言われるように、あくまで一つの宗教を選ばなければならない。

このような宗教観は、当然ながら、近世までの仏教のあり方と大きく異なるものである。第一に、江戸時代においては、仏教は個人の信仰に基づくものではなく、寺檀制度の下で、人は否応なくどこかの寺院の檀家に生まれつくことになる。個人の信仰で宗旨を変えるということがないわけではないが、原則的には仏教寺院との関係は生まれる前から決められているのであり、それゆえ、そこでは政教分離とか、信教の自由など、そもそも問題になる状況ではなかった。第二に、江戸時代までの神仏習合が当然のこととして通用していたのであり、神仏が二つの別の宗教に属するという意識は、少なくとも民衆レベルではありえないことであった。それに対して、島地の宗教観は神仏分離を前提としており、神仏両方をかけ持ちすることを認めない。

このように、島地の宗教観は欧米の影響下に新しく形成されたものであり、従来の仏教にそのまま当てはまるものではなかった。そればかりか、明治以後になっても、現実の仏教のあり方ともかけ離れたものであった。第一に、江戸時代の国家的な制度としての寺檀制度は崩壊したが、明治以後も寺院と檀家の関係は持続し、葬式仏教と言われるように、仏教寺院は死者儀礼と墓の管理を主たる社会的な任務とし、また経済的基盤として、その勢力を維持し続けた。たしかに制度的には信教の自由により、個人の信仰は何を選ぶことも自由のはずであるが、このような仏教のあり方は必ずしもそれと合致するものではない。このことは、戦後の今日に至るまで持続することになった。ごく最近になって、墓と葬式の形態に大きな変化が生じつつある。

第二に、島地は神仏習合を否定しながら、現実には神道に対する態度は微妙なところがある。島地は、神道は皇室の祖先に対する尊崇の念を表すものであり、それゆえ、「決シテ所謂宗教タル者ニ非ルヲ知ル」（「建言」）（同、六五頁）と、宗教であることを否定し、政治の領域に属するものと解している。後に国家神道は非宗教の立場を取り、それゆえ、信教の自由を侵すことなく国民に強制されることになったが、島地の論はこの神道非宗教論を先取りすることになった。こうして、神仏習合がなくなって、二つに分かれたにもかかわらず、宗教である仏教と非宗教である神道とが相互に補完し合う神仏補完の体制が作られた。戦後国家神道が解体して神道は一つの宗教となったが、それでも多くの日本人は、神道の神社にも仏教の寺院にも参拝するという形態は維持されることになった。

このように見てくると、島地による信教の自由論は、西洋のキリスト教、とりわけプロテスタンティズムをモデルとした「宗教」観に立っており、必ずしも日本の実情と合致するものとは言えない。そのようにして確立した「宗教」の観念が今日まで通用することになったために、そこにはタテマエとしての個人の宗教と、実態としての習俗化した宗教とが表裏の形で並存することになり、日本の「宗教」について論じようとすると、奇妙な現象に遭遇することになる。文化庁の統計によると、神道の信者が約一億、仏教の信者が九千万を越え、宗教の信者数が総人口の二倍近くになってしまうというおかしな数字が出てくる。他方、「あなたは宗教を信じていますか」というような問いを出すと、どの世論調査でもいまは人口の二十パーセント台まで落ち込んでいる。この二種類の統計の矛盾は何に由来するのであろうか。後者がタテマエとしての個人の宗教という観点から言われているとすれば、前者は習俗化した神仏補完の宗教の実態を示すものと言えよう。その二種類の宗教観が並存しているのである。それゆえに、初詣の神社は、バチカンやメッカと並ぶほどの熱気に溢れる宗教聖地なのに、もう一方で「宗教」というと、危ない、いかがわしいものとして、まともな市民が避けて通るものと見られるという現象も、こうした宗教観の重層性によるものである。

このように、「宗教」という語は、新たに輸入された概念に対する翻訳語という性格と、それが、それ以前から持続している仏教などに適用されたことからくる意味の変容と、その重層性を孕みながら、今日の日本でかなり広く使われる言葉となっているのである。

三　「哲学」の導入

それでは、そのような「宗教」の場合と比較しながら、「哲学」の場合を考えてみよう。なぜ「宗教」は伝統の仏教などにもたやすく適用されたのに対して、「哲学」の場合はそれが困難で、少なくとも日本においては西洋に由来するものに限定されることが主流となったのであろうか。

まず言葉の問題が考えられる。上述のように、「宗教」がもともと仏教語に由来するのに対して、「哲学」は儒学に由来しつつも、新しい言葉として作り出されたものである。新造語であるだけに、伝統のニュアンスを感じさせず、まったくの翻訳語として受け入れられやすかった。それゆえ、伝統の中に「哲学」を求めるよりも、輸入されたものに限定して「哲学」の語を用いやすかった。

しかし、より根本的な理由は、「宗教」や「哲学」が輸入された当時、西洋において「宗教」と「哲学」の置かれた状況の相違が考えられる。長い間キリスト教は唯一の「宗教」（religion）であったが、十九世紀には植民地が広がるとともに、キリスト教以外の宗教も認めるようになりつつあった。それゆえ、島地らが仏教に対して「宗教」の概念を用いても、それほど違和感はなかった。しかし、宗教進化論的な観点から、多神教から一神教へという宗教の進化が考えられ、一神教のキリスト教がいちばん優れた宗教だという観点は揺るがなかった。その観念が浄土真宗の島地らによって日本に導入されることによって、抵抗感が少なく輸入された。浄土真宗は仏教の中でももっとも一神教的な性格を持つものであったからである。島地は、宗教進化論的な立場から、神道の多神教的性格は、宗教としては原始的なものだと批判し、そこから神道非宗教論に道を開くことになった。

それに対して、日本に最初に導入された「哲学」は、オーギュスト・コントやハーバート・スペンサーら、十九世紀の実証主義のものであった。その後、アカデミズムの中に哲学が確立するようになるのは、ドイツ観念論が、とりわけ新カント派的な解釈によって導入されることによってであった。もともと西洋の文化は、ヘレニズムとヘブライズムを二つの起源として展開してきたとされ、ギリシアに由来する哲学とともにキリスト教が表裏の関係で一体化していた。近代哲学においても、弁神論が大きな課題であったのはこのような理由による。ところが、十九世紀の哲学は、コントやスペンサーにせよ、新カント派にせよ、勃興する科学をどう体系化し、どう基礎づけるかということを最大の課題とするようになった。当時、キリスト教は一方で他宗教が知られることによって相対化されると同時に、他方で科学的合理主義によって挑戦を受けることになった。このような状況の中で、日本に輸入された「哲学」は、キリスト教と関係する部分がカットされ、社会科学を含む諸科学と結びつき、それらの基礎学として導入されることになった。

　日本における「哲学」の確立者として知られる西周は文久二（一八六二）年、ヨーロッパ留学に発つが、その直前に友人松岡鏻次郎に宛てた書簡で、「尤　彼之耶蘇教抔は、今西洋一般之所奉ニ有之候得共、毛之生たる仏法ニ而、卑陋之極　取へきこと無之と相覚申候。只ヒロソヒ之学ニ而、性命之理を説くは程朱ニも軼き」（西、一九六〇、八頁）と、キリスト教は仏教に毛の生えた程度のものであるが、「ヒロソヒ」は程朱の学を超えるものと見て、「ヒロソヒ」に期待をかけている。すなわち、西洋のものでもキリスト教を導入する必要はないが、「ヒロソヒ」は従来の程朱の儒学をはるかに超えるものとして導入が必要とされるのである。後に西は『百学連環』において、“Philosophy is the science of sciences.” という定義を採用して、「凡そ事物に於て統轄の理といふものありて、必すしも万事に就て統轄せさるへからす。故にヒロソヒーは諸学の統轄にして、国民の国王に於けるか如く、諸学皆ヒロソヒーに至りて一致の統轄に帰せさるへからす」（西、一九八一、一四六頁）と、諸学を統轄するものとして哲学を位置づけている。

このような哲学観は西一人のものではない。哲学を推進する組織として、明治十七（一八八四）年哲学会が結成され、明治二十（一八八七）年に機関誌『哲学会雑誌』が創刊されたが、その創刊に尽力した井上円了は、創刊号に掲載した論文「哲学ノ必要ヲ論ジテ本会ノ沿革ニ及ブ」において、哲学の位置を、「純正哲学ニ於テ論定セルモノハ、倫理、論理其他ノ諸哲学ノ原理原則トナリ、哲学諸科ノ論定セルモノハ、理学、法学其他ノ諸学科ノ原理原則トナリテ、学問世界ノ中央政府ハ即チ哲学ナリ」（松本・山室編、一九八八、二七六頁）と、哲学こそ「学問世界ノ中央政府」であると論じている。

こう見るならば、日本に導入された「哲学」は、必ずしもギリシア－西洋の伝統として、西洋中心主義の観点から受け取られたものではなかった。むしろ社会科学を含む諸科学と結びつき、諸科学の中心としてそれらを統括するものと考えられた。諸科学が西洋に興ったものであっても、西洋のみが独占するものではなく、他の文化にも移植可能な普遍妥当性を持つのと同様に、「哲学」もたまたま西洋に興ったが、普遍妥当的なものとして移植可能と考えられたのである。それが、あくまでも西洋に限定されると考えられたキリスト教との違いである。

もっとも自然科学と異なり、果たして「哲学」をギリシア以来の西洋という特殊な文化圏と切り離して完全に他文化圏に移植できるかというと、疑問があり、そのことは先に挙げたハイデガーの態度にもっともよく示されている。その場合、「哲学」は西洋のみに特殊な現象と考えられる。もしそれが厳密に考えられるならば、「哲学」の他文化への移植など不可能になってしまう。例えば、西洋文学の翻訳や研究が日本において盛んになされ、それは日本の文化を豊かにする上で大きな貢献を果たしてきたが、しかし、日本で西洋文学を創造することはできない。それと同様に、西洋哲学をどれほど日本で研究しても、あくまで異文化研究の一部であり、日本で創造的な哲学を形成することは不可能となろう。しかし、日本に「哲学」を移植した人たちはそう考えなかった。西周の場合によっても知られるように、キリスト教ならば仏教とそれほど差はないが、「哲学」は程朱の儒学よりもはるかに精密なものであり、輸入するに価すると考えられ、また輸入可能と考えられたのである。

ところでその際、すでに儒教との比較がなされていることは注目される。西周の哲学関係の代表作とされる『百一新論』は、「百教ノ趣キ極意ノ所ヲ考フレバ、同一ノ趣意ニ帰スレバコソ一致ト ハ申シタレ」（西、一九六〇、二三四頁）と、諸教の一致を説いており、儒教や仏教も視野に収めている。このように、東洋の伝統も念頭に置きつつ、西洋哲学の優越が主張されているのである。もし「哲学」が普遍的なものであるならば、それと類似のものが東洋にあってもおかしくないはずだ。

明治十（一八七七）年、東京大学が創設され、総理として統括に当たったのは加藤弘之であったが、加藤は、「今本学ニ教ル所ノモノハ、特リ外国ノ事ノミニアラズ。大ニ我邦ノ事ニ関スルモノヲ述べ」（「学位授与式祝辞」一八八二）（松本・山室編、一九八八、一九七頁）と、「我邦ノ事ニ関スル」学問の必要を説き、「哲学科ニハ孔孟老荘諸子及ビ釈典ヲ教授シ」（同）としている。「孔孟老荘諸子及ビ釈典」も哲学の枠の中で考えられているのである。実際、明治十四（一八八一）年の改組で、東京大学には哲学科に印度哲学及支那哲学が加えられ、翌年には哲学は西洋哲学と東洋哲学に分かれた。そのとき、東洋哲学を担当したのが若き助教授井上哲次郎であった〔末木、二〇〇四b、二一七頁〕。哲学会も、当初は中村正直、原坦山（たんざん）ら、支那哲学・印度哲学の研究者が加わり、盛んに活動している。

　支那哲学・印度哲学はその後も独立した講座として維持されるが、井上が担当していた東洋哲学は、比較宗教及東洋哲学と名を変え、明治三十一（一八九八）年には講師の姉崎正治（あねさきまさはる）の宗教学緒論へと衣替えした〔末木、同。磯前、二〇〇三〕。それ以後の東京（帝国）大学では、「哲学」というと西洋哲学一辺倒になり、支那（中国）哲学・印度哲学はまったく別の領域として相互の関係を持たなくなる。それは一大学のあり方だけでなく、日本のアカデミズム哲学の基本的なあり方を示すものであった。

　このように、当初は西洋の「哲学」の優越が認められ、諸学を総括するものとして位置づけられていたが、それでも東洋哲学も同じ枠の中で論じられていた。しかし、やがて東洋哲学は排除され、西洋哲学のみが「哲学」として闊歩することになるのである。ちなみに、十九世紀にはマッソン・ウルセルやパウル・ドイッセンのように、非西洋地域にも哲学のあることを認める比較哲学が形成されつつあったが、必ずしも主流となることはできなかった。姉崎正治はドイッセンに師事したが、結局独立した宗教学の樹立という方向に向かうことになった。井上時代の「東洋哲学」から姉崎の「宗教学」へという変化は、「学」の縦割り的な分立と専門化という動向と関係するものであろう。

四　「哲学」と「思想」

「宗教」と「哲学」の受容をさらに立ち入って比較して考えるとき、単にその内容だけでなく、それらが成り立つ社会的な基盤を考える必要がある。「宗教」を受け入れたのは、アカデミックな学問の場である以前に、社会的に大きな勢力を持つ仏教教団であり、さらには宗教行政や宗教関係の法整備が大きな課題となる。このように、単なる学術の場だけではなく、政治・経済・法制度を含めた広い範囲の問題となる。それを通して、「宗教」という言葉は、ゆがみを持ちながらも一般社会に定着していくこととなった。

それに対して、「哲学」は大学制度の確立の中で、大学の場での研究領域として受け入れられた。それは、科学と同時に受け入れられた「諸学」の一つであり、制度的には他の「学」の領域に対して優越する位置を占めるものではなかった。哲学は諸学を統一し、基礎づけるものだと息巻いても、それを制度的に保証するものはなかった。それゆえ、西洋の諸学を受容するのと同じように「哲学」も受容されたのであり、大学という狭いアカデミズムの場の中で、西洋の philosophy をいかに正確に受容し、その限定された範囲内で新たな成果を挙げられるか、ということが課題となった。原典主義ということがその中で確立していく。

それは日本だけのことではなく、そもそも西洋における二十世紀の哲学がそのような性格のものであった。十九世紀には、ニーチェ、キェルケゴール、マルクスら、大学アカデミズムの外の思想家がその後の哲学の基礎を作った。コントやスペンサーにしても同様であった。二十世紀の哲学は、このような非アカデミズムの動向を大学アカデミズムの中に回収していくところに成り立つ。それゆえ、「哲学的言説とはまずもって、近代的大学の規範に則ったある種の知の生産と伝達のために用意された、特殊なタイプの言語ゲームのことである」（トラヴァール、二〇〇六、二三五頁）という指摘は、きわめて適切である。

日本では、明治初期の啓蒙期を過ぎて大学制度の整備に向かうようになると、大学とは、「国家ノ須要ニ応ズル学術技芸ヲ教授シ、及其蘊奥ヲ攷究スルヲ以テ目的トス」（「帝国大学令」）（松本・山室編、一九八八、二二七頁）とされ、「国家ノ須要」が第一の目的とされるようになる。「哲学」もあくまでもその範囲で要求された一つの専門的な学というに過ぎなかった。自らそのような講壇哲学の一角を担った下村寅太郎が、哲学の導入に関して、「実質的には従来の国学、漢学、仏学、蘭学に対してさらに一つの新しい学問が加わったというにとどまる」（下村・古田、一九六五、一四頁。傍点、原著者）と指摘するのは適切である。

もっとも「哲学」は他の諸学と少し違うニュアンスをもって、アカデミズムの範囲を逸脱するところが出てくるのも事実である。それは、旧制高校に理念化された教養主義の浸透によるところが大きい。藤村操の自殺によって知られるように、明治の後半から、人生に悩み、哲学を学ぶことが旧制高校生の特権となった。そして、デカンショ節で知られるように、西洋哲学の古典を学ぶことは、彼らの教養の基礎を作ることになった。彼らは将来の国家を担う特権的なエリートの卵として、青春の三年間を自由な読書と思索に過ごすことが制度化され、それがベースとなって大正教養主義が花開くことになる。その中で、彼らにとって、「哲学」は単なるアカデミズムの枠の中での諸学の一つではなく、人生の指針となるべきものであった。

西田幾多郎の『善の研究』（一九一一）がベストセラーとなったのは、アカデミズムの枠内だけでは考えられないことであり、このような教養主義に立つ青年たちが大きな受容層となっていた。「思索などする奴は緑の野にあって枯草を食う動物の如しとメフィストに嘲らるるかも知らぬが、我は哲理を考えるように罰せられているといった哲学者（ヘーゲル）もあるように、一たび禁断の果を食った人間には、かかる苦悩のあるのも已むを得ぬことであろう」（西田、一九五〇、四頁）という禁欲的な思索への沈潜は、国家社会の変動の中に翻弄される若者たちに、自らのうちに籠もって思索するという新しい道を示すことになった。「人生の問題が中心であり、終結である」（同）というキャッチフレーズこそ、『善の研究』を不朽のものにしたのである。

それは、アカデミズムとその外を結ぶまさしく「事件」であり（「事件」という言い方は、（子安、一九九〇）による）、『善の研究』が果たした役割は、しばしば誤解されるように「日本初の独創的哲学」ということではなく、「国家ノ須要ニ応ズル学術技芸」と異なる「哲学」がアカデミズムの中から生まれうる可能性、あるいは幻想を作り出したことにある。現実には何の機能も果たさない思索そのものに価値を見出すことは、それ以前の日本の儒教にも仏教にも見られない新しい「知」のスタイルであった。外来の「哲学」が単なるアカデミズム内の輸入学問に留まらなかったのは、まさしくこの理由による。

このような教養の伝統は、戦後新制大学の教養課程の新設によって再建が試みられたが、大学の大衆化の中で教養課程が有名無実化して消滅し、急速に崩壊することになった〔竹内、二〇〇三〕。しかし、教養の崩壊が直ちに「哲学」の解体を招いたわけではない。むしろ哲学の大衆化とでもいう現象を招き、ヨースタイン・ゴルデル『ソフィーの世界』〔ゴルデル、一九九六〕がベストセラーとなったり、池田晶子のようなアカデミズムに属さない「哲学者」の著作（『14歳からの哲学』〔池田、二〇〇三〕など）が広く読まれるという現象の中に受け継がれている。このような哲学の大衆化は推奨すべきことであるが、ただ、そのような大衆化した「哲学」とアカデミズムの「哲学」との間が断絶して、アカデミズム哲学はますます狭い一専門学の枠の中に閉塞することになった。

ところで、上述のように、「宗教」に対しては、それに近いものが日本にもあり、それほど問題なく適用された。ところが「哲学」の場合、それに近いものが必ずしも日本の伝統にあるわけではないことが問題になる。すでに述べたように、インドや中国に「哲学」があるということはかなり広範に認められるにもかかわらず、それでは日本に「哲学」があるかと問われると、なかなか肯定的に答えにくいのが事実である。『日本の（における）哲学』（*Philosophie in Japan*）を著したグレゴール・パウルは、日本の古代の仏教思想を論じながら、その中で「哲学」と呼びうるものは「因明（いんみょう）」（仏教論理学）しかないと、いささか意表をつく結論を導き出している〔Paul, 1993. 末木、一九九八参照〕。「哲学」を西洋的な基準から狭くとるとき、日本における「哲学」はせいぜいその程度のものということになってしまう。

「日本哲学」という呼称が違和感をもって感じられるのは、そもそも日本の思想が組織的・体系的な思索に弱く、むしろそれを否定する傾向にあるということが一つの理由である。とりわけ、日本の思想のアイデンティティを確立したとも言える国学にその傾向は強い。本居宣長は思弁的な儒学や仏教を徹底的に批判し、そのような思弁性を排除したところに日本の古代の理想的状態が復元されると考えた。すなわち、それは始めから反‐哲学であり、哲学の脱構築なのである。もちろん、それが「日本的」であると安易に言うことは許されないが、少なくともそれが「日本的」であるという見方が、明治以後も知識人の間にかなり広く浸透したことは間違いない。ちなみに、宣長が好評なのに対して、平田篤胤の復古神道の発想は知識人の間では忌避されることになる。「日本的」のイメージは始めからあるものではなく、選択と排除によって形成されるものなのである。

ともあれ、こうして日本には「哲学」がない、あるいは反‐哲学的であることが、日本の伝統であるかのような暗黙の了解が作られることになった。印度哲学・支那哲学が早くからアカデミズムの世界で受け入れられたのに対して、始めから「日本哲学」は問題にもされなかったのは、このような理由による。

そこで、「哲学」に代わって日本で次第に広く用いられるようになった語が「思想」である。「思想」はもともと仏教語に由来するが、明治始めに thought の訳語として用いられるようになった。「思想」がどのようにして普及したかは必ずしも明らかではないが、馬場辰猪(たつい)「思想ノ説」(一八八三)によれば、「思想」は感覚や意志とセットになる精神活動で、差別力・一致力・記憶力に分かれるという〔松本・山室編、一九八八、七四頁以下〕。しかし、その場合は思考作用のようなものであり、後に「思想史」などと用いられる場合とは異なっている。岩波書店から雑誌『思想』が発刊されたのが一九二一年であり、あるいはその頃から広く用いられるようになったものかもしれない。「日本思想史」という言い方が用いられるようになったのは、村岡典嗣（つねつぐ）がもっとも早いかと思われるが〔村岡、一九三〇〕、和辻哲郎や津田左右吉、さらにその後、丸山眞男らによって基礎が築かれるようになる。

近年、「思想」という語は、「日本思想史」に限らない広い範囲で用いられるようになっている。とりわけ、しばらく前にフランスの現代思想が日本に大きな影響を与えたが、それは哲学の範囲に留まらず、文化人類学や精神分析など、関連するさまざまな分野を含み、哲学にしても、脱構築のように、伝統の哲学を批判するような動向が、日本にも大きな影響を与えた。それゆえ、それらは「現代哲学」という言い方では包括しきれず、「現代思想」という呼称が広く用いられるようになった。雑誌『現代思想』の創刊〔青土社、一九七三〕もそれに関係するところがあろう。今日の「哲学」はもはや単純な「哲学」としては成り立たず、「反哲学」としてしか成り立たなくなっている〔木田、一九九〇〕。無批判に「哲学」と称するのは、もはやきわめておめでたいアナクロニズムでしかない。

今日、日本では「哲学」の適用範囲が限られてくる一方、「思想」の範囲はますます広がっているように思われる。現在ではインド哲学・中国哲学よりはインド思想史・中国思想史のほうが好まれるようになっている。「哲学」もそれ単独ではなく、「哲学思想」と称する場合もある〔下村・古田、一九六五。瀬沼編、一九七四〕。濱田恂子は、かつてドイツ語で発表した *Japanische Philosophie nach 1868*〔Hamada, 1994〕の日本語版を刊行するに当たり、『日本近・現代哲学思想史』という書名を用いている〔濱田、二〇〇六〕。このように、「哲学思想」という言い方がそれほど不自然ではないということから、「思想」は「哲学」をも含めて、より広い範疇ということができる。

「思想」という語はきわめて曖昧で、適用範囲が広い。哲学思想・文学思想・政治思想・科学思想・宗教思想など、どのような分野であっても、そこに思索的な要素が入っていれば「思想」と呼ぶことができる。それだけに十分に批判的・反省的に使わないと、ルーズなことになりかねない。しかし、「思想史」(intellectual history)に関しては、それなりの方法論の議論が進められており、単に無原則に何でも受け入れるのではなく、方法論的な反省を深めながら、一つの学問分野として確立していくことは十分に可能である(最近の「思想史」に関する方法論的な反省として、〔葛、二〇〇七。末木、二〇〇七b〕など参照)。「思想史」は、単なる学説史ではなく、広範な資料を活用し、時代状況の中での思想のダイナミズムを解明するものであり、今後大きな可能性を秘めた分野である。「中国哲学史」から「中国思想史」へという変化も、単なる言葉の上での転換でなく、方法論的反省を伴って進められている。西洋の哲学史もまた、今後「西洋哲学思想史」として組み替えられていく必要があるのではないかと思われる。

五　日本発の「哲学」は可能か?

それでは、「哲学」は「思想」もしくは「思想史」にすべて解体してしまうのであろうか。「思想史」が十分に方法論的な反省を経たとき、有力な研究分野として確立することは確実である。しかし、それによって「哲学」が無用になるかというと、そういうわけでもない。もちろん、アカデミズムの中で、西洋哲学の研究や紹介は重要な仕事であり、それはそれで今後も有意義な領域であり続けるであろう。しかし、ここで言うのはその「哲学」ではない。今日の日本において、創造的な営為として「哲学」が成り立つか、ということである。あえてそれに私は「イエス」と答えたい。

それはなぜか。「メフィストに嘲らるるかも知らぬ」思索の荒野にあえて踏み込むという西田の冒険は、いまだ必ずしも十分に継承され、最後の行き着くところまで行き着いているとは言い難い。その営為はなお今後に大きな可能性を残している。それを継承しようという作業が、「哲学」と呼ばれて悪いわけがない。

それは、西洋の猿まねをすることではない。東洋の伝統を切り捨て、ギリシアの伝統だけを後生大事に抱え込むことでもない。ギリシアから学ぶのと同様に、インドや中国の古典から学んでどうして悪いことがあろう。そしてまた、日本の脱哲学の伝統を受け止めることも、私たちにとって逃れられない課題である。

過去の何を「哲学」と呼ぶかが問題ではない。これから「哲学」として何を築くかが問題なのだ。大学アカデミズムの隅っこで、ちまちまと文献をいじっていることは、それはそれで悪くない。しかし、「哲学」はそれを逸脱する。なぜならば、「学」としての枠組みを問い、その一見安定した構造に疑問符を突きつけ、思考の限界へと跳躍し、語りえないことに言葉を与えようとすることこそ「哲学」なのだから。そして、そのとき、「哲学」の営為は限りなく「宗教」へと近づく〔末木、二〇〇七a〕。

そんなことを考えるのは妄想だろうか。そう、常識の枠の中でしか発想できない凡百の哲学研究者にとって、それはおよそ想像を絶した悪夢でしかあるまい。しかし、あえてその悪夢に飛び込んだ哲学者は西田だけではない。「懺悔道」から進んで、破天荒な「死の哲学」を構想し、「死者との実存協同」を説いた田辺元もまた、メフィストの嘲りをものともしなかった一人である〔末木、二〇〇七a、『冥顕の哲学1』第一章参照〕。彼らの勇気を見習って、あえて蛮勇を奮い起こすところに何が生まれるのか。「哲学」の目眩めく陶酔は、捨ててしまうにはあまりに惜しい可能性を秘めている。

付　日本哲学の研究動向

「日本哲学」という呼称を古典思想に対して用いた早い例としては、井上哲次郎の近世儒学三部作〔井上、一九〇〇、一九〇二、一九〇五〕などがあるが、その後はむしろマルクス主義者やその周辺の研究者によって多く用いられている。それについては、本書第二章で検討したい。英語では、本章冒頭にあげた『日本哲学資料集』のようにphilosophyを古典思想にまで用いることは、ある程度広く認められている。最近の成果としては、『日本哲学資料集』の編者の一人であるトマス・カスリスによる『日本哲学小史』〔Kasulis, 2018〕がある（終章参照）。

日本では、「日本哲学」という呼称は近代に限って使われることが多い。例えば、宮川透・荒川幾男編『日本近代哲学史』〔宮川・荒川、一九七六〕など。最近では、「近代」を付けずに、「日本哲学史」だけで、実際には近代哲学を扱う場合も少なくない。熊野純彦編著『日本哲学小史』〔熊野、二〇〇九b〕、藤田正勝『日本哲学史』〔藤田、二〇一八〕などがある。

講談社から出版された『再発見日本の哲学』全一五巻〔熊野他、二〇〇七―一五〕は、佐藤一斎・平田篤胤から埴谷雄高・吉本隆明まで、さまざまな分野の思想家を収めた意欲的なシリーズであるが、あえて「哲学」という総称を用いた根拠は必ずしも明言されていない。

藤田正勝は、一九九五年に京都大学文学部に開設された日本哲学史専修の初代教授として招かれ、近代日本哲学研究の拠点として確立した。現在は上原麻有子がその後を継いでいる。同研究室のサイトには、「日本哲学史への案内」の頁があり（http://www.bun.kyoto-u.ac.jp/japanese_philosophy/jp-guidanceguidance/）、近代日本の哲学者の紹介や文献案内を掲載している。この分野の好箇の入門となる。また、同研究室が中心となって「日本哲学史フォーラム」が結成され、年刊の雑誌『日本の哲学』（昭和堂）が刊行されている。ちなみに、東北大学文学部には「日本思想史」の専修があり、村岡典嗣を継承して、古典思想を含む研究拠点となっている。

第二章　批判的思惟の有効性
――マルクス主義と日本思想史――

一　批判という視点

1　脱魔術化と再魔術化

二〇〇四年に三十四歳で亡くなった歴史学者保苅実の遺著『ラディカル・オーラル・ヒストリー――オーストラリア先住民アボリジニの歴史実践』〔保苅、二〇〇四〕はきわめて刺激的な方法論上の問題を提起している。保苅はオーストラリアのアボリジニの聞き取り調査を進める中で、彼らの歴史観が我々の常識と大きくかけ離れていることに気がつく。例えば、ケネディ大統領がアボリジニに会いにきて、そこでアボリジニのためにイギリスに圧力をかけたので、イギリスもアボリジニの権利を大幅に認めるようになった、というようなことが語られる。我々の知っている歴史の常識に照らせばそのような事実はなく、したがって誤りであり、せいぜいのところ、アボリジニにはそのような伝承があるということで済まされる。しかし、保苅はそうではなく、アボリジニの歴史観も我々の歴史観と対等と見るべきではないか、と主張する。

たとえば、「あそこで白人が死んだのは、法を犯したあの白人に大地が懲罰を与えたからだ」と語りますよね。そのときに、僕らはどのようにしてこのアボリジニの人が語ってくれた歴史物語を聞くのでしょうか？　「あぁ、アボリジニの世界観では、牧場で白人が死んだあの事件をそんなふうに理解するんだ―」というような聞き方ではなくて、かれらの話を歴史家の言葉として、つまりたとえば、大塚久雄やE・H・カーの歴史研究と同様に、歴史家による歴史分析として受けとることはできるでしょうか。〔保苅、二〇〇四、一三頁〕

もしそのような歴史叙述を認め、実際に大地が白人を罰したと考えるとすると、「人間以外の存在者たちは、歴史のエージェントになれるのでしょうか？」〔同書、一四頁〕という問題に逢着し、それに肯定的な答えを与えなければならなくなる。保苅は、このような立場を、近代の脱魔術化に対して、ポスト近代の再魔術化と位置づける。

歴史的事実は唯一に定まり、かつその説明は合理的・科学的でなければならないという近代の脱魔術的な立場からすれば、このような見方はとんでもないことであり、歴史学の成立する前提を覆すことになろう。そうなれば、歴史は勝手に創造されるものになり、収拾がつかない。

しかし、現実に世界を見れば、さまざまな国家や宗教はそれぞれの立場で歴史を説明しており、歴史的事実が唯一とは到底言えないことがすぐに分かる。南京大虐殺の死者は何人であったのか、竹島や尖閣諸島の帰属はどうなのか等々、事実や説明を唯一に確定することは困難といわなければならない。そうとすれば、歴史的事実の認定や説明の仕方は、立場によって複数であることを認めなければならないであろう。唯一の事実、唯一の科学的説明があるという見方は、それ自体が一つの特殊な立場ということになる。

だが、それで万事解決するかというと、そうはいかない。それならば、相互に対立する立場はそれぞれが同等に成り立つことになり、そこに共通の対話の可能性が開かれる場が失われる。「何でもあり」の無秩序状態となり、それを決するのは力による他なくなってしまう。さまざまな見方があることを認めつつ、それらの立場が対話する場があり、対話の言語がなければならない。それは決してそれぞれの立場を超えた唯一の真理の開顕というようなものではない。それ自体が限定されたものであり、流動的である。しかし、その場は相互に承認されることで、対話が確保されることになる。そのような場の最大限広いものが科学であり、あるいは（今日、かなり怪しくなっているとはいえ、）国際法や国連の活動である。

今日、かつてのような唯一の正しさを主張する強い普遍性はもはや成り立たない。しかし流動的で柔軟な普遍性は、なお十分に考慮に値する。合理的で科学的な知見を無視することは許されないし、平和・人権・平等などの理念が見失われてよいはずがない。普遍の立場からの特殊・個別の立場に対する批判は、一方でその立場の硬直化、絶対化が批判されなければならないが、他方で特殊・個別の立場の閉鎖性や独善性を打ち破る力は大きな意味を持つといわなければならない。このような視点から、今日では時代遅れかとも見える普遍主義的な脱魔術化を再評価することもまた必要となっている。

2　批判仏教の場合

このような普遍主義的な立場からの批判として、かつてもっとも力を持ったのがマルクス主義の立場であり、本章もそれを中心に取り上げたいが、それに入る前に、やや限定された領域で「批判」の意味が問われている例として、「批判仏教」（Critical Buddhism）について触れ、「批判」のあり方を考える手がかりとしたい。

「批判仏教」は、仏教学者袴谷憲昭（はかまやのりあき）と松本史朗によって起こされた仏教学の運動を総称するが、中でも袴谷の活動が中心的であり、袴谷には『批判仏教』〔袴谷、一九九〇〕という単著もある。袴谷は、「批判」という視点を、哲学における「批判」（critica）の立場対「場所」（topica）の立場というところに根拠を求めている。袴谷はイタリアの哲学者エルネスト・グラッシ（Ernesto Grassi）の説に従い〔Grassi 1969, pp. 44-45. 袴谷 一九九〇、四頁以下〕、この対立をデカルト対ヴィーコに由来するものとして、前者を理性・論理学・反土着主義とするのに対して、後者を想像力・修辞学・土着主義と捉える。袴谷は、「批判だけが仏教である」として、デカルト的批判主義の立場を鮮明にし、そこから「場所」の立場に立つ仏教を徹底的に批判する。それは、具体的には如来（にょらい）蔵（ぞう）・仏性（ぶっしょう）の思想であり、その展開としての本覚思想である。

このように、批判仏教は徹底的に理性主義的であり、合理性、論理性を重んじ、近代主義、普遍主義、反土着主義の立場を取る。それと同時に、批判仏教の特徴は、その強い倫理性と、社会問題や政治問題に対する積極的で批判的な発言にある。もともと批判仏教の出発点の一つは曹洞宗教団に起きた差別問題の淵源を本覚思想に求めたことにあり、仏教教団の時代追随的な動向に厳しい批判的な目を向けることになった。このような批判仏教のあり方は、社会参加仏教や、ブライアン・ヴィクトリアによる禅の戦争協力への批判などとも共通するところがある（批判仏教の評価や位置づけに関しては、拙稿「批判仏教の提起する問題」〔末木、二〇〇四b所収〕など参照）。

ところで、批判仏教が日本の学界で大きな問題となったのは、このような特徴とともに、自らの立場が「正しい仏教」であることを標榜し、これまで日本の仏教で当然のこととして認められていた如来蔵・仏性や本覚思想を「偽の仏教」として厳しく批判したことにある。自らの正統性を仏教の本来的な立場に求めることは、純粋な理性主義とは異なって、聖典に根拠を求める聖典主義的な立場を取ることになり、問題を仏教内部に絞ることになる。しかし、それだけに「偽の仏教」として糾弾された側への衝撃は大きいものがあり、その批判の刺激が、その後の仏教思想をめぐる新しい研究の展開に寄与することになった。後述のように、自らの正統性の主張はマルクス主義の場合にも見られる。

批判仏教の運動は、一見すると日本だけの、しかも仏教という特殊な宗教に限定された問題であるかのように見られがちである。しかし、実際には日本国内よりも海外で高い評価を受けた[*1]。とりわけ二十世紀前半の中国においてすでに如来蔵・仏性批判が行われ、論争になっていたことと結びつけられることで、東アジアの近代仏教思想の展開の中に位置づけられることになった。さらに、林鎮國（りんちんこく）による批判仏教と場所仏教の定式化は、単なる仏教の範囲に留まらず、京都学派や新儒家による仏教解釈の位置づけとも関係し、哲学の問題に結びつくことを明らかにした[*2]〔林鎮國、一九九九。末木、二〇一〇参照〕。そもそも袴谷の問題設定がグラッシの哲学史の捉え直しを受けたものであり、近代的な合理主義的、普遍主義的な脱魔術化を推し進めようとする意図を明確にしていた。それゆえ、仏教学という限定された領域の問題のように見えながら、今日の哲学思想のあり方に共通する問題を提起しているということができる[*3]。

＊1　海外における批判仏教の受容として、以下のようなものがある。Hubbard, J. & Swanson, P. (ed.), *Pruning the Bodhi Tree*, University of Hawaiʻi Press, 1997. Shields, James Mark, *Critical Buddhism*. Ashgate Pub, Co., 2011. 林鎮國『空性與現代性』台湾・立緒文化、一九九九。唐忠毛『仏教本覚思想論争的現代性考察』二〇〇六。

＊2　林鎮國は、以下のように広い問題に関して類型化を試みている。
「批判仏教―日本の批判仏教―支那内学院（欧陽竟無）―欧陽竟無・呂澂――縁起論―近代―反伝統主義―性寂」。

「場所仏教―京都学派―武昌仏学院（太虚）―新儒家（熊十力・牟宗三）―実体論―ポスト近代―伝統主義―性覚」。

＊3　批判仏教の問題は、三浦雅士の長篇評論『孤独の発明』〔三浦、二〇一八〕にも大きく取り上げられ（同書、二五七頁以下）、仏教学の範囲に留まらない今日の思想界の課題であることが明らかにされた。

二　マルクス主義と日本思想史

1　日本におけるマルクス主義

近代日本におけるマルクス主義は、まさしくこのような「批判」をもっとも徹底して行ったものということができる。ここでは、マルクス個人の思想の受容ではなく、あくまでも「マルクス主義」を問題としたい。「マルクス主義」は、共産党という政治組織を中核としてその周辺に広がることによって、個人の思想レベルではなく、集団的な社会的・政治的運動となり、哲学思想もその中に組み込まれるという、これまでにない新しい思想運動となったことに注目するからである。

ロシア革命によって、マルクス主義に立つ共産党の力が現実化する中で、国際共産主義組織コミンテルンの指導のもとに、世界各国に共産党が結成される。日本共産党は一九二二年に非合法組織として結成されたが、弾圧により一九二四年に一旦解散し、改めて一九二六年に再結成され、一九三五年まで続いた。この時代に、学問的にもっとも大きな影響を与えたのは、野呂栄太郎を中心とする『日本資本主義発達史講座』（一九三二―三三）の刊行であった。『講座』に拠った主流派である講座派は、明治国家を絶対主義国家と見て、まずそれを打ち倒すブルジョア革命が起こって資本主義社会が形成されることが必要であり、その上で社会主義革命が起こるという二段階革命説を採用した。それに対して、雑誌『労農』に拠った労農派は、すでに明治維新をブルジョア革命と見て、直ちに社会主義革命が起こされるという立場を取った。講座派の立場は、まず日本の近代化を必要とするという点で、近代主義の主張と重なるところがあり、実際、後に見る三枝博音（ひろと）のように、弾圧下で近代主義に近づくことで、それを乗り切ろうとする動向も可能となったと考えられる。

哲学思想面では、マルクス主義は弁証法的唯物論を採用することで、宗教批判と唯物論の浸透ということが注目される。この面でもっとも活発な運動を展開したのは唯物論研究会（一九三二―三八）で、戸坂潤をはじめとする優秀なマルクス主義理論家が集まった。その機関誌が『唯物論研究』であり、その編集長が三枝博音であった。

このようなマルクス主義の哲学思想面での特徴は、先に指摘した批判仏教の場合と似ている。第一に、科学性、合理性の徹底ということが挙げられる。とりわけ史的唯物論（唯物史観）は、歴史社会の研究の科学性を初めて本格的に主張したという点で、大きな意味を持つ。下部構造である経済構造が上部構造の文化の諸形態を規定し、その変化に従って普遍的な歴史の発展段階が立てられるという説は、歴史研究の基本的な構造として、マルクス主義を取らない研究者にも大きな影響を及ぼし、それは戦後になってさらに広範に受け入れられた。マルクス主義が知識人層に受け入れられた一つの大きな理由には、このような近代的合理主義の徹底としての科学主義ということがあったと思われる。

第二に、マルクス主義は、抑圧されたプロレタリアートの解放を謳うことで、倫理観の強い青年知識人層に訴えるところが大きかったことが挙げられる。しかも、単なる倫理だけではなく、歴史的必然性を持つ革命運動に加わるという充実感をもたらした。そこから、プロレタリアート対ブルジョアジーという枠の中で、知識人層がどのような役割を果たせるかというインテリゲンチア論が大きく論じられることになった。

　このような特徴と同時に、批判仏教の場合と同じく、マルクス主義の場合にも、「真の哲学」対「偽の哲学」という対立構造がはっきりしていたことも重要な特徴である。「真の哲学」は唯物論、なかんずく弁証法的唯物論のみであり、それ以外はすべて体制を維持するための偽装された観念論的なイデオロギーに他ならない。このような真偽の明確な二項対立があるから、「真の哲学」の立場から「偽の哲学」であるブルジョア哲学のイデオロギー性を暴くという方法で、徹底的な批判が可能となるのである。その際、ソヴィエトの哲学が「真」なる基準として参照されることにより、硬直化した御用哲学化が始まることになった。

2　マルクス主義と日本思想史——永田広志の場合

　ここでは、このようなマルクス主義の哲学自体ではなく、それが日本思想史の分野にどのように投影されたかを検討してみたい。戦前のマルクス主義がその草創期から激しい弾圧に遭い、それ自体で十分な思想的開花を見ない中で、過去の思想へと迂回することで、屈折した形でその批判的精神が発揮されることになったと考えられるからである。

　日本思想史の分野でのマルクス主義者の寄与はきわめて注目されるところがある。その一つとして、日本思想史を哲学という視点で見ようとしている点が挙げられる。日本思想史の確立者としては、村岡典嗣（つねつぐ）、津田左右吉（そうきち）、和辻哲郎らの名が挙げられる。しかし、村岡や和辻は哲学的な志向も持っていたが、「哲学史」という見方は取らなかった。むしろ遡って、井上哲次郎の『日本陽明学派之哲学』『日本古学派之哲学』『日本朱子学派之哲学』〔井上、一九〇〇、一九〇二、一九〇五〕の三部作は、「哲学」という語を用いている。マルクス主義者は、いわばその後を受けて、哲学の観点から日本の思想を捉え直そうとしているのである。

なぜそれが可能だったのであろうか。それは、マルクス主義の立場では、歴史は必然的な発展段階を取らなければならず、それはどの国においても普遍的に妥当すると考えられる。ただ、そこに遅速の差があるというのである。上部構造の「哲学」に関してもまったく同様であり、したがって、日本思想に関しても「哲学」という観点から見ることが可能となるのである。この点に関して、赤澤史朗の次のような指摘が適切であろう。

思想史文化史におけるマルクス主義的なイデオロギー史の登場は、プロレタリアートの階級意識というすべてを批判できる架空の超越的立場を想定し、その最高の発展段階の高みに立って、あらゆる思想の客観的位置を批判的に確定しようとするものだった。それは歴史的発展段階の見取り図に従って、それぞれの思想を歴史的階級に還元し整理分類することで、根本的に批判しようとするものである。……

こうした思想史の一つの問題は、対象となる過去の思想を切る視点や基準が前もって確定しており、思想史分析はそのシェーマの適用としてしか問題にならない点である。

〔赤澤、二〇〇八、二二〇頁〕

だが、具体的に見ていくと、必ずしもマルクス主義者の日本哲学史に対する見方は、それほど硬直した教条主義的なものとばかりも言えないところがある。「日本哲学史」という観点に立つ研究としては、永田広志（一八九七―一九四七）の『日本哲学思想史』（一九三八）がもっとも代表的なものであろう。そこで、同書を中心にいささか見てみたい。永田は、東京外国語学校でロシア語を学び、デボーリンなどの当時最先端とされたソヴィエト哲学の翻訳紹介者としてデビューし、戦闘的無神論者同盟結成（一九三〇）、唯物論研究会創立（一九三二）などでも中心的な役割を果たして、『唯物論研究』で論陣を張った。その中で、恐らくは厳しくなった弾圧を避けるためもあって、日本思想の研究に向かい、その成果は一九三七年に『日本哲学史』、一九三八年に『日本封建制イデオロギー』『日本哲学思想史』などとして結実した。しかし、この一九三八年に唯物論研究会事件で検挙されて執筆禁止に追い込まれた。戦後、ようやく自由な活動を開始したところで病に倒れ、その思想を深めることができなかったのは、きわめて残念なことであった（永田の評伝として、鯵坂真・上田浩・宮田哲夫・村瀬裕也編著『日本における唯物論の開拓者』〔鯵坂他、二〇〇八〕参照）。

『日本哲学思想史』において、永田の「日本哲学」に対する見方はかなり厳しい。

わが日本に哲学なし、と云った中江兆民の言葉は有名であるが、日本の過去において哲学思想の展開が一般的に見て侏儒（しゅじゅ）的なものであったことは疑われない。……資本主義日本はヨーロッパ思想の移入をもってその思想生活を始めなければならなかった。……

日本に於ける哲学思想のこのような未発展は、先ず第一に日本歴史の後進性によって規定されている。……そのイデオロギーは当然、先進国の水準に達したものを創造しうるより先きに、先進国から移植されなければならなかった。〔永田、一九六七、一頁。傍点、原著者〕

このように、永田は中江兆民の「わが国に哲学なし」ということをほぼ承認して、日本における「哲学」の脆弱さを指摘する。それは日本の後進性によるものであり、西洋哲学の移植によって、ようやく本格的に「哲学」が形成されるようになったというのである。

こういうと、日本の哲学史はいかにも貧弱で中味がなさそうであるが、永田の『日本哲学思想史』は、なかなかの力作であり、たしかに近世という範囲に限られているが、第一章「幕藩封建制確立に伴う思想界の変遷」、第二章「幕藩制安定期における儒学の繁栄」、第三章「封建制の頽廃過程開始と思想界の分化」、第四章「中央集権国家形成の諸条件の生長期」と、時代的な変化に従いながら、きわめて要を得た思想通史となっている。

永田は、基本的に近世を、鎌倉幕府に始まる日本の封建制の再編成期と見ながら、その社会的な変化と相関的に思想の変遷を追っている。その中で、反封建的・合理的・科学的な思想の萌芽的な形成に注目し、評価している。すなわち、単に近世を封建制に圧せられた暗い時代として否定的に見るのではなく、その中にある可能性をも引き出そうとしている点で、冷静で一方に偏らない視点の取り方を志している。

安藤昌益、三浦梅園、山片蟠桃らの反封建的で唯物論的傾向をもった思想家が高く評価されるのはもちろんであるが、それ以外にも、例えば賀茂真淵に対して比較的高い評価を与えている。すなわち、「神代の道」を重視するところに、「封建制のイデオロギー的擁護物たる儒教に対する闘争、反封建的萌芽が隠されている」〔永田、一九六七、一三七頁。傍点、原著者〕と見ている。また、「女も何か劣れるや」（『にひまなび』〔同、一三七頁〕）とする男女観や、「凡ソ天地の際に生きとし生けるものは、みな虫ならずや」（『国意考』〔同〕）とする平等観を、「厳格な封建的身分制、封建的尊卑観念に対する批判をも含んでいる」〔同〕と評価する。

しかし、それを全面的に肯定するわけではない。それは、「必ずしも人間の自然的権利（と考えられるもの）の積極的主張を意味せず、従ってかかる権利を抑圧する封建制への積極的反抗を意味しない」〔同、一三八頁〕。真淵の思想は、「町人や高利貸的乃至郷士的地主」の意識を反映しているもので、「幕藩制に対しては反対的であっても、それ自身封建的関係の担い手であった」〔同〕のであり、「封建的イデオロギーの範囲を抜け切らなかった」〔同〕と結論する。

以上のような見方は、最終的にイデオロギー的な階級論に帰結するとはいえ、その思想の可能性と限界の両面を見据えており、その点では教条主義的な断定に陥っていない。日中戦争下で言論への弾圧が続き、非合理的な国家主義・軍国主義の声ばかり高くなる中で、過去の思想に遡りつつ、冷静で合理主義的な批判の精神を貫いたものと言うことができる。

ちなみに、マルクス主義的な哲学史の構築という点に関して、共産党支配下の中国の場合と比較すると興味深い。中国においては、すでに胡適（こせき）以来、「中国哲学史」という見方は定着しており、古代以来の思想の流れが「哲学」として理解されていた。そのことは、共産党政権下においても変わらず、「中国哲学史」を唯物論の観念論に対する闘争史と見る見方が広く行われた。それはアカデミズムの中の問題に留まらず、文化大革命時代の批林批孔運動のように、政治社会レベルにまで至るものとなった。

それと較べるとき、日本では、「日本に哲学なし」の前提のもとに、哲学における後進性が言われ、「日本哲学」は十分に議論の対象とならなかった。せいぜいのところ、近世以後が取り上げられるに過ぎない。それが日本社会の後進性に結びつけられ、西洋の合理性の受容が要請されることになる。それは自国の思想史の中に、哲学の問題がすべて充足されていると見る中国の場合と、大きく異なっている。

三　マルクス主義と近代主義——三枝博音の日本思想史研究

1　三枝博音の生涯と活動

永田が、マルクス主義の正統派的な立場から日本の哲学思想に接近したのに対して、マルクス主義から出発しながら、近代主義に近づき、教条主義的な囚われを離れて、日本思想の広い領域への批判的な研究を深めたのが三枝博音（一八九二―一九六四）であった。

三枝は、もともと広島県の真宗寺院の出身で、東京帝国大学哲学科を卒業後、東洋大学教授、立正大学助教授などを務めながら、マルクス主義に接近した。一九三一年、日本戦闘的無神論者同盟を結成。翌年には唯物論研究会を結成し、『唯物論研究』編集責任者として、唯物論運動の中心的な役割を担った。その間、三一年から翌年にかけては、シベリア経由でドイツのヘーゲル生誕百年祭に参加し、ドイツ、ソヴィエトの哲学に直接触れ、大きな刺激を受けた。初期の主著とも言える『日本に於ける哲学的観念論の発達史』（一九三四）は、こうした背景のもとに書かれた。

ところが、一九三三年には治安維持法により一カ月の拘禁を受け、立正大学を辞職しなければならなくなる。そのとき、手を差し延べたのが同郷の先輩で在野の医学史研究家富士川游であった。富士川のアドバイスと援助で日本思想史研究に向かい、『日本哲学全書』全十二巻（一九三六―三七）の出版を実現させた。このシリーズは、井上哲次郎・小柳司気太・高楠順次郎・富士川游という学界の大御所の監修で、分野別に日本思想の名著を集成したもので、今日でも活用する価値のあるシリーズとなっている。日本思想に関する三枝の主著『日本の思想文化』（一九三七）は、この編纂によって得られた知見をまとめたものである。戦争中は、この日本思想研究を深める方向で、『三浦梅園の哲学』（一九四一）などの梅園研究を進めるとともに、『日本科学古典全書』の編纂に当たり、日本科学史・技術史の分野を開拓することになった。

戦後、自由な活動が可能となってからは、八面六臂の大活躍となるが、中でも鎌倉大学校（後に鎌倉アカデミア、一九四六―五〇）は新しい自由な教育の実験的な試みとして、今日でも高く評価される。後に横浜市立大学教授から、一九六一年には学長となったが、六三年に国鉄鶴見事故により亡くなった（三枝博音の信頼できる年譜と著作一覧として〔飯田、一九九二〕がある。また、鎌倉アカデミアについては〔前川、一九九六〕参照）。

このように、三枝の活動はおおよそ三期に分けられる。第一期は、戦闘的唯物論者としての活動期であり、第二期は、戦時下、日本思想史・科学史研究に専念した時期、第三期は、戦後の進歩派知識人の指導者として公職に就き社会的に活躍した時期と見ることができる。

2　マルクス主義と近代主義——三枝の基本的立場

三枝の初期の代表作と言うべきは、『日本に於ける哲学的観念論の発達史』であるが、そこに三枝の基本的な立場は明瞭に示されている。そこでは、ドイツ観念論に対して高い評価を与え、それに対して、新カント派に厳しく、その影響を受けた日本のドイツ観念論受容に対して厳しい批判をしている。

なぜ、ドイツ観念論が高く評価されるのであろうか。それは、「ドイツ・イデアリスムスは、ドイツの市民的階級が先行の封建制の中から分化し結成したところの・ドイツ国民の・歴史的躍進に伴って生れ出た統一的な哲学的世界観である」（以下、三枝の著作の引用は、三枝博音著作集による。著作集三巻〔三枝、一九七二a、一八頁〕）ことによる。そこでは、「どの哲学説も、理性の勝利の確信で貫かれている」（同、一八頁）というのである。それに対して、日本では、このような「資本主義制度の革命期のイデオロギー」であるドイツ観念論と同時に、「その熟成的反動的イデオロギー」である新カント派とを同時に受け入れることになった（同、一九頁）。

しかも、「神道・仏教・儒教・道教・キリスト教等の世界観－人生観的思想の繁茂せるなかに、はじめて学的哲学が、移植されたのである。加うるに、日本人に固有の芸術的観賞につながる象徴的直観性が、日本のイデアリスムスの仕方の上に多彩なる着色を与えて、日本のイデアリスムスの諸相に複合性を付与している」〔同、一九―二〇頁。傍点、原著者〕。このために、本来合理的・科学的であったドイツ観念論が、きわめて神秘主義化され、「Gottheit〔神性〕の偏重的強調」〔同、二〇頁〕に陥ることになった、というのである。

上述のように、講座派系の日本のマルクス主義の主流は二段階革命説を取り、日本はいまだブルジョア革命を経ていないので、まず、封建制を打倒しなければならないと見た。哲学思想面でも、近代哲学の合理主義や科学尊重の態度をまず根づかせることが必要ということで、近代主義的な立場に近づくことになる。そこでは、同時代のブルジョア哲学をプロレタリア哲学の立場から批判するという方向よりも、ブルジョア哲学のよい面をまず導入すべきだという方向が強くなる。三枝はその典型ということができる。

この点に関して、赤澤史朗の指摘が適切である。すなわち、「日本マルクス主義に、日本の現状をブルジョア社会・国家として批判する近代批判の契機と、そこに半封建的・アジア的などの遅れた発達段階の特徴をみる近代主義の要素の双方が内在していたことは、よく知られている」〔赤澤、二〇〇八、二二一頁〕とした上で、三枝の仕事を次のように位置づけている。

そうしたなかでマルクス主義の影響を受けつつ、ある種の近代主義に傾斜した論理が準備されていくことになる。その代表は、三枝博音といえよう。むろん近代主義も一つの図式をつくり出すものであろう。しかし三枝の論理には、あらかじめ確定した図式から裁断しようという傾向がけっして強くない。そこには混濁した歴史的実態から、かすかな歴史的必然性の論理を見分けて救い出そうとする意思があった。ただしその歴史的必然性の論理は、根底的には一種の強烈な西欧中心主義に支えられていたようにみえる。〔赤澤、二〇〇八、二二二頁〕

この赤澤の評価はほぼ承認しうるものである。三枝はマルクス主義から出発しながらも、もともと教条主義的な面が弱く、合理主義的・科学主義的な志向が強かったので、近代主義に近い位置に立っていた。それを生かすことで、戦時下の弾圧を避けるために日本思想史に向かいながらも、日本主義に転向することなく、批判的な視点を保つことができた。それが戦後の活動につながることで、終始一貫した立場を保ちえたと考えられる。

3　三枝の日本思想史論――『日本の思想文化』を中心に

上述のように、三枝は弾圧に遭って以後、富士川游の援助で『日本哲学全書』の編集に従事することで、日本思想史への理解を深める。『日本の思想文化』（一九三七）は、それによって得られた三枝の日本思想史観をまとめたものであるが、一九三七年の初版以後、四一年には増補改訂版が出され、戦後も文庫に収録されるなど、戦中・戦後を通して読み継がれた（ここでは、三枝博音著作集第五巻』〔三枝、一九七二b〕に収録された増補改訂版による）。

この書は、体系的な通史ではなく、序論の後、第一章「日本文化の特質」、第二章「日本文化と思想性」、第三章「日本の知的文化」、第四章「日本人の自然解釈」、第五章「日本仏教とその思想」、

第六章「日本儒学とその思想」、第七章「神道と宗教論の問題」、第八章「易について」、第九章「経済論その他」という章立てを見ても分かるように、テーマ別に論じている。これらのテーマは決してばらばらに個別的に論じられたものではなく、そこに流れる主張は一貫している。その点を見てみよう。

三枝は、戦時下の日本賛美の風潮に対して、きわめて冷静に日本思想を批判的に分析し、科学的な合理主義の立場を貫こうとしている。序論では、「日本的なもの」とか、「『世界に誇るべき』日本の文化」とか、当時の日本主義の盛行の中でもてはやされた話題を取り上げ、慎重な言い回しながらもそのような動向を批判する。そして、「知性」ということを問題にする。

「知性とは、ものを考え、善い悪いとを判じ、好ましい好ましくないに応じて行動との連繫をとる、そういう心の働き」〔三枝、一九七二b、二五七頁〕であり、「思考とか思惟よりももっと以上のもの」〔同〕である。そこに民族の違いがあり、「かかる異質的知性の中でも科学的思惟を発達させるに障害を来たすものと、反対にその知性が科学的思惟の訓練を強化することを助成するものとがある」〔同、二五八頁〕として、この後者を「日本人の知性」として評価していこうというのである。

日本主義的な賛美を否定して、過去の日本思想を批判的に見直すという点で、永田広志の場合と通ずるが、永田が唯物史観に基づくイデオロギー批判という方法を堅持したのに対して、三枝はそれを捨て、近代的合理主義の立場に立脚することで、体系的な面では弱くなるものの、ドグマに囚われない自由な分析が可能となっている。

第一章を見てみよう。しばしば日本人は自然を愛する民族だということが美点として言われるが、三枝はそのような見方に疑問を呈する。「日本人は余りに自然に浸りきり、余りに自然を生活して居た」ために、「自然を思想や学問の中へとり入れることができなかった」〔同、二六〇頁〕ことを問題にする。三枝は俳句や南画を取り上げて議論を進めていくが、そのあたりはやや屈曲が多く歯切れが悪い。しかし、結局のところ、「かようにして日本の文化は、日本人が近代において市民社会的教養と自然科学の体系をもたなかったことに、古代及び中世においては日本人の学問の根柢に『存在の自然性』を欠いていたことにひとつの大きな特色をもっていると言えるのである」〔同、二八一頁〕という結論に至っている。

ここで古代・中世と近代の問題が分けられているが、その古代・中世の問題点が、近代において「市民社会的教養と自然科学の体系」の欠如を導いていると考えられる。「存在の自然性」とは、「科学の根拠は自然が在る如くすべてのものが在るその存在にあった」〔同、二七八頁。傍点、原著者〕ということで、根拠を権威に求めるのではなく、客観的な自然の存在そのものに基づかなければならないということである。日本人にはそのような自然観が欠けていたために、近代になって自然法や自然科学が思想として根づいていないというのである。「自然」の問題は、三枝にとって根幹にあるもので、この書の第四章ではさらに立ち入って取り上げられている。そこでは、仏教や陰陽道（おんみょうどう）など、中世の自然観が批判され、近世における貝原益軒らの自然誌や自然哲学の勃興が評価されている。

三枝は、「哲学」ということを正面に出していない。しかし、その言わんとするところは、個別的な科学の成果ではなく、その科学を基礎づける思想、すなわち思想性を持った思想の欠如を問題にするのであり、それは哲学として組織だった思想の欠如ということである。三枝は、第二章で日本における思想性の欠如という問題を提起したが、第三章ではさらに、知性の普遍性と特殊性という問題を取り上げる。

「知」は「感情や意志と違って、時代や国柄を超越して一般性と共通性とをもっている」（同、二九六頁）のであり、普遍的なものである。それは、「知が手本としている自然界が法則的に一様性をもっているからである」（同、二九七頁）。しかし、日本の場合、「陰陽五行論が何百年談議されても学問的進歩はどうにもならなかった」（同、三〇〇頁）。「物を日常性のままで愛し、執着する」（同、三〇一頁）ところから、「一般性という抽象性を獲得できないという一つの特殊の知性が、日本人の精神の中に育った」（同、三〇二頁）というのである。しかし、その中でも鎌田柳泓（りゅうおう）のように科学的な見方を展開させた特徴ある思想家も生まれたとする。

引き続いて、三枝は論理の問題を取り上げる。論理的訓練として、「形而上学的、科学的、政治的（もしくは実践的）」（同、三〇九頁）の三つを立て、日本においては形而上学的な論理的訓練はかなり受けているが、第二、第三については必ずしも十分ではないとしながらも、独自の弁証法を展開させた三浦梅園を大きく取り上げている。

このように、三枝は唯物史観に基づくイデオロギー批判の方法を取らず、基本的には科学的合理主義に基準を置き、その普遍性を前提として、日本思想がそこから遅れていることを指摘する。その点で、科学的真理は前提とされて疑われておらず、そこに限界がある。しかし、科学的合理主義に基準を置くことで、非合理的な国家主義、日本主義が吹き荒れる時代を巧みに乗り切りつつ、批判性を保つことができた。また、日本思想を全面的に否定するわけではなく、三浦梅園や鎌田柳泓に、合理的思想の可能性を見出し、新しい光を当てることができた。仏教に関しても、最澄や空海を高く評価する一方で、真宗の出身ながら親鸞への評価は低い。これは、理論性や実践性に着目したことによるもので、常識的な仏教観に対して、一石を投じる見方である。

4　戦後の日本思想史研究へ

上述のように、三枝は戦後、指導的な進歩派知識人の一人として大活躍する。その間、日本思想史の方面に関しても、自由な状況の中で、積極的な研究を推し進めた。『日本哲学全書』を引き継ぐものとして、戦争中から刊行を始めていた『日本科学古典全書』（一九四二―四九）は、結局十冊刊行したままで中断したが、『日本哲学全書』の戦後版とも言うべき『日本哲学思想全書』全二十巻（一九五五―五七）を刊行した。『日本哲学全書』が、近世までに限定されていたのに対して、『日本哲学思想全書』は近代まで含めたところに特徴がある。ただ、近世までと近代以後では、資料の性格がかなり異なり、それを一緒にすることがよいかどうか、やや疑問がある。

『日本の思想文化』に対応する戦後版としては、『西欧化日本の研究』（三枝、一九五八）がある。日本の後進性を指摘し、近代的な合理化の必要を説く点では、『日本の思想文化』の延長上にある。しかし、後者には戦時下の困難な状況の中で合理的な批判的態度を維持するという抵抗の精神が生きていたのに対して、戦後の新しい社会形成の時代の中では、このような論はあまりに常識化してしまって、必ずしも創造的な力を発揮することはできなかった。

戦後、マルクス主義は時代の寵児となり、歴史研究においてはむしろ主流といってもよいほどになる。唯物史観の歴史発展段階説は、マルクス主義者でなくても、ある程度は前提とされるようになった。

マルクス主義が、近世を封建制の時代として否定的に見るのに対して、近世の中に近代的・合理的な思想の源泉を見ようとする近代主義的な思想史論も全盛を迎えた。丸山眞男を単純に近代主義的合理主義者と規定するわけにはいかないが、『日本政治思想史研究』〔丸山、一九五二〕で取り上げられた荻生徂徠などの思想の近代性が脚光を浴びることになった。それは、ある意味で三枝による合理的思想家の発掘の流れを汲むものであるが、丸山系の思想史が席捲する中で、かえって戦時下の三枝らの営為が見えにくくなってしまったところもあった。

本章の最初に提示したように、今日、マルクス主義はもちろん、近代を支えた科学的合理主義もそのままでは信じがたくなり、真理の唯一普遍性は成り立たなくなった。しかし、そのことは無批判的に何でもよいということにはならない。かえって、このような時代にこそ思想の厳しい吟味が要求される。再魔術化は、もう一方で脱魔術化という逆ベクトルの志向と並行されなければならない。本書で用いてきた「顕」と「冥」という術語を用いるならば、「冥」への沈潜は、同時にそれを「顕」の世界にもたらし、言語化して検証しなければならない。このような観点から見るとき、戦時下に、科学的・合理的精神をもって批判的に日本思想の再検討へと向かった永田広志や三枝博音の仕事を今日振り返り、再評価することはきわめて重要である。彼らによって初めて、日本の思想を「哲学」という観点から読み直す道が開かれたのである。

第三章　比較思想という視座

一　草創期の比較思想

比較思想学会は一九七四年に創設され、二〇一三年に創立四十周年記念大会を開催した。創設当時、中村元会長を始めとして、比較思想にかける当時の熱気と期待は、今日では考えられないほど大きいものがあった。日本で比較思想・比較哲学が方法論的自覚を伴って大きな問題とされたのは、川田熊太郎に始まる。川田はギリシア哲学の研究から出発したが、インド仏教文献へと進み、「諸哲学の哲学」として「比較哲学」を唱えるようになった〔川田、一九五七など〕。

中村は、このような方法に学びながら、思想の比較類型学的な方法を推し進め、一方で東洋の諸民族の思惟方法の相違を共時的に明らかにするとともに、他方で、世界の諸文化圏の思想に共通する発展を通時的に捉える世界思想史の構想を展開し、きわめてスケールの大きな比較思想の体系を完成させた。中村の比較思想に関しては、その著書『比較思想論』〔中村、一九六〇〕に適切に全貌が要約されている。

中村は、比較思想学会設立に際して、次のように述べている。

比較ということはそれ自身意義のあることではあるが、われわれはそれを手がかりにして、思想に対する批判を行い、それを通路として新しい思想をつくり上げねばならない。新しい思想は、既存のものに対する比較を媒介とするのでなければ、形成され得ないであろう。だから比較が必要なのであるが、ただ第三者的に眺めて比較しているだけでは意義に乏しいであろう。「比較思想」はサロンの玩具にとどまってはならない。それは各個人の主体的な問題意識のうちに組み入れられ、生かされなければならない。

〔中村、一九七四、一〇頁〕

初期の比較思想学会において活躍したメンバーとしては、玉城康四郎、三枝充悳(みつよし)、末木剛博(たけひろ)、峰島旭雄(ひでお)などが挙げられる。玉城は瞑想論をベースとしながら、近代インド思想・ドイツ観念論などを読み込むことで、独自の世界を切り拓いた。三枝は自覚的に比較思想の方法論の確立を目指し、末木は、記号論理学の方法を用いて、東洋思想の合理性を解明した。峰島は、中村を助けて比較思想学会の基盤を固めた。このような初期の成果を集約するものが、『比較思想辞典』〔中村監修、二〇〇〇〕である。

比較思想学会が、東京を中心とした研究者を集めたのに対して、京都を中心として、いわゆる京都学派を継承する研究が、戦後も進められた。大御所的な位置に立ったのは西谷啓治であり、ハイデガーの翻訳に禅的な用語を取り入れた辻村公一、キリスト教の立場から仏教との比較研究を進めた滝沢克己、仏教の論理構造を解明しようとした山内得立、禅と神秘主義を中心とした上田閑照などが輩出した。東京系の研究が、どちらかと言えば、客観的に思想の類型比較を行ったのに対して、京都系の研究は主体的な立場から宗教哲学的な考察を深めていったところに特徴がある。他に、独自の日本文明論を展開した上山春平や梅原猛のような異質の哲学者も出ている。

比較思想的な研究は、一九七〇―八〇年代頃までは活気に満ちていたが、その後、停滞するようになった。もともと比較思想は、西洋哲学が絶対視される中で、東洋にもそれに対応する思想があるということを主張しようとするところに大きな動機があった。それゆえ、東西対抗という図式が根底にあり、東西の区画は明瞭であった。西洋と言っても、ドイツ、フランス、イギリスの近代哲学が典型とされ、それとの距離によって東洋を測るという形を取った。「東洋」として一括される中に、インド、中国、日本などが含まれることになる。基本的な概念構造のモデルは西洋に取られ、いわばその不十分なところを東洋によって補うことで、両者の相互理解が成り立つことになる。

その際、比較を行う主体は、いわば西洋と東洋を同等に見較べる高みに立つことができるかのように考えられ、主体の持つ制約に関しては十分な反省がなされなかった。いわば普遍性を持つ特殊な理性的空間において比較がなされ、そのような比較を進めることで、東西を融合させた普遍的な真理に到達し得るかのような楽観的な展望が持たれた。

このような比較は、大枠的な見通しを立てるという点では、ある程度の有効性を持つが、次第に研究が細分化され、詳細に議論を詰めていく段階になると、どれだけ学的な厳密さをもって研究を蓄積していくことができるか、疑問視されるようになってきた。さらに、ポスト植民地的、ポスト近代的な状況の中で、固定的な東西対抗の図式が崩壊し、西洋近代の優位が揺らぐようになると、何を比較すればよいのか、不確かになる。思想・哲学の普遍性が疑問視され、そもそも比較が何を目的とするのかも曖昧となって、それが比較思想の衰退につながった。

もちろん、そのことはこのような草創期の古典的な比較思想の成果が無意味になるということではない。西洋の優位に疑問を突きつけ、東洋思想が新しい目で発見されるところに比較思想が形成されたのであり、その成果は今日でも常に参照される価値が高い。ただ、それだけでは済まなくなったところに、今日の問題がある。

二　新しい比較思想へ

世界の冷戦構造の崩壊に伴い、一九九〇年代以後、新たに比較思想が重要性を増す状況が生じてきた。「文明の衝突」という合言葉は政治戦略的な言説だとしても、民族紛争や国際的なテロの拡大、そして「帝国」アメリカの強引な「正義」の主張は、従来の枠組みの思想・哲学の無力を明らかにした。もはや西洋哲学の優位は完全に崩壊し、それとともに理性による普遍性への到達という目標は、ほとんど不可能であることが明らかになった。

そのような複雑な国際関係の中で、異なる文化・宗教・民族とどのように向き合うかという問題は、世界的に緊急の課題となった。かつてのような東西対抗の図式はあまりに単純で、現実に通用しない。異文化は他者としての理解不可能性を露わにし、しかし、それでもその理解不可能な他者としての異文化を適切に理解しなければ、相互の敵対性はますます嵩じるだけだという、きわめて困難な状況に直面することになった。日本の場合で言えば、西洋を理解する以前に、近隣の中国や韓国とも相互理解が成り立っていない。異文化としての中国や韓国をどのように理解したらよいのであろうか。それには、単に戦争や植民地という限定された問題に焦点を当てるだけでは済まない。古典文化の時代から、東アジアの文化・思想がどのように相互に関係し、どのような相違を持ち、理解と誤解を生んできたかということを、確認していく作業が不可欠となる。

そのことは、翻って自国の思想・文化をどのように理解するかという問題と直結する。これまで、日本の思想に関しても西洋哲学の概念によって理解しようとして、それがうまく当てはまらないと、「日本に哲学なし」と切って捨てるようなことが平然と行われてきた。だが、それは西洋哲学に該当するような「哲学」がないということに過ぎない。木田元が言うように、「哲学」が「西洋という文化圏の特定の時代に成立した特殊な知の様式」〔木田、二〇〇〇、一二頁〕であるとすれば、それを普遍的なモデルとすることができないことは明らかである。それでは、西洋哲学をモデルとせずに、どのように日本や他地域の思想・哲学を見直し、それを新たに再構築できるであろうか。

もちろん西洋哲学をモデルにできないということは、西洋哲学を参照することを否定することにはならない。ただ、西洋を唯一の基準として、それに合せて他の文化圏の思想を評価することはできないということである。スティーヴン・ブリク（Steven Burik）が「比較哲学の終焉」という言葉で意味しているのは、まさしくこのような状況である〔Burik, 2009〕。オリエンタリズムや脱構築により西洋中心主義が無効となった後で、どのように新しい思想を構築していくことができるかということが大きな課題となっている。

三　新しい比較思想のいくつかの例

「比較思想」は英語にするとcomparative philosophyであり、文字通り訳せば「比較哲学」になる。それなのに「比較思想」のほうが広く用いられるのは、「哲学」の限定的なニュアンスを嫌うためであろう。欧米においても、西洋起源の philosophy をどこまで非西洋地域に用いることができるのか、大きな問題となってきた。例えば、「日本哲学」は成り立つのであろうか。

非西洋圏における「哲学」の問題に関しては、本書第一章で、ハイジック／カスリス／マラルド編『日本哲学資料集』（二〇一一）などを紹介しながら検討を加えた。また次章で、ガーフィールド／エデルグラス編『オクスフォード世界哲学ハンドブック』（二〇一一）などを含めて、もう少し紹介したい。

二十一世紀に入ると、こうした動向の中で、従来の素朴な東西対抗図式に代わり、新しい比較思想への動きが顕著に見られるようになってきた。その中でも、トマス・カスリス（Thomas Kasulis）による自己統合性（integrity）と他者親密性（intimacy）という思考類型の提示〔Kasulis, 2002〕は応用性の高いものであり、実際、エリン・マッカーシー（Erin McCarthy）によるケアの倫理への適用など、注目される成果を生んでいる〔McCarthy, 2010〕。かつての欧米の日本哲学の研究は、一部の奇特な学者の変わった研究でしかなかったが、今日では、西洋哲学に満足できない新しい研究者の意欲的な研究が盛んに行われるようになっている。カスリス、マッカーシーを含めて、これらの新しい動向についても次章でもう少し詳しく紹介したい。

日本においても、必ずしも比較思想と銘打たないものの、実際には新しい比較思想と称することのできる新しい研究が続々と現れている。かつては「哲学」というと、西洋哲学の紹介的な研究に限られていたが、今日では日本やアジアの哲学を基盤とした創造性に富んだ研究が続出している。その先鞭をつけたのは、中島隆博であろう。人文系諸分野の気鋭の研究者が執筆する岩波書店のシリーズ「ヒューマニティーズ」に、中国哲学を専門とする中島が「哲学」を執筆したのは、象徴的な出来事であった。中島は、現代フランス、中国、日本などの思想を縦横に渉猟しながら、「哲学」を「複数の言語の間に成立する実践」として、「哲学者は一種の翻訳者だ」（中島、二〇〇九、三八頁）と規定する。もちろん、その際の「翻訳」は、単に単語を置き換えるような機械的な作業ではなく、一つの文化をどのように異質の他の文化に移せるかという問題であり、それは、まさしく比較思想そのものと言うことができる。

京都学派と中国の新儒家とを比較することの重要性は、中島の著作でも指摘されていたが、朝倉友海はこの問題を正面に据えながら、「東アジアに哲学なし」という言説（それはデリダによって増幅された）への反論を試みている（朝倉、二〇一四）。熊十力から牟宗三への新儒家の流れは、一方で西洋哲学の強大な影響下に立ちながら、他方でそれに対抗するのに仏教教理の枠組みを使い、それを儒学に転用していくという複雑な構造を取っている。それをどのように新たに生かしていけるかは、今後の課題に属するところが大きい。朝倉は、批判仏教などへも視線を向けながら、新儒家の一つの源泉となった天台円教の哲学に可能性を見ようとしている。そこにやや踏み込みの足りないところが見られるものの、従来のように、京都学派を絶対視するのではなく、それをある程度突き放しながら、東アジアの視座の中で捉え直していく作業は、今後の比較思想の大きな方向性を示すものと言える。さらに印欧語の古形に見られる中動態に着目し、能動・受動の二項対立の解除を目指した國分功一郎の活動も注目される〔國分、二〇一七〕。

中島や朝倉は、「東アジア（日本）に哲学なし」とか、「日本語は哲学に適さない」というような俗流の常識が成り立たないことをきわめて明瞭に証明したが、それでは、具体的に日本語で、日本の伝統的な思想を受け継ぎながら、どのように哲学を成り立たせることができるであろうか（もちろん日本だけでなく、中国や韓国も同じ課題に直面している）。その方向へ意欲的な一歩を進めたのが、竹内整一である。日本語の中でも、漢語がある程度抽象的な表現を可能にするのに対して、いわゆる「やまと言葉」は、抽象化しえず、もっとも「哲学」に不向きの言葉と考えられてきた。竹内は、かねてより「おのずから」と「みずから」の微妙な「あわい」に着目することで、日本思想の特徴を捉えようとしてきた〔竹内、二〇〇四〕。それをさらに進め、「ありがたい」「めでたい」「あう」「あいする」などの「やまと言葉」（実際には漢語由来の言葉を含む）を分析することで、西洋由来でない日本独自の「哲学」の可能性を導こうとしている〔竹内、二〇一二〕。必ずしも十分に成功しているわけではないが、少なくとも西洋的な概念を前提とせずに「哲学」が可能であることを示した点で、画期的な意味を持つものである。なお、私自身は、必ずしも「やまと言葉」にこだわらず、伝統的な日本の思想を基盤としながら、それを「哲学」として再構築しようという試みを続けているが、それもこのような動向の中に位置づけられるものである。

ところで、必ずしも比較ということを直接のテーマとしない現代哲学の議論でも、比較思想に大きくかかわってくるものがある。ここでは、そのような例として、ジャン＝リュック・マリオン（Jean-Luc Marion）とジャック・デリダ（Jacques Derrida）の論争を取り上げてみよう〔Derrida, & Marion, 1999.〕。この論争に関しては、岩野卓治が適切に紹介しており〔岩野、二〇一四〕、それに拠るところが大きい。マリオンは、「現象学の神学的転回」と呼ばれる新しい哲学動向を代表し、カトリック神学と結びついた哲学を展開している。その中心となるのは「贈与」の観念である。「贈与」は現象学における「所与」の問題とかかわりつつ、究極的には宗教へと向かい、神による啓示の問題となる。それに対して、デリダの批判は、贈与は結局のところ、それに対する見返りが生じ、交換という経済に帰着するのではないか、というものである。そこで、施者もなく、施物もなく、受者もないような純粋な贈与が可能か、という問いが立てられる。それが神による贈与＝啓示となる。このことは仏教では三輪清浄（布施する者、布施を受ける者、施物のいずれもが執着を離れていること）に当たり、必ずしも超越神を前提としない形でも成り立ちうる。

デリダは、贈与の根源に「根拠なき根拠」としてのコーラ（khora）を提示する。コーラは、もともとプラトンの『ティマイオス』に出るもので、デミウルゴスがイデアに基づいて世界創造をする際に、それを受容する場に当たる。デリダは『コーラ　プラトンの場』という先著でこの問題を扱い、「メタフォリカルな意味／本来的な意味という極性の彼方あるいは手前へコーラが赴くがゆえにこそ、コーラについての思考はミュトス／ロゴスという、おそらくは類同的な極性を超え出てしまうのである」〔デリダ、二〇〇四、一六頁〕と、あらゆる二元的な規定を超えて、把握できないものとしている。

究極の贈与＝啓示と究極の場としてのコーラという二つの志向は、この世界を超越していく一神教の方向と、この世界の内在的な根底を深化させていく方向という、二つの思考類型を示すものと言うことができる。後者は、西田哲学の「絶対無の場所」や、井筒俊彦の「東洋的神秘主義」などと通底し、インドや中国の思想、また大乗仏教にも類似の思想を指摘することができるであろう。井筒の哲学は、西洋哲学にも十分に通じた上で、それに対抗できる「東洋」の哲学を体系的に提示しようとするもので、今日新たに注目されるようになっている。その概要を知る上で、安藤礼二・若松英輔編『井筒俊彦――言語の根源と哲学の発生』〔安藤・若松、二〇一四〕は好箇の入門書である。

こう言うと、再び東西対抗図式に逆戻りするかのように思われるかもしれない。しかし、マリオンとデリダとの論争という現代哲学の先端的な議論の中で取り上げられた問題とも絡み、東西対抗図式に還元できない、より根源的な思考の類型として考えなければならない。そう考えると、現代哲学の問題が、比較思想的な広がりと密接にかかわっていることが分かってくる。いまや現代哲学にとって、比較思想の方法は不可欠となっている。例えば、マリオンの贈与と西田の無の比較がマラルドによってなされている〔Maraldo, 2018〕。また、永井晋『〈精神的〉東洋哲学――顕現しないものの現象学』〔永井、二〇一八〕は、マリオン、アンリなどのフランス哲学を踏まえつつ、井筒の「〈精神的〉東洋哲学」をコルバンなどとともに再評価し、そこから新たな哲学を構築しようという意欲的な試みである。このような地平から、新しい比較思想を立ち上げていかなければならない。

四　哲学・宗教・科学のはざま

「哲学」への反省はまた、「宗教」や「科学」の概念や範囲をもう一度問い直すことへと差し向ける。宗教と科学の問題は、とりわけチベット系の仏教が欧米に浸透する中で問題とされてきている。指導者のダライ・ラマ十四世自身が『原子の中の宇宙』〔Dalai Lama, 2005〕の中で、仏教と科学との積極的な対話を提唱している。ダライ・ラマの基本的な立場は、「スピリテュアリティと科学は異なるが、真理を探求するという、同じ大きな目標を持つ相互補完的な研究のアプローチである」〔Dalai Lama, 2005, p. 4〕というものである。ダライ・ラマが特に関心を持つのは、一つは量子力学や宇宙論を含む物理学であり、もう一つは認知科学である。なぜ後者が大きな問題になるかというと、仏教の瞑想によって到達される真理を認知論的にどのように意味づけ、またそれによる意識の転換をどのように理論化するかが問われるからである。

このようなダライ・ラマの方針を受けて、チベット仏教系の研究者は自然科学者との共同研究を進め、その成果はアラン・ウォレス編『仏教と科学』〔Wallace, 2003〕にまとめられている。この書は、第一部「歴史的文脈」、第二部「仏教と認知科学」、第三部「仏教と物理学」の三部からなり、ここでも認知科学と物理学が中心的な主題となっている。

ウォレスによるこの書の序論「仏教と科学――牆壁を壊す」(“Buddhism and Science : Breaking Down the Barriers”)は、仏教と科学の関係に関して、諸説を紹介し批判しながら、新しい方向を示している。ウォレスは、仏教と科学の関係について、三つの立場があるという。第一は、「宗教と科学は自立的なものであり、その関心の領域は相互に排他的とするものである」〔Wallace, 2003, p. 1〕。第二は、ポスト近代主義者の立場であり、「仏教と科学は文化的に特殊なものであり、根本的に両立不可能」〔*ibid.*〕とするものである。第三は、「仏教と科学の対話的なアプローチ」〔*ibid.*〕であり、「それは両方の領域を豊かにし、したがって、自然世界の主観的・客観的領域の理解を広げる」〔*ibid.*〕ことになるもので、それがウォレスだけでなく、ダライ・ラマの指導下にある仏教理論家・科学者の基本的な立場ということになる。

第一の立場は、どのような問題があるのであろうか。ウォレスは、仏教を単に「宗教」として捉える見方を否定する。宗教、哲学、科学を分け、仏教を宗教の領域に押し込めるのは、西洋的な観念を無理に適用したものであり、適切ではない。「仏教は、我々の宗教、哲学、科学のどの範疇にもぴたりと対応しない。それは、仏教が、それらの概念が形成され展開した西洋で発展したものではないという単純な理由による」〔*ibid.*, p.6〕からである。「仏教もまた、中心的に人間経験の中の因果にかかわり、この意味で、一種の自然主義であって、超越主義ではない」〔*ibid.*, p. 8〕のであり、その点で科学と同じである。ただ、「科学はたいてい自然世界から主観的経験を除外するが、……仏教は逆に主観的・心的現象を少なくともまじめに客観的物質現象として扱う」〔*ibid.*〕ところに違いがある。このように、経験科学は仏教と矛盾しないが、それに対して、科学を「科学的唯物論」としてドグマ化し、一種の宗教と化することには反対するのである。

第二の立場は、ポスト近代主義の立場である。これは、文化的特殊主義とも言うべきもので、「異なる社会は文化的には単独で、共約不可能であり、基本的に他者によって知られえない」〔*ibid.*, p. 20〕と考える。仏教と科学は異なる文化に属するものであり、それゆえ、相互に理解できないものとされる。しかし、「この原理を絶対化すると、間文化的、あるいは学際的な理解のいかなる追究をも損なうことになる」〔*ibid.*, p. 21〕。

こうして、第三の対話と協調の道が積極的に主張されるようになる。「仏教はそれ自体を宗教であるとも科学であるとも定義せず、伝統的に宗教的真理と科学的真理との間に区別をつけない」〔*ibid.*, p. 26〕のである。ダライ・ラマは、「説得力のある科学的証拠が仏教の主張を論破するのであれば、仏教はその疑わしい主張を捨てるべきだ」〔*ibid.*〕と繰り返し語っている。

このように、現代のチベット仏教では、積極的に科学との協調を打ち出している。これは、日本の仏教と大きく異なるところである。日本仏教は、明治の井上円了の時代には、科学との合致を謳い、その点でキリスト教より優位に立つことを主張した。ところがその後、清沢満之らにより、宗教は世俗を超えるものであると位置づけられ、そのために科学をも含む世俗的な営為と積極的な関係を結ぶことができなくなってしまった。それによって、仏教は統合的な世界観であるよりも、世俗的な天皇国家の周縁に位置づけられ、狭義の宗教に自らを狭めることになった。今日のチベット仏教が、自らを宗教の枠に収めずに、科学や政治、倫理にまで及ぶ広大な世界観を提示しているのと対照的である。日本で科学と仏教の問題を正面から論じているのは、佐々木閑(しずか)『犀の角たち』〔佐々木、二〇〇六〕くらいであろう。

では、このようなチベット仏教の総合的な世界観は、単なる大言壮語であり、実際上の効力を持たないのであろうか。ナタリー・ドゥプラス（Natalie Depraz）は、今日のフランスを代表する現象学者であり、現象学と認知科学との結合によって注目されているが、『仏教と科学』の論集にもフランシスコ・ヴァレラ（Francisco J. Varela）と共同で「想像する――身体化、現象学、転換」（"Imagining : Embodiment, Phenomenology, and Transformation"〔Depraz & Varela, 2003〕）という論文を寄稿している。これは、想像作用を手がかりに、神経科学と現象学とチベット仏教との統合を志したものである。

この論文は、必ずしも明快とは言えないが、その後に書かれた論文、「感情の虹――神経生物学と現象学の交差点で」（"The rainbow of emotions : at the crossroads of neurobiology and phenomenology."〔Depraz & Varela, 2008〕）においては、チベット仏教については明瞭には出さないものの、科学、哲学、宗教を統合する新しい人間論を大胆に提示している。

これもまた決して分かりやすい論文ではないが、ドゥプラスはそこで従来の脳中心モデル（brain-centered model）に対して、「心」中心モデル（heart-centered model）を提唱している。「心」は、身体器官としての心臓（Herz）を意味するとともに、生きられた「心」（Gemüt）をも意味する。それは、物質的な身体（Körper）と生きられた身体（Leib）との関係に対応する。こうして、「心」中心モデルは、客観性と主観性、物質性と生きられたものとの二元論を克服するものとなる。「心」を中心として感情の発生的なネットワークを解明することで、ドゥプラスは従来の二元論的な人間論を超え、科学的でありつつ、現象学的・哲学的であり、同時にそこに宗教的な深みを持った人間論を構築しようとしている。そこには、マッカーシーによって提示された「身体化された倫理」（次章参照）にも通う、身体を軸とした新しい人間論の方向性が示されている。東洋的な身体論は、かつて湯浅泰雄によって提起された〔Yuasa, 1987. 湯浅、一九九〇〕。今日、鎌田東二らによって展開されている〔鎌田、二〇一六〕。

このような試みは、次章で述べる私の他者の三層構造の図式で言えば（一二四―一二九頁）、「顕」の公共性の倫理の領域と、「冥」の他者の第一層の領域とを統合的に捉えようという方向であり、このような志向は今日の欧米の哲学ではかなり一般化してきた動向と言えよう。それに対して、他者の第二、三層の問題はいまだ十分に論じられているとは言えないが、第二層の死者の問題は、近年ようやく新たに注目されるようになっている。ブライアン・クェヴァス／ジャクリーヌ・ストーン編『仏教の死者』〔Cuevas & Stone, 2007〕は、仏教における死者の問題を初めて広範に扱った論文集である。この書の序論によれば、インド以来、アジアを通して、「仏教は死と死者とかかわってきた、そしてかかわり続けている」〔*ibid.*, p. 1〕にもかかわらず、「最近に至るまで、死は仏教研究の領域でそれ自体権利を持つ主題としては驚くほど注目されてこなかった」〔*ibid.*, p. 3〕ことを指摘している。そのような「仏教の死者儀礼と来世への関心を周縁化したのは、仏教近代主義のレトリックであるが、それは多くの伝統的な仏教徒の現実の実践と一致しない」〔*ibid.*, p. 4〕。この書は、こうした観点から、仏教における死と死者の問題を汎アジア的な仏教の全体にわたって事例を提示し、その重要性を明らかにしている。

もっともこの書は、さまざまな事例を挙げるが、死者の問題を理論的・哲学的にどのように解明するかにまでは立ち入っていない。しかし、これに関しても、ダライ・ラマは大胆に踏み込んでいる。チベット仏教では、業（カルマ）による輪廻ということを教理の根底に置くので、それを否定することはできない。それゆえ、ダライ・ラマは、「科学的な観点からは、業の理論は形而上学的な仮定であるかもしれない。しかし、人生のすべてが唯物的で純粋に偶然から生ずるという仮定もまた、同じくらい形而上学的である」〔Dalai Lama, 2005, p. 110〕と、業の可能性が科学によって証明されなくても、認めなければならないこととしている。

このように、他者の第二層の問題も、哲学的な議論に十分に組み込めるものである。他者の第三層についても、身体的な儀礼を通して神仏とかかわることに関して、例えば、ルチア・ドルチェ／松本郁代編『儀礼の力――中世宗教の実践世界』〔ドルチェ／松本、二〇一〇〕など、新しい知見が示されており、ようやく問題化されるようになってきている。

拙書『哲学の現場――日本で考えるということ』〔末木、二〇一二a〕では、とりあえず私の体系の全体像をスケッチすることに終始したため、必ずしも今日の哲学や宗教研究の状況に十分に結びつけておらず、そのために単なる独断と思われてしまうところが少なくない。しかし、以上のような近年の研究動向を見てみるならば、決して私の独断的な理論ではなく、それが十分に近年の最先端の研究と結びつくものであることを理解していただけるであろう。このように、今日の哲学の営為は、否応なく比較思想的視座に定位しなければ進められなくなっている。『冥顕の哲学1』ではこのような立場を前提として、思索を深めてきた。そして、本書『冥顕の哲学2』では、方法論的な問題に立ち戻って検討してきた。次章では、このような方法論的な反省をベースに、序章に略説した私の体系の基本的な構造を改めて捉え直してみたい。

第四章　公共性と他者

――日本思想の立場から――

一　公共的普遍性の崩壊

今日の東アジアの情勢はきわめて残念な状態にある。もっとも協力し合わなければならないはずの近隣の国々が対立し、それは容易には改善しそうにない。その大きな理由の一つは、それらの国々でナショナリズム的動向が強まってきていることによると考えられるが、その根底に、過去における日本の侵略という事実があることは間違いない。それは日本が真摯に反省しなければならない。しかし、一方的に日本の反省だけを求めるのは、かえって日本の国民の反発を招くことになるであろう。

この問題は、単に政治の問題だけでなく、さらに根深いところにある国民感情の問題でもあるので、その解決は容易ではない。国民感情は、理論的な正しさだけで納得するものではない。このような事態に対しては、公共的に誰でもが認めなければならない正しさとは異なる相互関係の原理を考えなければならない。それは、「他者」という問題設定である。

今日の哲学では、他者の問題は世界的にほとんど流行現象のようになっている。それだけに、「他者」という言葉はかなり広い範囲で漠然と用いられるようになって、厳密な議論が困難になっている。そこで、ここでは、他者とは、了解不可能でありながら、関係を持たざるを得ない者と定義することにしたい。日常の場においても、私たちは他の人たちを完全に理解しているわけではない。もっとも接触の多い家族でさえ、相互に理解不可能の部分を多く持っている。まして、異文化に育ち、母語を異にする人たちを十分に理解するのには、大きな困難が伴う。それは、個人間の問題に留まらず、国際関係の場でも同様のことが言える。

少し以前には公共性の議論が盛んであったが、それが他者の問題に取って代わられたかのようである。それは、世界情勢の大きな変化によるものであろう。テロの撲滅を掲げるのに正義を振りかざす米国に対して、果たして米国が普遍的な正義を体現しているかどうかという疑問が大きく提示された。近代的な普遍的公共性によって排除され、テロを起こさざるを得ない状態に追い込まれた「他者」をどう理解し、それにどのように対応すべきかが、問題となった。

もともと西洋の哲学は普遍的な真理を求めるものであったが、とりわけ啓蒙主義の時代以後、あらゆる人に共通して備わる理性によって判断するならば、誰でも同じ真理に達するはずだという理性信仰が広まった。そのような理性による哲学を確立したのは西洋だけであり、インドや中国には哲学の萌芽があったが、西洋に較べれば程度の低い段階に留まり、特に近代哲学の発展はなかったと考えられた。まして日本の場合、「日本に哲学なし」という中江兆民の断言は、今日に至るまで、広く支持されてきた。このような西洋中心主義は長い間疑われることがなく、非西洋圏の諸国は、西洋の哲学を導入するのに懸命になった。そのような理性信仰の中で、社会のあり方についても、人類に普遍的な原理として自由、平等、平和などの理想が確立した。

今日、そのような理性に従う普遍的な真理という考えが、もはや成り立たないことは明らかになっている。そもそも普遍性を求める西洋の哲学が、きわめて特殊な西洋という場においてしか成り立たない原理に依存していることが指摘されている。たしかに自然科学は西洋に発し、その同じ原理にはどの文化圏においても共通に成り立つ普遍性が認められる。他方、宗教に関しては、西洋文化に固有のキリスト教の普遍性は認められず、多様な宗教の価値観が併存すると考えられている。哲学や社会理論は、いわばその中間に位置するものであり、ある程度の普遍性は認められながらも、その絶対的な普遍性は疑われるようになっている。

哲学に関しては後に考えることにして、まず社会的な理念の普遍性について考えてみよう。十八世紀のアメリカ合衆国の独立やフランス革命に始まり、二十世紀のロシア革命や二度の世界大戦を経て、自由、平等、平和、人権、民主主義などの社会的な理想が、人類に普遍的な目標として掲げられた。一九四八年に国際連合総会で採択された世界人権宣言は、前文に、「人類社会のすべての構成員の固有の尊厳と平等で譲ることのできない権利とを承認することは、世界における自由、正義及び平和の基礎である」[*1]と記し、第一条には、「すべての人間は、生まれながらにして自由であり、かつ、尊厳と権利とについて平等である。人間は、理性と良心とを授けられており、互いに同胞の精神をもって行動しなければならない」[*2]と述べられている。

＊1　Whereas recognition of the inherent dignity and of the equal and inalienable rights of all members of the human family is the foundation of freedom, justice and peace in the world…

＊2　All human beings are born free and equal in dignity and rights. They are endowed with reason and conscience and should act towards one another in a spirit of brotherhood.

今日、その理想が消えたわけではない。しかし、世界の情勢を見るとき、その理想主義はあまりに空疎に感じられる。本当にすべての人間は生まれながらにして自由で平等なのであろうか。また、理性と良心を授けられているのであろうか。それを証明する事実よりも、それを疑わせる事実のほうがよほど多い。もはや普遍的な公共性は、当然の前提とはならず、理性や良心は自明のこととして成り立つものではない。

もちろん、そのような理念を否定する立場もありうる。近代日本の哲学や社会科学は、少なくとも一九四五年以前の主流的な立場においては、自由や平等を認めず、平和を絶対的な要請とは考えなかった。万世一系の天皇を神聖で不可侵と考えるところに、日本固有の国家体制（国体）があると考えた。一九四六年に成立した日本国憲法は、自由で平等な人権の理想や平和主義を受け入れたが、今日の保守系の政治家や思想家は、それは敗戦によってアメリカに押しつけられたものであり、日本の本来のものではないと考えている。

このように、自由、平等、人権、平和などの理想は、必ずしもすべての人に備わった理性や良心から必然的に出てくるとは言えず、それを否定する立場も十分に可能である。それでもなお、そのような理想を掲げるとするならば、その根拠はどこに求められるのであろうか。もし西洋近代の哲学が、理性や良心を前提として、それより遡ることができないのであれば、その根拠はもはや西洋の哲学の中には求められない。非西洋圏の哲学が探求されなければならない理由がここにある。

二　非西洋圏の哲学の可能性

ここで、哲学ということが問題になる。哲学はたしかに西洋において発展したものであり、その点では西洋に特殊なものということができる。それに対して、非西洋圏の哲学はどのように考えたらよいであろうか。

例えば、「日本哲学」は成り立つのであろうか。この点に関して、話題となった研究書として、グレゴール・パウルの『日本の哲学――始原から平安時代まで』〔Paul. 1993〕がある。この書でパウルが「日本の哲学」として高く評価するのは、平安時代の仏教論理学（因明（いんみょう））である。それに対して、日本で大きな影響を与えた『法華経』やその系譜に立つ天台などの思想の評価は低い。パウルによれば、矛盾律や同一律のような論理学の法則は普遍妥当的であり、それに従うもののみが哲学として認められる。しかし、そのような「哲学」概念はあまりに狭く、日本思想を理解する上で、必ずしも適切とは言えないであろう。

また、ジョージ・アナスタプロ『しかし哲学ではない――七つの非西欧思想入門』〔Anastaplo. 2002〕は、メソポタミア、古代アフリカ、ヒンドゥー、儒教、仏教、イスラーム、北アメリカ先住民の七つの思想伝統を取り上げるが、書名にある通り、それらを「哲学」とは認めていない。

こうした「哲学」の限界に対して方法論的な疑問を呈したのが、スティーヴン・ブリクの『比較哲学の終焉と比較思惟の任務――ハイデガー、デリダ、道家』〔Burik, 2009〕である。ブリクは、後期ハイデガーとデリダを使いながら、従来の西洋中心的な「哲学」の概念はもはや通用しないとし、それに代わって、ハイデガーの Denken に由来する「思惟」（thinking）という概念を、普遍性を持ち、非西洋世界にも通ずるものとして採用している。このような立場から、従来の道家（道教）解釈に疑問を呈する。従来の解釈は、『老子』の「道」（*dao*）を西洋哲学との比較から、根源的な実在のように解釈してきたが、その解釈を否定して、way-making（生成することとしての道）という解釈を提唱している

今日では、たとえ「哲学」という語を用いるとしても、もはや従来のように素朴に西洋中心的な概念を前提とすることはできず、十分な方法論的な反省を前提としなければならない。例えば、ハイジック／カスリス／マラルド編『日本哲学資料集』〔Heisig, 2011〕は、古代から近代に至るまでの「日本哲学」のアンソロジーであるが、序論にあたる部分で、かなり詳細に「哲学」の意味について検討している。従来の「哲学」概念に囚われずに、いかに「日本哲学」を論ずることができるかについて、議論は大きく進展しつつある。この点については第一章にいささか触れた。

さらに大きな視野での非西洋圏の「哲学」の概観として、ガーフィールド／エデルグラス編『オクスフォード世界哲学ハンドブック』〔Garfield & Edelglass, 2011〕が注目される。この書は、第一部「中国哲学」、第二部「インド非仏教哲学」、第三部「インド・チベット仏教哲学」、第四部「日本・

韓国哲学」、第五部「イスラーム哲学」、第六部「アフリカおよびアフリカ系哲学」、第七部「グローバル哲学の最近の動向」という七部からなり、七百頁を超える大冊である。

日本・韓国（朝鮮）哲学に関しては、「日本倫理」、「日本美学と芸術哲学」、「自然と自由――日本思想における人間・自然の不二性」、「道元禅師の哲学――無我の観点」、「西田幾多郎――自我・世界と根底の無」、「韓国仏教哲学」という章立てになっている。例えば、「自然と自由」の項目では、西洋では相対立する「自然」と「自由」が日本では一致することなど、興味深い指摘が見られる。ただ、限られた分量でやむを得ないこととはいえ、選択された問題が限定されており、韓国に割かれた分量が少ないなどの問題点を指摘できよう。

このように、非西洋圏の哲学を論ずる試みはあるが、どうしても西洋哲学をモデルにして、それに対応するものを求めることになりやすい。そこで、ブリクのように、哲学という言葉を用いないという選択肢もありうる。

この点で参考になるのが、「宗教」（religion）という言葉である。第一章でも触れたように、「宗教」はもともと西洋のキリスト教をモデルとした言葉であり、それが非西洋圏に輸入され、日本にも明治以後の近代化の中で導入された。当初はあくまでもキリスト教がモデルとされていたが、今日ではキリスト教以外にも広く使われ、キリスト教の優位性を前提とせずに、どのような地域の宗教も同等に見ることができるようになっている。しかし、それではそのように適用範囲を広げれば、宗教という言葉に問題はないのかというと、そう簡単には言えない。今日、「宗教」の概念をめぐってはさまざまな議論がある〔島薗・鶴岡、二〇〇四。磯前、二〇一二〕。私自身、『日本宗教史』〔末木、二〇〇六b〕を書いたとき、近世の儒教の扱いに悩んだ。日本の儒教は武士階級の倫理として機能したが、儀礼を欠いたために、宗教ということはできない。しかし、儒教を除いて、近世の仏教を論ずることはできないこともあり、前近代に関して、宗教という概念がどこまで適用できるかは、なお問題が大きい。

近代に関しても、「宗教」概念の導入は大きな問題をはらんでいた。近代日本に新しい宗教概念を定着させるのに大きな力を発揮したのは、浄土真宗本願寺派の島地黙雷であったが、宗教を人間の心の信仰の問題に限定した。そのことによって、人間の外形を扱う政治が立ち入れない信教の自由が確立され、政教分離が実現することになった。それは大きな成果であり、その発展上に清沢満之らの近代仏教の思想が展開した。

彼らの宗教観は、基本的にキリスト教をモデルとしており、仏教の阿弥陀仏を一神教的な神に近いものとして解釈している。しかし、実際の日本の仏教のあり方は、それでは捉えきれない。近代的合理主義的仏教観では、葬式仏教、密教、神仏習合などの要素は、前近代的・非合理的で、本来の仏教ではない不純な要素として否定された。死者や神々、そして無数の諸仏が活動する豊饒な世界は密閉され、あたかもないかのように無視された。だが、日本の多くの人々にとって、そのような世界はリアルであり、いまでもその中に生きているのであって、近代的な宗教の概念で割り切れるものではない。仏教は哲学か宗教かという問題は、一時期大きな問題となったが、哲学も宗教も近代になって持ち込まれた概念であるから、それで捉えきれないのは当然である。

そこで、日本における哲学の展開を簡単に見ると、宗教とは事情は異なるものの、複雑な展開を示してきた。「哲学」（philosophy）は、オランダに留学して西洋哲学を学んだ西周（あまね）が初めて用いたものであり、西洋をモデルとして、諸学を統括する国王のような位置づけを与えられていた。当初は、東京帝国大学では、東洋哲学と西洋哲学を対等に立てたが、やがて、単に「哲学」というと、西洋哲学を意味することになった。東洋哲学は印度哲学、支那（中国）哲学として存続するが、あくまでも特殊な領域に限定された。それに対して、西洋哲学は「西洋」という限定を持たない普遍的なものとして認識され、印度哲学や支那哲学は、それを補完する従属的なものとして位置づけられた。

さらに、哲学から宗教、倫理などの領域が独立すると、哲学の概念はきわめて狭い領域に制限され、諸学の王ではなく、個別分野の一つに閉塞することになった。倫理は、国家が教育勅語を初等教育の核に据えて、国民道徳を定着するために重視されることになった。今日でも、日本では初等・中等教育には、道徳・倫理は科目化されているが、哲学は教えられない。哲学の基盤のない道徳・倫理が子供たちに教えられるという奇妙な事態が続いている。

このような状態であれば、あえて哲学という用語を用いる必要はないとも考えられる。実際、今日では、日本思想・中国思想などと、「哲学」よりも「思想」が多く使われる。たしかに前近代の思想を研究するのに、哲学という概念では把握しにくい場合が多い。私も伝統思想を考える場合には、「思想」の語を多く使い、「哲学」とは呼ばない。近年、このような日本思想史の研究の進展は著しい。その成果は、私自身も編集にかかわった『岩波講座日本の思想』全八巻〔苅部他、二〇一三—一四〕、『日本思想史講座』全五巻〔苅部他、二〇一二—一五〕にまとめられている。私個人としても、日本思想史に関して、『日本の思想をよむ』〔末木、二〇一六〕、『日本思想史の射程』〔末木、二〇一七a〕などの成果を公刊している。

マルクス主義の崩壊後、「大きな物語」が消滅したと言われ、統一的な理念を欠いて諸科学がバラバラになり、社会倫理や宗教の問題もそれぞれが個別化して全体として統合的に考えることができなくなっている。その中で、世界にはさまざまな危機的状況が明らかになっている。そのような状況であれば、もう一度さまざまな領域を総合的に捉え、世界観・人間観の根拠を追究し、体系化するような思想が必要とされる。それを「哲学」と呼ぶことは必ずしも不適当ではないであろう。西洋の哲学が行き詰まった今日、そのような作業を非西洋の伝統思想を基盤として模索し、さまざまな試みをなしていくことは不可欠である。私の試みもその一つである。

三　公共性と関係性

公共的な普遍的真理や正義が、必ずしも万人に共通するものでないとしたら、公共的な世界をどのように考えたらよいのであろうか。この問題を考えるのに、近代日本の哲学者・倫理学者和辻哲郎（一八八九―一九六〇）の説は示唆深い（以下、本節は拙著『哲学の現場』〔末木、二〇一二a〕第三章に基づく）。和辻は自らの倫理学を「人間の学としての倫理学」として特徴づけ、同名の著書もある〔和辻、二〇〇七b〕。その方法に基づいて大著『倫理学』を著し、倫理学の体系を大成した〔和辻、二〇〇七a〕。だが、「人間の学」とは、どういう意味であろうか。倫理が、人間はいかにあるべきかという問題を問うものとすれば、「人間の学」であることは当然のように思われる。

　じつは和辻の言う「人間」は、英語の man/woman, person, human being などに当たる「人」というだけの意味ではない。和辻によれば、日本語の「人間」には、文字通り「人の間」という意味が含まれているという。つまり、「人間」ということには、個人という側面とともに、始めから「人と人との間柄」という意味が含まれている、というのである。これは、man/woman, person などの欧米語が「個体的な人」しか意味し得ないのと大きく異なっている。

「人間」という語はもともと中国では人間社会とか世俗社会のことを指すので、「人の間」的な意味合いであり、個人としての「人間」を意味することはない。和辻が推測するように、それが個人としての人をも意味するようになったのは、恐らく仏典で輪廻する世界の一つである人の領域を言い表すのに、しばしば「人間」という言い方をしていて、それが日本に入って、個人としての人にも転用されたのであろう。

　和辻はこの日本語独特の語法に着目して、人間が、個人としての人であると同時に、最初から「人の間」でもあるという重層構造を示そうとしたのである。個人は個人として孤立してはありえず、始めから「人の間」に組み込まれている。このことは、近代の社会契約説的な発想と対照的である。社会契約説は、孤立した個人を前提として、その個人が集合するところに社会倫理が作られるというのであった。また、神のような絶対者との関係から倫理を考えるのとも異なっている。

　和辻は、『人間の学としての倫理学』〔和辻、二〇〇七b〕で、このような「人の間」的な倫理学の流れを西洋の哲学史の中に捉えようとしているが、それは少なくとも西洋では正統的な流れではない。むしろ「人の間」的な倫理は、中国の儒教に典型的に見られるものである。『論語』でもっとも重視されている原理は「仁」である。仁は、「人を愛するなり」（顔淵篇）と言われるように、人が相互に親愛することであるが、「己を克し礼に復するを仁と為す」（同）と言われるように、自然のままの愛情ではなく、「礼」に則ることが求められている。

『論語』では「人の間」の関係はいまだ十分に解明されていなかったが、それを具体的に論じたのが『孟子』である。『孟子』によると、聖人である舜（しゅん）（理想的な古代の帝王）が人倫を教え、それによって、父子の親、君臣の義、夫婦の別、長幼の序、朋友の信という五つの秩序（五倫）が確立したという。また、『孟子』では、人には「忍びざるの心」があり、幼児が井戸に落ちようとしたら、誰にも可哀想だという気持（惻隠（そくいん）の情）が起こるはずで、それこそ仁のもとだという。このように、仁・義・礼・智は人には誰にも具わっていると説いている。*

＊『孟子』の倫理を現代から見直したものとして、フランソワ・ジュリアン『道徳を基礎づける』〔ジュリアン、二〇〇二〕が注目される。

『孟子』の説は、道徳原理が自己のうちに具わっていると見るのであるが、ここではそのことよりも、これらの原理がいずれも「人の間」の関係にかかわるということに注目したい。すなわち、それは超越者の命令でもなければ、他者と無関係の自己完成でもない。また、普遍的にすべての人に対して、あらゆる場面で同じように成り立つ正義でもなく、状況や相手との関係でなすべき対応が異なってくるのである。

もちろん『孟子』の説は、父子・君臣・夫婦・長幼などの関係が固定化された社会でのみ有効なものであり、それらの関係を前提としている。それが封建道徳と言われるものに変形され、日本にも大きな影響を与えた。そこで、『孟子』の説は否定的に見られることが多い。しかし、そのような関係の固定化という観点ではなく、そもそも人の間の関係を基底に据えて倫理を考えるというところに着眼すれば、『孟子』の発想は非常に豊かなものを持っている。そして、和辻の倫理学もその流れの上に捉えることができる。それは、いわば関係性の倫理とでも呼ぶべきものである。

この関係性は二つの側面を持つ。第一に、人は多くの場合、あらかじめ構築された社会の中に生まれるのであり、関係の中に埋め込まれている。幼児は最初に親子の関係が形成され、それから他の人たちとの関係がそれぞれ異なった位相で構築される。それは時代や地域の枠でさまざまな相違を持ちながら、その人の生きる生活空間を作っていく。その枠が大きくなると次第に抽象化され、国家、民族、国際社会などへと広がっていく。それは、「個」に対する「全体」と呼ばれることもあるが、「全体」と呼ぶとき、国家や民族が何か実体性を持った「もの」のように取られる危険がある。それが誤った国家主義や民族主義を引き起こすことになる。

そこで、第二の側面が注目される。それは、このような生活空間は生活空間だけでは機能しないということである。そこに複数の人が入り、相互関係を結ぶことで、初めて生活空間は具体性を持ってくる。この生活空間は、西田哲学で言う「場所」――ただし、「無の場所」ではなく、「有の場所」――に相当する。「場所」は、そこに何もない時には何のはたらきも示さない。また、単数の個体が入るだけでも機能しない。そこに複数の個体が入るとき、「場所」はその相互関係を規制するはたらきを示すことになる。関数で言えば、$f(x, y, z, \ldots)$ の f に当たるのが「場所」であり、$x, y, z, \ldots$ に具体的な数値 $a, b, c, \ldots$ を入れることで、初めて実際の数値計算がなされるのである。

ただし、関数 f は、どのような具体的な数値を代入しても、f 自体の機能は変わらないが、生活空間としての場所の機能は固定したものではなく、その中に入る個体値によって、さまざまな変容を蒙るということである。場合によっては、それらの個体間で新しい関係の創造がなされることもありうる。社会契約説は、そのような側面を強調したものである。しかし、社会契約説のように、すべての関係を個体が新しく作ると考えるのは一面的である。上述のように、あらかじめある関係性の中に個体が入り込むという面もあるのであり、その両方向の作用を考えなければならない。

このように、「場所」としての関係性は、漠然としたものではなく、社会のルールとして明確化されうる。そのルールの大枠を作り、明文化されたものが法律である。しかし、法律だけで「人の間」の関係が作られるわけではなく、それぞれの場面や状況によって、さまざまな関係が作られ、それぞれのルールが生まれる。校則や社内規定、あるいはさまざまな契約書のように明文化されたものもあるが、明文化されないルールも多い。特に家族や友人、恋人などの親密な間柄では、明文化されない暗黙のルールのほうが多いであろう。その中には、恋人同士のちょっとした合図のようなものも含まれるから、それまでのすべてを倫理と呼ぶことは無理があるかもしれないが、通常倫理と呼ばれるものは、基本的にはこのようなルールの中に収まると考えてよい。

例えば、人を殺してもよいか、という問題を考えてみよう。通常、それは禁止される。無制限に認めると、ルールが作れないからである。しかし、状況によって、それが認められることがある。

戦争、死刑など、権力が認め、行使する殺人は合法化され、ある場合は賞讃され、殺人者が英雄視される場合もありうる。もちろん絶対的に殺人を認めない立場もありうるし、逆に積極的に戦争を仕掛けようという立場もありうる。それらのいずれが採用されるかは、相互の力関係や状況によるもので、絶対的な基準があるわけではない。そのときのルールは、そのときの関係の中で決められるのである。

ルールは明文化されない場合もあると述べたが、たとえ明文化されていなくても、基本的にはなんらかの形で言語化可能と考えられる。禅語に「小玉（しょうぎょく）を呼ぶ声」というのがある。お嬢さんが夜、暗闇の中で召使いの小玉を呼ぶのは、特に用事があるからではなく、忍んでやってくる恋人に、自分はここにいると告げるためだというのである。そのように、言葉は必ずしも表現されたことがそのまま意図されたことではないかもしれない。だが、言葉として表されていない合図を、恋人は読み取ることができ、「あれは『私はここにいる』ということを表す彼女の合図だ」と、言語的に翻訳して読み取ることができる。

ルールが言語化しうるとしたら、言語の役割はきわめて大きいことになる。言語自体がルールに従って初めて成り立つ。語彙や文法が共有されて初めて意が通ずる。もちろん言語の習得過程を見れば、必ずしもそのルールが明示化されているとは限らない。

言語がルールに従う点で倫理と同質であるとすれば、科学もまた、同じ範疇に入るものである。科学は科学としてのルールがあり、例えば実験による確認が必要とされる。それが満たされるとき、検証されたことになり、真理であることが認められる。自然科学独特の言語として数式がある。もし将来、誰も数式を読めなくなったならば、科学は成り立たなくなってしまう。科学は、通常、外界の真理探究と考えられるが、同時に人間の文化の一つでもある。科学が真理探究だからと言って、社会倫理の介入なしに、それだけで発展していくことの危険は、今日の生命科学や核科学などを見れば明らかである。

四　関係性の倫理の再評価

以上のように、和辻に代表される関係性の倫理は、固定化を防ぎ、柔軟性を持って人間相互の行動を制御していくことを可能とする。このような観点から、日本人の発想を生かして、従来の欧米哲学的な発想に対置する試みはすでに始まっている。その典型として、トマス・カスリスの *Intimacy or Integrity*（他者親密性か自己統合性か）〔Kasulis, 2002〕を取り上げてみよう。なお、同書は和訳も出されたが〔カスリス、二〇一六〕、本章では直接原書に拠った（以下、本節は、拙稿「新しい哲学を目指して」〔末木、二〇一二b〕に基づくところが大きい）。

カスリスは日本哲学の研究者として有名であるが、この本では日本哲学という限定を外して、哲学的な問題として他者親密性（intimacy）と自己統合性（integrity）という二つの思惟方法の類型を提示する。カスリスによれば、多くの哲学が、「思想や価値に関する普遍的、異文化横断的、汎文化的な根拠を求める」のに対して、「哲学はそれと異なる目的にも役立つ。それは、しばしばあるグループを他から区別する手段でもあった」〔Kasulis, 2002, p. 15〕。例えば、「被抑圧者の哲学」

のように、他と区別された「我々」を分析したり、定義したりする場合もありうる。その際、ラディカルな相対主義に陥ってはならない。それでは、文化相互の対話も不可能になってしまう。カスリスの提唱するのは、二重の意味での「文化哲学」である。すなわち、「文化の哲学」であると同時に、「文化的に埋め込まれたものとしての哲学」である。その立場から、「哲学と文化は、共生的、対話可能的で、相互影響的な関係にある」〔*ibid.*, p. 17〕。もちろん、一つの社会は文化的に単一であることはないが、「権威」や「伝統」をなす支配的な文化があり、その下にさまざまな下位文化があるという構造になっている。「文化は、我々が意味の世界を経験する方法を形作り、知的反省（『哲学』）によって展開した意味の世界が、文化的伝統の素材となる」〔*ibid.*, p. 20〕。

カスリスは、このような観点から文化の類型として、他者親密性と自己統合性という二つの類型を提示する。カスリスは、他者親密性の特徴として以下の点を挙げる〔*ibid.*, p. 24〕。

1　他者親密性は、客観的ではあるが、公共的であるよりは私的である。

2　他者親密的な関係では、自己と他者とは両者をはっきりと分けないようなやり方で相互従属的である。

3　相互親密な知識は感情的な次元を持っている。

4　相互親密性は心理的であるよりは、身体的である。

5　相互親密性の根拠は、一般に自己意識的、反省的、自己啓蒙的ではない。

これに対して、自己統合性の特徴は以下のような点が挙げられる〔*ibid.*, p. 25〕。

1　公共的検証可能性としての客観性。
2　内的な関係よりも外的な関係。
3　知識は理想的には感情を除外。
4　身体的なるものと区別された知的、心理的なるもの。
5　自己自身に根拠を持つ反省的、自己意識的なる知識。

自己統合性が独立した個人の個体性（自己統合性）を基盤とするのに対して、他者親密性は他者との親密な関係に基盤が置かれる。西洋の文化では自己統合性が強調されるのに対して、日本では他者親密性が強調される。しかし、西洋でも男性が自己統合性を重視するのに対して、女性は伝統的に他者親密性を重視するし、中世は他者親密的であったのが、近代になると自己統合的になっている。このように、一つの文化は必ずしも単一ではない。
二つの類型は、大まかに言えば、次のように対照される。

自己統合性――西洋、近代、男性、大人
他者親密性――非西洋、中世、女性、子供

カスリスは、この二つの類型を左のような図４で表している。左が自己統合性、右が他者親密性である。

カスリスの言う自己統合性と他者親密性の図式は、西洋近代哲学の基礎となる自立した個人を単位とする発想に対して、それとは異なる思考のあることを明確化し、同等の権限を認めた点で、大きな意義を有する。かつての西洋近代的な思考法では、自己統合的な独立した個人のみが、人間のあるべきあり方であり、他者親密的な発想は、そこまで至らない未熟で子供のような段階と見なされた。そのような未熟の段階から、理性的に自立した自己を確立するところに啓蒙の意義があると考えられた。それが近代的自己の確立であり、日本においても長い間、西洋を模範として、同様に自己を確立することが目標とされた。

図４　カスリスによる人間観の二類型.

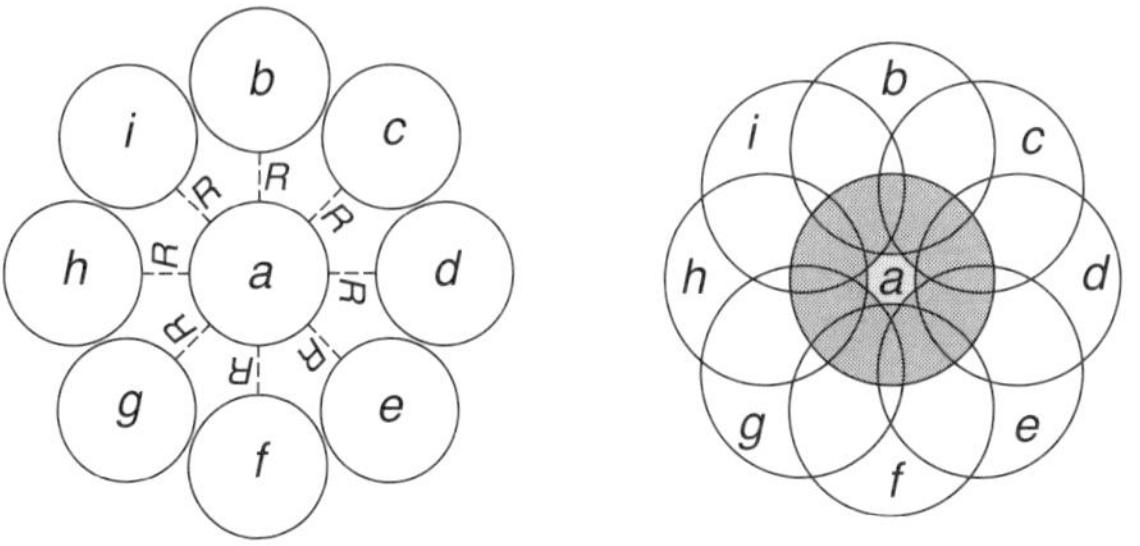

〔Kasulis, 2002, pp. 60, 61〕

　しかし、果たしてそれでよかったのか。それは結局、伝統的な思考法を否定し、あるいは、女性や子供などの弱者の立場を否定することになり、力の論理を押しつけることになるのではないか。カスリスは、これまで否定的にしか見られなかった他者親密的な発想にも、自己統合的な発想と同等の権利を認めた点で、画期的であった。

カスリスは、このように思考法に二つの類型のあることを明確にして、異文化理解という点で大きな進展を示した。しかし、それでは両者がどのように関係し、具体的な倫理を築くことができるかという点に関しては、いまだ十分な検討がなされていない。カスリスは、自らが自己統合性の文化に出発していることを認めた上で、自己統合性と他者親密性の両方向性を持つこと（bi-orientational）を理想としている。しかし、それでは両方向性がどのように統合されるのか、必ずしも明確ではない。

カスリスの他者親密性は日本の思考法を基にしていて、前節で検討した和辻の「人の間」の関係性の倫理学ときわめて近似している。カスリスは和辻に言及していないが、カスリスの観点から和辻の倫理学を見直すことは十分に可能である。

また、カスリスは、他者親密性が、男性よりも女性の発想に近いものと見ているが、このことも示唆的である。一九八〇年代から盛んになったフェミニズムの運動は、単に女性の権利を主張するだけでなく、女性と結びつけられて否定され、隠蔽されてきた価値観や倫理観を浮かび上がらせ、既存の価値観に疑問を突きつけた。その中から生まれ、キャロル・ギリガンによって提唱され〔Gilligan, 1982〕、ネル・ノディングスらによって展開されたケアの倫理〔Noddings, 1984〕は、従来当たり前に考えられてきた正義の倫理を批判し、女性の立場に立つ新しい倫理学を提示した。正義の倫理が自立的な人間を基礎とするのに対して、ケアの倫理は他者との関係性に基づき、理性より感性や感情を重視しながら、他者に配慮することに新しい価値を見出した〔川本、一九九五〕。これはまさしく、カスリスの言う他者親密性ときわめて近い発想である。

このように、カスリスが明らかにした他者親密的な考え方は、従来の西洋近代の自己統合的な考え方よりも、今日、新たな可能性を持っているように思われる。この点に注目して、カスリスの他者親密性と和辻の倫理学とを結びつけ、さらにフェミニズムやケアの倫理学をも結びつけて、新しい実践の方向を目指したものとして、エリン・マッカーシーの研究が注目される。マッカーシーの著作『身体化された倫理』〔McCarthy, 2010〕は、副題に「自己を大陸哲学、日本哲学、フェミニスト哲学から考え直す」とあるように、比較思想的な方法を用いながら、哲学・倫理の問題に新しい視点を生み出そうとしている。その際、彼女が中心に据えるのは、和辻哲郎の倫理学の見直しである。

マッカーシーは、従来の西洋哲学のデカルト的心身二元論と孤立した個人という原理からは新しい倫理は生まれないとする。彼女は、ハイデガー、フッサールなどを手がかりとしながら、それらがまだ不十分であるとして、それを超える倫理の可能性を、和辻の「間柄」に基づく「人の間」としての「人間」理解に求めようとする。その際、身体性を重視するのがその解釈の特徴で、「間柄」は身体を媒介とすることによって初めて成立すると見る。そのことによって、「間柄」としての人間理解は、ケアやフェミニズムの倫理学に結びつくことになる。

マッカーシーがここで探求しようとしているのは、「哲学的な共感（empathy）を単に含むだけでなく、それを身体的に具体化した自己の概念を展開させることである。結局のところ、他者は完全に理解不可能なのではなく、たとえ彼女が言おうとしていることを『把握』できないとしても、彼女について何か理解することがある」〔McCarthy, 2010, p. 5〕ということである。他者を自らと異なる異質なものとしながら、しかもそこになんらかの了解可能性を認めることで、ケアやセクシュアリティの可能性を見出そうとしているのである。

マッカーシーは、和辻の理論を全面的に認めているわけではなく、そもそもそこには「フェミニスト哲学の観念はなく、男性優位の哲学的、文化的体系から出てきている」〔*ibid.*, p. 5〕のであるから、その限界は認めなければならない。また、和辻は、マッカーシーが重視する身体性を必ずしも重視しておらず、彼女もそれに関しては、和辻自身よりは、和辻の後継者の湯浅泰雄に拠っているところが大きい〔湯浅、一九九〇、Yuasa, 1987〕。

マッカーシーの著作は、理論としてはかなり大雑把なものであり、その和辻理解に関しても不十分なところが多い。しかし、カスリスによる思考法の類型を発展させ、従来の西欧中心的な哲学、倫理学に対して、それとは異なる新しい可能性を、関係性を重視する日本の思想に見出した点で、きわめて注目されるものである。なお、和辻を手がかりとして、新しいグローバルな倫理を形成しようという動きは、最近ますます盛んである〔Sevilla, 2017〕。

五　関係性と他者

関係性の倫理学は、新しい可能性を開くものであるが、そこにいくつかの疑問も生ずる。第一に、公共的な正義を否定し、個別的な関係のみを重視するとすれば、その場の相手次第で対応が変わることになり、行動の原則が得られないことになる。自由や平等のようなもっとも基本的な理念さえも、その成立の根拠を失ってしまう。先に述べたように、関係性はルールとして明確化されると考えられるが、ルールは状況次第で変化しうるものであり、単に他者との関係を調整するだけの役割しか持つことができない。それでは、未来へ向けての大きな展望を得ることができず、理想を求める活動は不可能となってしまう。それに対して、カスリスは、自己統合性と他者親密性のどちらにもよいところがあるとして、その両方向性を理想とするが、それだけでは、二つの立場が単に併存するだけであり、妥協にしかならないであろう。単なる妥協ではなく、積極的な倫理を確立する道はあるのであろうか。

第二に、マッカーシーが適切にも指摘しているように、関係性の立場では、他者は完全に理解不可能ということはありえず、何らかの理解が可能という楽観論の立場に立つことになる。そうでなければ、他者との関係は崩壊してしまうであろう。和辻の倫理学は、その点で徹底しており、理解不可能な他者は始めから問題とされていない。しかし今日、このような楽観論ですべて解決しえないことは明らかである。個人対個人だけでなく、国家、民族、宗教などの対立が激化していることを考えると、あまりに楽観的になることには、疑問を持たざるをえない。理解不可能な他者とどのように向き合うか、という問題を避けて通ることはできない。

ここでは、第二の問題から考えていこう。すなわち、関係性の問題をさらに深めようとするならば、了解可能性を超えた他者との関係がいかにしてありうるか、という問題に進まなければならないが、その点が、和辻やカスリス、マッカーシーなどでは十分に考えられていない。

そもそも、私たちが生活空間という「場所」で、他者と共存している場合、その他者のすべてを理解しているわけではない。あくまでもルールに則り、相互の関係がスムーズにいく限りで了解がなされるのであり、それを超えて相手を理解しているわけではない。他者は常に不透明であり、見透すことができない。見透せない他者と共存し、そこに了解可能な領域を作り出し、ルールを作っていくことになる。了解可能な領域は、了解不可能な領域と較べて、ごく狭いものでしかない。人間の理性を過信することはできない。

このことは、他の人間との関係ということだけに留まらない。私にとって、私自身が常に未知の他者性に満ちている。私の身体の状態は必ずしも私自身で統御され得ず、私の感情もまた、私の自由にならない。私にとって私もまた他者である。私にとっての私の未知性を、仏教ではアーラヤ識という。それは潜在的な無意識領域であり、しばしば精神分析が明らかにした無意識と較べられる。しかし、精神分析における無意識が、科学的に解明されるメカニズムを持つのに対して、アーラヤ識はそのような解明を超えた不可知性に満ちている。そこではもはや、個体の個体性もまた、きわめて不安定なものになる。

このような不可知的な他者性は、人間だけでなく、人間以外の動植物、あるいは無機的な自然物に関しても言うことができる。身近なペットや栽培植物は、人間の了解の範囲にあるように見え、それゆえにこそ、人間にとって有益なのだが、それがいつか人間に歯向かうものとならないとは言えない。自然は科学によって解明され、人間によって統御されるかのように見えるが、やはり常に統御しきれないものであり、しばしば予測もできない大きな災害が生ずることもある。災害を完全に避けることは不可能である。

このように考えると、他者との関係を合理化し、公共化し、透明化して、了解可能な関係にもたらすだけでは不十分ということになる。なぜならば、いくら合理化して、公共的な関係を築いたとしても、常にその関係は壊される可能性があり、仮のものでしかなく、強固な関係となりえないからである。しかも、そのような了解可能な関係だけで、すべて終わるわけではない。了解不可能性を持つ他者と、了解不可能なままにかかわり得るような関係を考えなければならない。あるいは、別の言い方をするならば、合理的な形での了解とは異なる種類の了解がありうると考えなければならない。

例えば、認知症の老人とかかわる場合、私の相手に対する行為は必ずしも相手に認識されず、そこに相互の了解は成り立たない。にもかかわらず、認知症だからと言って放置することはできない。認知症の人との関係も十分に成り立ち、そこにケアの可能性が生まれる。

もっと極端な例は、脳死の人間に対する態度である。日本では、脳死を死と認めるかどうかで、非常に大きな議論がなされた。今日、医学的には脳死は死と認められ、脳死状態での臓器移植もなされているが、それに抵抗感を持つ人も少なくない。我が子が脳死状態になっても、それでも普通に生きている子供に対するのと同じように語りかけ、介護を続ける親もいる。そこでは、脳死状態であれば生き返ることは不可能であり、その臓器を病気の人に提供して役立てるほうが倫理的である、という判断もありえよう。しかし、脳死の子供に対してその死を認めず、通常の子供に対するのと同じように介護する親の態度を間違っているということはできない。

このように、もはや了解不可能であり、コミュニケーション不可能である相手に対しても、関係を持ち続けることができる。それは、単純に「人の間」の関係の倫理を築くことができない他者との関係である。このような極端な例でなくても、もっと日常的な生活においても、私たちはもっとも身近な家族であっても、不透明な他者性を持っていることを尊重しなければならない。これは、個人同士の関係だけではない。異なる文化的伝統を持つ国家や民族が相互に付き合っていくときも、自己とは異なる他者性を常に尊重する態度を失ってはならない。

この点が、かつての普遍主義的な倫理の貫徹と大きく異なるところである。自己統合性に立脚する普遍主義的な正義の倫理は、すべての人は同じ理性に基づく判断によって、唯一の正義が決まると考える。そこには、不透明な他者性はありえない。それに対して、他者親密的なケアの倫理を徹底すれば、相手が常に理解可能とは限らず、不透明な他者性と向かい合いながら、その他者との交流の中で新しい関係性を模索していかなければならないことになる。

六　他者の重層

私自身を含めて、人間のすべてが理性的に了解可能なわけではなく、了解不可能な他者性を含むことには、おそらく誰も反対しないであろう。しかし、他者は私たちが日常的に出会う人間において認められるだけではない。それ以外の他者も考えられなければならない。

今日の哲学では、エマニュエル・レヴィナスを始めとして、他者論は中心的な課題となっている。しかし、その多くはユダヤ教・キリスト教系の一神教に基づき、絶対神を究極の他者として、それをモデルとして他者の問題を考えていくのが普通である。その場合、絶対神以外の他者というと、人間以外には考えられず、人と人との関係は、神の愛をモデルとした隣人愛で結ばれることになる。

しかし、そのような他者論は、一神教を採用しないところでは、必ずしもそのまま適用できるわけではない。私は仏教を中心として、日本思想の研究を続けてきているが、その過程で、一神教的な他者論とは異なり、多様な他者を認める新しい他者論が必要ではないかと考えるようになった。例えば、死者の問題がある。日本では、死者といかにかかわるかという問題は、きわめて重大な問題であった。死者が完全に神の手に委ねられ、人との直接的な関係を失う一神教的な発想とは異なり、日本では死者は人との関係を保ち続けると考えられてきた。死んだばかりの者、とりわけ不慮の災害による死者や、政治的陰謀によって殺された死者は、しばしば人間社会に災厄をもたらすと考えられ、いかにその霊を慰めるかが大きな課題となった。慰められ、満足した死者は、人々を優しく見守り、助け、幸いをもたらすようになると信じられた。このように見れば、死者もまた、了解不可能でありながら、私たちが関係を持つ他者と考えられなければならない。

近代になって、死者に関する伝統的な見方は迷信的とされ、知識人の議論にのぼることはなくなった。靖国神社のような死者を祀る施設が作られながら、それは政治的・軍事的レベルの問題と考えられ、死者といかにかかわるかという問題は、必ずしも十分に議論されてこなかった〔末木、二〇一〇〕。葬儀や死者供養を担当したのは仏教の僧侶であったが、そのような仕事をする仏教は葬式仏教と呼ばれて軽蔑された。近代的な仏教学者は、本来の仏教はよく生きることを教えるものであり、死者供養は本来の任務ではないと論じた。

私は、他者としての死者の問題を二〇〇一年頃から提起してきたが、それが日本の社会で大きな問題となったのは二〇一一年の東日本大震災で、多数の死者が出たことによる。身元不明の死者たちを埋葬し、供養したり、身内を失った人たちの悲歎を慰めるなど、既成仏教の僧侶が大きな役割を果たし、死者の問題が社会的にも大きく浮上した。このことは、一九九五年の阪神・淡路大震災の時にはなかったことである。東日本大震災で大きな被害を受けた東北地方が、死者との交流の盛んな地方であったこと、時代的に高齢化社会を迎え、死の問題が注目され始めていたこと、などがその理由であろう。

近代の合理主義的な発想では、死の問題は哲学から排除されてきた。なぜならば、生きているうちは死を経験することができず、死んだ者はすでにその経験を語ることができないからである。それゆえ、合理的な立場で死について語ることはできない。しかし、誰も自分の死を経験することはできなくても、身近な人の死は誰もが経験している。それは、葬儀や供養のような儀式の場合もあるが、また死者に親しい感情を持ち、死者に励ましを受ける経験をすることもあるであろう。それゆえ、死者との関係は、十分に経験的な事実として論ずることができる。

生きている他者が、たとえ了解不可能の部分はあっても、直接見たり、声を聞いたり、接触できるのに対して、死者は、かつては生きていて交流可能であったのに、いまは直接的な関係を結ぶことが不可能になっている。生者が了解可能の領域と了解不可能の領域の両方にまたがっているのに対して、死者は顕在化した了解可能の領域に入ることがない、完全な他者である。それだけその存在は茫漠としている。死者を霊魂のような存在として認める立場があるとともに、死ねば無になるという立場もありうる。しかし、たとえ死ねば無になるという立場を取っても、身近な死者とはなんらかのかかわりを持たざるをえない。それゆえ、死者は、了解不可能でありながら関係を持たざるをえない他者と見るべきである。ただ、先に挙げた他者性を持った生者とは次元の異なる他者である。他者性を持った生者を第一層の他者とするならば、死者は第二層の他者と考えることができる。

このような死者の捉え方をするならば、従来ともすれば隠蔽され、表に出して議論されなかった葬儀や慰霊などの問題を取り上げることができるし、また、グリーフケアなどにも新しい視点をもたらすことができる。さらに、ターミナルケアや高齢者の問題も、死と死者とを考慮に入れて初めて議論できるであろう。それだけでなく、死者を世界の中に迎え入れることで、戦争や災害の大量死の問題も正面から論じられ、生者の世界をもう一度新しい視点から問い直すことができる。

さらに、他者の第三層、すなわち死者よりもさらに深い次元の他者として、神や仏を考えることができる。仏教の仏は、一神教の絶対神とは異なっていて、絶対性を持たない。もともと仏は人間が修行した結果なったのであり、その点で人間と同質性を持っている。日本の神は、時代や状況で異なった由来を持ち、その性質は多様である。本居宣長は、神を、「世の常ならずすぐれた徳ありて、かしこき〔＝おそろしい〕物」と定義している。「世の常ならず」と言われるように、私たちの常識を超えて、了解不可能である。仏教が盛んな時代には本地垂迹説が形成され、日本の神は、仏が日本の衆生を救うために仮に現した姿だと解釈された。このように、神や仏も了解不可能でありながら、関係を持つ他者と見ることができる。第一層から、第二層、第三層と深まっていくにつれて、次第に個体性が薄れ、直接的な接触が困難になっていく。

このように、他者のあり方には、少なくとも三層を考えることができる。さらに、この見方は、一神教的な絶対神を排除するものではない。ただ、絶対神はこの世界の創造者として支配するのではなく、むしろこのような他者の領域の極限において出会われることになる。それはもはや、神として名指すことさえ困難であり、「無」と言ってもよいほどである。

私は、以上のような他者との関係を図によって示している（序章の図1―3（一四、一五頁）をご覧いただきたい）。一神教的な世界観はもっとも単純化して、図1のように、絶対神が超越性をもってこの世界を支配している構造と見ることができる。それに対して、近代になると「神の死」を経て、超越的な神が認められなくなり、この世界だけで完結すると考えられるようになったのが、図2である。その極端なあり方が、唯物論や科学絶対主義である。

しかし今日、図2のような世界観の限界が明らかになっており、非西欧的な世界観を見直す必要が出てきている。伝統的な日本の世界観は図3のように表すことができる。それは、図1と異なり、絶対神が上から世界を支配するのではなく、了解可能な世界の奥に了解不可能な他者との関係が考えられるような世界観である。その他者には三層が考えられ、さらにその極限に「無」なる絶対神が考えられるのである。また、他者とかかわる「場所」は単なる空虚な空間ではなく、その「場所」そのものが他者との出会いを可能とするはたらきを持つものと考えられる。

なお、図3では、了解可能な領域を「顕（けん）」と呼び、了解不可能な他者の領域を「冥（みょう）」と呼んでいるが、これは、日本の中世の仏教思想家慈円が、歴史哲学書『愚管抄』において用いたものであり、慈円だけでなく、日本の中世に広く用いられた。このように、他者論はすでに日本中世に大きな課題となっていた。本章ではこの問題にこれ以上立ち入らないが、図3で表されるような他者論は、日本中世思想、とりわけ仏教思想の検討によって解明されるところが大きい。

他者と共なる「冥」の領域を含めた世界の構造については、なお検討すべき問題も多い。とりわけ、場所（仏教的には真如・法身）の問題は重要であるが、ここでは立ち入らない。それについては、『冥顕の哲学1』で論じたが、本書では終章でいささか触れることにしたい。

七　死者とかかわる倫理

第五節の始めに、関係性の倫理の問題点を挙げた。そのうちの第二点は、和辻などの関係性の倫理では、了解不可能な他者は扱いえないということであったが、これに関しては、以上論じたように、関係性を了解不可能な他者にまで広げることが可能であり、それによって解決するであろう。

第一点は、関係性の倫理では、倫理は単に人と人との間柄を調整するだけのものであって、積極的な理想を持ちえないのではないか、ということであった。その点は、どのように考えたらよいのであろうか。

さまざまな問題が複雑に入り組んでいる現代において、単一な理想を掲げ、それが早急に実現できると考えることは不可能である。例えば、環境問題を考えてみよう。東日本大震災において、福島第一原子力発電所の最悪の事故を起こした日本では、原子力発電への疑問が大きく提起されている。しかし、原発を止めて火力発電に切り替えると、今度は地球温暖化を急速に悪化させる恐れが大きい。いずれを採っても問題が生ずるディレンマの中で、迂遠であっても、一方で、電力のない時代を生きてきた過去の知恵を学び直すとともに、他方で、一人の人間の生涯を超えた遠い未来への責任をも考えた行動が要請される。同じことは、東アジアの歴史認識の問題に関しても言える。それは短いスパンの近代だけの問題ではなく、一方で、遠い過去からの文化の錯綜を振り返りながら、他方で、はるかな未来に理想が実現することを目指して進まなければならない。

このように考えるならば、いま生きている人たちの関係だけを問題にするのでは不十分である。一方で過去に生きた死者たちを敬意をもって振り返るとともに、他方で私たちの死後にまで責任を持って行動しなければならない。

これに関して、京都学派の哲学者田辺元（一八八五—一九六二）が晩年に提唱した「死の哲学」が参考となる〔末木、二〇〇七a、第三章。『冥顕の哲学1』第一章、第二章参照〕。田辺は「種の論理」によって西田幾多郎を批判したことで知られ、また、日本の敗戦直前に、自らの戦争責任をも籠めて、「懺悔道としての哲学」を主張したことでも知られる。晩年の「死の哲学」は長く評価されなかったが、きわめて注目されるものである。田辺は、長年連れ添った妻を亡くし、孤独の中で、死者との「実存協同」を実感する。同時に、第二次大戦後の核兵器時代の中で、もはや楽観的な「生の哲学」は成り立たず、「死の哲学」こそ必要であると考えた。

田辺は、最初キリスト教におけるイエス・キリストの死‐復活の観念に手がかりを求めたが、キリスト教に拠る限りは、死‐復活は「神の子」であるキリストのみに起こりうることであり、普通の人には不可能である。そこで、田辺は仏教に向かう。大乗仏教における菩薩は、無限に生死を繰り返しながら、永遠に人々を救い続ける。田辺は、その具体例として、『碧巌録（へきがんろく）』第五十五則の道吾（どうご）と漸源（ぜんげん）の物語を挙げる（『冥顕の哲学1』八二―八三参照）。

生死の問題に熱中する若年の僧漸源が、師僧の道吾に随って一檀家の不幸を弔慰したとき、棺を拍って師に「生か死か」と問う、しかし師はただ「生ともいわじ死ともいわじ」と言うのみであった。……そののち道吾他界するに及び、漸源は兄弟子にあたる石霜に事のいきさつを語ったところ、石霜もまた不道不道（いわじいわじ）というのみであった。漸源ここに至って始めて、……先師道吾が自分の問に答えなかったのは、彼をしてこの理を自ら悟らしめるための慈悲であり、その慈悲いま現に彼にはたらく以上は、道吾はその死にかかわらず彼に対し復活して彼の内に生きるものなることを自覚し、懺悔感謝の業に出でたというのである。

〔「メメント・モリ」、田辺、二〇一〇、一八―一九頁〕

師は死後もなお弟子を教え続け、死者である師の導きで初めて生者である弟子は悟りに至ることができる。倫理はこの世界で完結するものではなく、死後もなお継承され、生者の救済が続けられる。他者との関係は、決して倫理を否定するものではない。死者をも含めた他者を考慮に入れることで、初めて現世の倫理も基礎づけられ、死をも乗り越えて無限に理想に向かって進んでいくことが可能となる。この世界は、生者のみによって作られるのではなく、死者と生者との協力によって初めて成り立つのである。菩薩は、このようにどこまでも徹底的に他者とかかわり続け、他者の幸福と向上を目指すのである。

　日本の仏教においては、このように死者が現世に戻り、生者を導くという思想は決して稀ではない。浄土真宗の開祖とされる親鸞は、その思想の根底に往相廻向（おうそうえこう）と還相廻向（げんそうえこう）の二種廻向を据えた。往相廻向とは、阿弥陀仏の力によって現世から浄土に向かうことであり、還相廻向は浄土から現世に人々を救いにくることである。その往復運動を永遠に繰り返すところに、理想が求められるのである。

　それは、たしかに具体的な問題の解決に直ちに役立つような倫理ではないかもしれない。しかし、具体的・個別的な問題に立ち向かうためには、その根本の立場が確立していなければならない。それには、一人の人間の小さな生死の枠を越えつつ、しかも全体性に吸収されて終わらないような原則が必要とされる。田辺元が提示したような、個の生死を超えてはたらく菩薩の理想は、このような倫理の問題を考えるのに、大きな示唆を与えてくれるように思われる。『冥顕の哲学1』で提示した「菩薩の倫理学」は、このような基盤の上に形成される。それについては、本書第十章をも参照していただきたい。

II

近代日本哲学と仏教——批判的考察

第五章　仏教の非宗教的理解
――和辻哲郎――

一　和辻哲郎と仏教

第四章に述べたように、和辻哲郎の「人間の学としての倫理学」という構想は、従来の西洋的な人間観とまったく異なり、東洋思想・日本思想に基づいた新しい人間観と倫理学への道を開いた。私もその影響を大きく受けている。和辻は、東洋思想・日本思想の中でも、仏教に関する研究が多く、その思想形成の基盤となっている。和辻の仏教観はきわめて独特のものがあり、伝統的な解釈を否定して、大胆に近代的解釈を持ち込んだ。それが彼の倫理学にも反映してくると考えられる。本章では、比較的初期の和辻の仏教論を中心に、その理解の特徴と問題点を考えてみたい。

先に私は和辻哲郎の『原始仏教の実践哲学』（和辻、一九四八）を中心にその仏教観を検討してみた（拙稿「和辻哲郎の原始仏教観」〔末木、一九九八c〕、『近代日本と仏教』〔末木、二〇〇四b〕に再録）。和辻は原始仏教の理論を徹底的に哲学的に解釈しようとした。彼によれば、原始仏教は素朴で実践的な救済宗教ではなく、「自然的立場を遮断して本質直観の立場に立ち実践的現実の如実相を見ること」〔和辻哲郎全集第五巻、一六五頁。以下、本章における和辻の引用は全集に拠り、主として全集五、一六五頁のように示す〕であり、「真の認識は『法』を観る立場における哲学的認識であって、実践的目的のための認識ではない」〔全集五、一六六頁〕。すなわち、原始仏教の「実践哲学」は、実践のための宗教的な哲学ではなく、実践を分析する理論哲学なのである。

この立場から、和辻は五蘊（ごうん）を存在の範疇と解釈し、十二縁起に関しては、自然的立場＝無明（むみょう）が老死＝無常を惹き起こす過程と解し、自然的立場を超越するならば永遠の滅に至るとする。自然的立場とは時間的存在であり、悟りとは「時間的存在よりの解脱」〔五、一六七頁〕に他ならない。たしかにそうなると「単に理論的であることはできない」〔同〕が、それでもあくまで「認識」の問題であるという。

このように、和辻は原始仏教の理論を、新カント派と現象学とを結びつけた哲学的理論と見る独特の解釈を展開する。そこでは、仏教は自然的立場に対しては超越的ではあるが、それはあくまで世俗世界の構造を分析するものであって、そこに宗教的な意味での超越はない。

和辻は後年、自らの倫理学の体系を形成するに当たって、今度は大乗仏教の「空（くう）」を重要なキーワードとする。『人間の学としての倫理学』（一九三四）では、ヘーゲルの人倫の哲学を論じながら、そこに「空」を持ち出す。その際もあくまで世俗世界の人倫構造に関して言われている。

かく見れば人倫の哲学は、絶対的全体性を「空」とするところの人間の哲学としても発展し得

> るのである。ヘーゲルが力説するところの差別即無差別は、あらゆる人倫的組織の構造であるとともに、またその絶対性においては「空」であるほかはない。かかる地盤において初めて人間の構造が、あくまでも個人であるとともにまた社会であるとして明らかにせられ、従って人間の存在が、自他の行為として常に人倫的組織の形成であることも明らかになる。
>
> 〔全集九、一〇八頁〕

あるいはまた、一九三七年に発表された「普遍的道徳と国民的道徳」〔執筆は一九三二。全集未収録〕〔和辻、一九三七〕では、さらに極端な「無我」「空」の理解が示される。すなわち、仏教の「無我」の立場を「個人なき平等無差別、絶対的なる自他不二」として理解し〔和辻、一九三七、七八頁。傍点、原著者〕、「仏教における普遍的道徳の実現が、その最大のスケールに於てはたゞ国民としての全体性に於てのみ実現せられた」〔同、七九頁〕と結論するのである。ここでは、「空」「無我」は、個別性を滅却した全体性として理解されている。

拙稿〔末木、一九九八〕以後、仏教解釈に力点を置いた和辻論として、宮川敬之『和辻哲郎——人格から間柄へ』〔宮川、二〇〇八〕が刊行された。宮川は、和辻の思想展開を「もの」から「こと」を引きはがそうという方向性を持つものと理解し、その頂点に『原始仏教』を置く。「もの」と「こと」についての定義はなされていないが、「もの」が物質的、あるいは質料的、中国の概念で言えば「気」的であるのに対して、「こと」は「もの」的な物質性を捨象した事実性であり、形相的、「理」的な面を言っていると考えられる。

『原始仏教の実践哲学』(和辻、一九四八)で用いている現象学的な言葉で言えば、「もの」が自然的立場であるのに対して、「こと」は本質直観による超越論的な立場と言ってもよいであろう。宮川は、『原始仏教』において頂点に達した「こと」本位の立場に対して、その後再び「もの」が復権すると見ている。なお、宮川は、「もの」からの「こと」の引きはがしが、「沙門道元」後半の『正法眼蔵』解釈において達成されると見ている。

ここでは、宮川の論考を手がかりにしながら、『原始仏教の実践哲学』以前の和辻の仏教観を、『古寺巡礼』(一九一九)と「沙門道元」によって検討することにしたい。「沙門道元」は、大正九(一九二〇)年から十二(一九二三)年に連載後、『日本精神史研究』(一九二六)に収録された。これらを通して和辻の仏教観の深化をうかがうことができるが、和辻は一貫して宗教的な超越としてではなく、仏教を世俗内の問題として扱おうとしている。それが結局、「人の間」としての「倫理」の問題に集約されるのであり、そこでは宗教への通路は絶たれる。そこにきわめて特徴的な和辻の仏教解釈が見られるのである。

二　美と宗教――『古寺巡礼』

『古寺巡礼』は大正八(一九一九)年の出版である。和辻三十歳の時の出版であるが、すでに『ニイチェ研究』(一九一三)、『ゼエレン・キエルケゴール』(一九一四)、『偶像再興』(一九一八)の三冊の著作を出し、若手の著作家として頭角を現していた。『古寺巡礼』のもととなる奈良旅行は大正六（一九一七）年五月に行われ、翌年雑誌『思潮』に連載された。なお、全集所収本は戦後の昭和二十一（一九四六）年の改訂版であり、初版とかなり相違し、初版の直接的な生々しい感動の表現が削除されていることが指摘されている（谷川徹三、岩波文庫本解説など）。今日、初版本も文庫化されて出版されているが〔和辻、二〇一二〕、いまはとりあえず全集本に依ることにする。

坂部恵は、本書の魅力を三点にまとめている。

一、……作者個人の現在只今の生きた印象にくり返し立ちもどりながら、そこと作品の時代やまたその様式の源となるある時代のシナ、インド、ギリシャ等の地域を自在に往復しつつ叙述が進められることになる。その結果、読者は、作者の現実の巡礼に随行しその生の印象をともにしながら、同時に若い情熱がほしいままにする想像力の飛翔にしたがって画かれ文字通り古今東西におよぶ重層的な時空の円環をくり返し往還する空想の巡礼にいわばその内側から立ち合いうることになること。

二、古代の日本文化を博大な学識にもとづいて広い国際的な視野のうちにとらえて位置づけており、のちに時代の風潮の影響もあって和辻自身かなりの程度感染する日本文化の独自性に固執する国粋的な見方がここではほとんどまったく見られない。むしろ、日本文化の純血性よりはその雑種性を進んで積極的に肯定する開かれた姿勢がここでは目立ってみとめられること。

三、一の想像力の自由な飛翔によって往還される円環が、二での開かれた国際的な時空複合体にそっていわばらせん状に上昇して行く、その重層的な志向の向かうところに、……ある種の宗教性、ないしは、……すくなくとも宗教的なものにあこがれる詩人の心情・真情とでもいったものが色濃く出てくること。

〔坂部恵、二〇〇〇、一四一—一四二頁〕

引用が少し長くなったが、重要な指摘と思われるのでお許しいただきたい。要約すれば、第一は、作者と作品、及びそれを超えた時空との往還ということ、第二は、古代日本文化を国際的な視野で捉えていること、第三は、それがある種の宗教性を志向していること、ということができよう。

このうち、第一、第二点はほぼ同意しうる。しかし、第三点に関しては多少の疑問を感じる。坂部は、「宗教人（ホモ・レリギオス）としての側面は和辻において比較的稀薄であるとする大方の見方は、論者の読みの浅さを証する以外のものではないとわたくしはあえていう」〔同、一六一頁〕と、強い口調で常識説を批判している。もちろんその際、「宗教性」とか「宗教的」ということで何を意味するのか、ということに立ち入ると難しい。しかし、和辻は『古寺巡礼』において、意図的に「宗教」と「芸術」を対立させ、「宗教」的なものに深く踏み込むことを避けて、あくまで「芸術」として表現されるところに目をつけようとしている。宮川の言い方で言えば、宗教が「もの」として現れたところを問題にするのである。それゆえ、坂部の指摘はそのままでは受け取れない。例えば、和辻は、この古寺巡礼の目的をこう表現している。

われわれが巡礼しようとするのは「美術」に対してであって、衆生救済の御仏に対してではないのである。たといわれわれがある仏像の前で、心底から頭を下げたい心持ちになったり、慈悲の光に打たれてしみじみと涙ぐんだりしたとしても、それは恐らく仏教の精神を生かした美術の力にまいったのであって、宗教的に仏に帰依したというものではなかろう。宗教的になり切れるほどわれわれは感覚をのり超えてはいない。〔全集二、二八頁〕

和辻はここで、強い調子で宗教と美術を対立的に捉え、あくまでも美術の側に立とうとしている。もっとも、それではその方向に徹底しているかというと、実はそうではない。もしその方向に徹底すれば、耽美主義、快楽主義にならなければならないだろう。和辻が若いころ親しく交わった小山内薫や谷崎潤一郎はその方向を徹底した。それに対して、和辻は一時期彼らの影響で耽美主義的な傾向に進みながらも、やがてそこから離れ、人格主義へと進む〔苅部、二〇一〇、第一章〕。

和辻のデビュー作『ニイチェ研究』は、この人格主義の立場に立って、従来の高山樗牛らの美的生活論からするニーチェ解釈を批判し、「ニーチェのモラリスト的側面を強調し、人格主義者として描いた」〔同、六五頁〕ものであった。このことは、出発点に立った和辻の二重性を示している。主任教授井上哲次郎の意に反し、反アカデミズムの哲学者ニーチェを卒業論文として取り上げようとしたところには、既成の価値に反抗する和辻の偶像破壊の意欲を見てとれる。しかし、それでは徹底的な偶像破壊に進むかというとそうではなく、『ニイチェ研究』は、そのニーチェをきわめてアカデミックな体系的哲学者として、人格主義の立場から解釈しようとしているのである。否定的な破壊ではなく、価値の再興であり、その点ではまさに偶像再興の営みである。つまり、和辻は同時に偶像破壊と偶像再興を行っているのである。

『古寺巡礼』においても、和辻は、「享楽の生活をさしおいてまずなすべきことが横たわっているように思う。しかし自分の心は、放蕩者のように、美術の享楽に向かって急いでいる」〔全集二、一九頁〕と、享楽へ向かう心と、それを本筋ではないとする思いとの揺れを自覚している。このような重層性は、美と宗教との関係を論ずるこの書の理論の枠組みにも反映している。基本的に、宗教は芸術と相反するという。

宗教的生活と享楽の生活とは、時おり不可分に結合しているにかかわらず、なお注意深い区別を受けなくてはならぬ。……仏徒の教団においても、キリスト者の教会においても、原始的な素朴な活力を持っていた間は、決して芸術と結びつかなかった。むしろ芸術をば、その感性的な特質のゆえに、排斥する立場にあった。〔同、一五頁〕

しかし、だからと言って、芸術が完全に否定されるわけではない。「芸術が人の精神を高め心を浄化する力を持つことは、無視さるべきでない」〔同〕。もちろん、芸術が「衆生救済の方便として用いられる可能性」〔同、一六頁〕は当然考えられるであろう。だが、和辻はそのような常識論を超えて、「芸術は、たとい方便として利用せられたとしても、それ自身で歩む力を持っている」〔同〕と、芸術的な美への陶酔が宗教を逸脱し、宗教と拮抗する力を発揮する展開に着目しようとする。本来的でない美的恍惚が、宗教の本来の求道に取って代わるのである。仏像という偶像を再興することが、かえって固定化した宗教という偶像への批判となるという二重性を持っている。

具体的な例で見てみよう。和辻は、法華寺境内の浴室に関して伝わる光明皇后施浴伝説を考察する。これは、光明皇后がハンセン氏病の病人を入浴させ、その背中を流したという伝説である。和辻は蒸し風呂の快感から話を進め、「蒸し風呂はアヘン吸入と同じような官能的享楽を与える」（同、八一頁）とまで言っている。そこに和辻は光明皇后伝説の謎解きを見る。すなわち、「蒸気浴から来る一種の陶酔と慈悲の行が与える喜びとの結合、従って宗教的な法悦と官能的な陶酔との融合が成り立つということも、きわめてありそうなことである」（同）というのである。

このように、和辻は偽悪的・暴露的にまで、宗教的な陶酔を世俗の官能的快楽に還元しようとする。天平の寺院に尼僧が多かったことを取り上げ、「よりよき生活への絶えざる憧憬のために現在の状態に満足し得ない多くの女がその現世への強い執着に追われてかえって尼となったこともないとはいえまい」（同、九七頁）として、「絶対者である仏の慈悲を感ずること、美しい偶像と音楽とのもたらす法悦に浸ることは、愛欲に駛（はや）る多くのものにも不可能ではない」（同、九八頁）と、宗教と感覚的な法悦、そして愛欲との一体性を示唆している。

この書の一つの頂点は、薬師寺金堂の薬師如来と東院堂の聖観音のところで、それらを傑作と讃える和辻の思い入れが正面から出ている。前者について、「ギリシア彫刻は人間の願望の最高の反映としての理想的な美しさを現わしているが、ここには彼岸の願望を反映する超絶的なある者が人の姿をかりて現われているのである」（同、一一七頁）と、この頃の和辻にとって鍵となる東西比較が述べられ、「確かにこれは人間の顔でない。その美しさも人間以上の美しさである」（同、一一八頁）と、偶像を通して、その奥の人間を超えたものを志向する。

そこからすれば、芸術を通して宗教へ、という道筋が作れそうであるが、そこで和辻は反転する。「しかしこの美を生み出したものは、依然として、写実を乗り越すほどに写実に秀でた芸術家の精神であった」〔同〕として、あくまでその作者は宗教家ではなく、芸術家であることを強調している。聖観音の作者について空想の翼を広げるところは、光明皇后伝説の箇所と並んで、アカデミックな叙述を超えたこの書の魅力を見事に示している。

その作者はとにかく僧侶であった。ローマのトガに似た衣のよほどシナ風になったのを、無造作に裸形の上にはおって、半ばできかかった観音の原型の前に立っている。大きな澄んだ眼はアリアン種と蒙古種との混血児らしい美しさを持っているが、観音を見まもっているうちにはそれが隼のように鋭くなる。……やがて大きく息をついて、静かに腕組みを解き、腕に垂れた衣をまくり上げる。その腕はたくましいけれども白い。〔同、一二八―一二九頁。傍点、原著者〕

もちろんまったくの想像であり、何の根拠もないが、それだからこそかえって、和辻の理想をよく示している。この後で、和辻はグプタ様式の中国化についてかなり詳細に論じている。「グプタ朝の芸術は……宗教の方便であるよりも、むしろ宗教を方便とするもの」〔同、一三〇頁〕であり、「インドに植えられたギリシアの芸術的精神がその最大の花を開いたものである」〔同、一三一頁〕。初唐のシナは、そのグプタ朝芸術のデカダン的なものを取り去り、「ただギリシア的な偉大性と艶美とのみを取りいれた」〔同〕。

和辻は、そのような国際的な融合性を持った西域人こそがこの聖観音の作者だというのである。和辻の空想上の作者像はまさしくこの理想を体現し、それ自体があたかも一つの彫像のように、この書を象徴する永遠の姿をとどめるのである。

三　偶像破壊と偶像再興――『偶像再興』

このように、『古寺巡礼』は単なる古寺巡礼記ではなく、芸術と宗教との関係という大きな問題に対する和辻の独自の見解を背景として展開されている。それは、宗教の価値は認めつつも、それ独自で深められるものとしては見られず、芸術として表現され、感覚的な悦びをもたらすところを評価しようというのである。しかも、芸術はしばしば宗教のための方便という性格を逸脱し、それ独自の価値を主張しようとし、そこに優れた作品が生まれることも少なくない。また、その逸脱は、宗教的な悦びとはまったく異質な官能的な歓喜へと導くことさえもある。このように、芸術と宗教とは相互依存的でありながら、しかも相互背反的でもある、アンビヴァレントな緊張関係にある。

この両者の関係の裏にあるのは、この書の前年に刊行された『偶像再興』（一九一八）である。前年の刊行といっても、実際には両者は同時並行的な作業と考えてよい。『偶像再興』は、個別に発表されたエッセーの集積であるから、必ずしも筋道だって主題が展開されているわけではない。その中で、「序言」は、正面から主題である偶像再興という問題を扱っている。その「序言」を読むと、和辻の言う偶像再興は決して単純ではなく、いくつかの複合的な問題を含んでいることが知られる。

「偶像」には、文字通りの神仏の像という意味の他に、「伝統的または絶対的な権威として崇拝・盲信の対象とされるもの」（『広辞苑』第六版）という意味がある。そこで、「偶像破壊」は「ユダヤ教・キリスト教・イスラームにおいて、偶像崇拝の風習を排撃すること」の他に、「一般に、偶像的なもの、例えば伝統的な権威などを批判し排斥すること」（同）という意味をも持つことは言うまでもないことである。

和辻が旗印とする「偶像再興」は、偶像破壊に対して、一度破壊されたものをもう一度復興しようというわけだが、そこで言われている偶像破壊とは、当然第一の意味とともに、第二の意味をも含むから、それが具体的に何を指し、それに対してどのような形で偶像を再興しようというのか、ということが明らかにされなければならない。また、偶像が再興される以上、それ以前の偶像破壊は否定されることになりそうだが、実はこれもそう単純ではない。

「序言」ではまず、「偶像破壊が生活の進展に欠くべからざるものであることは今さら繰り返すまでもない」〔全集一七、九頁〕と、偶像破壊を肯定している。その理由は、「我らが無意識の内に不断に築きつつある偶像は、注意深い努力によって、また不断に破壊せられねばならぬ」〔同〕と言われている。ここで言われる偶像は、無意識のうちに作り上げる固定観念を意味していると考えられる。

ところが、それに続く段落では、「しかし偶像は何の意味もなく造られるのではない。それは生命の流動に統一ある力強さを与えるべく、また生命の発育を健やかな豊満と美とに導くべく、生活にとって欠くべからざる任務を有する」〔同〕と言っており、それは神仏像的な意味合いのほうに適合する。しかし、「人が何らか積極的の生を営み得るためには『虚無』さえも偶像であり得る」〔同〕と言われると、実際の像だけでなく、抽象的・観念的な場合も含むと考えられる。ただしその場合、通常使われる悪い意味とは限らず、積極的な概念や世界観の定立という意味で使われているると考えられる。そうであれば、偶像再興も、実際の像の造立というだけでなく、一度破壊された世界観の体系を再構築するという意味を持つことになる。

この二重性は和辻自身が自覚的に用いているところである。すなわち、「偶像が破壊せられなくてはならないのは、それが象徴的の効用を失って硬化するゆえである。硬化すればそれはもう生命のない石に過ぎぬ。あるいは固定観念に過ぎぬ」〔同〕と言われるように、硬化すれば、それは物質的な石（＝彫像）でもありうるし、観念的な意味でもありうる。いずれにしても、それは本来意味のあるものであるが、硬化現象を起こしたときには破壊されなければならない。しかし、「この硬化は、偶像そのものにおいて起こる現象ではなく、偶像を持つ者の心に起こる現象である」〔同〕から、それが破壊されても、「偶像そのものは依然としてその象徴的生命を失わない」〔同〕のであり、そこに再興が可能であり、かつ必要ということになるのである。こうして、偶像に二重の意味があり、それが固定化しないように、常に破壊と再興が必要になるという重層性を持つことが分かる。

さらに和辻は、偶像破壊と再興を歴史の中で捉えようとする。まず、文字通りの物質的な偶像破壊をパウロ以来のキリスト教の場合に見る。中世の偶像の徹底的破壊により、「美しいギリシア諸神の像はついに中世の闇の内に隠れてしまった」〔同、一一頁〕。しかし、やがてルネサンスにおいてそれらの神像が発見される。ただし、それは「礼拝されるべき神」としてではなく、「美のゆえに礼拝されるべき芸術品」〔同、一二頁〕としてであった。

このような偶像再興は、「千年にわたる教権の圧迫への反抗をも意味した」〔同〕。そうであれば、「教権こそは破壊せらるべき偶像に過ぎない」〔同〕ことになる。こうして、偶像再興は同時に偶像破壊であるという重層性が生まれる。考えてみれば、「キリスト教の『神』もまた一種の偶像である」〔同、一三頁〕から、「近代の偶像破壊者は『人間の頭』によって造られた神を排斥する」〔同〕ことにより、キリスト教を批判する。そこから、唯物論や「神は死んだ」という宣告に至るのである。

だが、「人はこの物質的な世界に何の不足もなく安住することができるか」〔同、一四頁〕と、問われなければならない。物質だけで生きえないのであれば、今度は「神は再びよみがえらなくてはならぬ」〔同〕。新たな偶像再興である。その偶像再興は、同時に「近代精神の造り出したあらゆる偶像の破壊」〔同、一五頁〕を意味する。唯物論や「神は死んだ」という「偶像」は破壊されなければならない。こうして、ここでも偶像再興が同時に偶像破壊となるのである。

ここで『古寺巡礼』に戻ると、そこにも明らかにこの偶像再興と偶像破壊の重層性が見てとれる。仏像という偶像への着目は、「神は死んだ」という偶像破壊に対する西洋での宗教復興に対応する仏教版という意味を持つ。和辻自身はニーチェから出発しているのであるから、それは和辻自身の中での自己批判と再出発の意味を持つ。『偶像再興』序言では、「予は自ら知れる限りにおいて生まれながらの反逆者であった」〔同、一五頁〕と自らを振り返り、「教権の圧力をかつて感じたこともないくせに神の死を喝采した」〔同、一六頁〕と、ニーチェへの共感を自己批判する。しかし、先に触れたように、じつは和辻のニーチェ研究はすでに、偶像破壊であると同時に、ニーチェを新たな価値の体系的論述者と見ることで、偶像再興的であった。

いずれにしても、『古寺巡礼』による仏像再発見が、和辻の偶像再興の実践としてなされたことは間違いない。しかし、それだけではない。単に仏教再発見というだけであるならば、それはかび臭い過去を持ち出す復古主義というに過ぎないであろう。和辻は、「古きものもよみがえらされた時には古い殻をぬいで新しい生命に輝いている。そこにはもはや時間の制約はない。それは永遠に若く永遠に新しい」（同、一七頁）と謳いあげる。そこには、中世の偶像否定がルネサンスの偶像再興で覆されることとパラレルに、仏像の永遠の美の発見ということが念頭に置かれている。『古寺巡礼』において、宗教ではなく美という観点を打ち出したのは、まさしくルネサンスとの類比からであろう。仏像を信仰の対象としてではなく、芸術として見直すことによってのみ、「古きもの」のまったく新しい甦りが可能となるのである。

『古寺巡礼』の最後のクライマックスとして、法隆寺夢殿の観音と出会う。そこで長く引用されているのは、フェノロサによるこの観音の発見の一節である。フェノロサこそ、仏像を信仰の対象としてではなく、芸術作品として美の観点から発見し、仏像観を一変させる出発点を作った人である。仏像が寺院空間ではなく博物館に飾られ、礼拝ではなく鑑賞される時代の到来である。和辻はそのフェノロサを継承することで、仏像の近代を確立したのである。

それはまた、仏像を通して仏教へという回路ではなく、仏像という現世的・世俗的な「もの」に顕現して初めて仏教が理解されるという仏教観の転換でもあった。この後、和辻は自ら本筋ではないと感じていた芸術美の観点から離れ、文献研究に主軸を移すが、それでも宗教に深入りすることを拒否し、あくまで外から文献として仏典を読むという態度を貫くことになる。そのこだわりが、まさしく和辻における方法論的な一貫性をなすことになるのである。

四　哲学者道元の誕生――「沙門道元」

1　宗教を外から読む

『古寺巡礼』が単なる印象記ではなく、きわめて方法論的な自覚をもった仏像論であることが知られた。その後、文献研究に向かっても、仏教は常に大きな素材であり、そこから出発し、そこに戻る場所であった。その最初の大きな成果が「沙門道元」（一九二〇―二三）であった。『古寺巡礼』が仏教そのものに立ち入らずに、現象としての仏像に目を止めるという方法を取ったのに対して、「沙門道元」もまた、実践としての仏教に踏み込まず、あくまでも文献に現れた範囲での言動や思想にこだわり、そこから逸脱することなく徹底的に追究した。宗教を宗教としてではなく、美として、哲学として、倫理として、世俗内の次元で探求できるというのが、和辻の一貫した方法であった。それは言ってみれば、宗教という立体を世俗という平面に投影してみるという方法であった。その方法は、『原始仏教の実践哲学』に引き継がれ、やがて倫理学や倫理思想史の学問体系の中での仏教の位置づけへと向かう。「沙門道元」は、この方法を「序言」で論ずる。

> 最初にまず自分が「禅について門外漢であること」と、ただ単に「道元に対する驚嘆を語るに過ぎないこと」とを断っておきたい。……それによってある人々の内に我々の祖国が生んだ一人の偉大な宗教家への関心を喚び起こし、我々の文化の本質がこの種の宗教家を顧慮せずしては正しく理解せられるものでないことを明らかにし得れば、自分は満足する。
>
> 〔全集四、一五六頁〕

ここで言われていることは、著者が禅の門外徒であること、しかしながら、自分の「驚嘆」を語ることで、「我々の文化の本質」を明らかにすることに資することができること、の二点である。これは一見謙虚に見えながら、じつはきわめて傲慢な宣言である。そのことが次に問題にされる。

> が、ここに問題がある。一、禅について門外漢であるお前が、特に坐禅を力説した道元を理解するということは可能であるか。……二、また、たといある程度に理解し得たとしても、偉大な宗教家の人格とその顕現した真理とを、文化史的理解に奉仕せしめようとするとは何の謂いであるか。
>
> 〔同。傍点、原著者〕

これは当然問われてしかるべき問題である。和辻が行おうとしているのは、坐禅に立脚していると称する曹洞宗の宗門から道元を奪取し、より一般的な文化史の次元にその位置づけを確立しようということである。前者は偶像破壊的であり、後者は偶像再興的である。ここでも和辻は、偶像破壊と偶像再興を同時に成し遂げようというのである。

第一点に関して、和辻は道元の著作と語録を読めば道元が理解できるとする。その論証として、和辻は既成の宗門の権威に対して正面から挑戦する。それは、「現時の禅宗の門に入ることはかえって道元から遠ざかるゆえんである」（同、一五八頁）という激烈な言葉で表される。なぜならば、宗門では、堂塔の建立やら揮毫して報酬を求めることやらに熱中していて、まったく道元の精神に反しているであり、それで道元の精神が理解できるはずがない。このあたりの和辻の糾弾は厳しい。それならば、門外にあって自由な解釈をしてもかまわないではないか。和辻の自負は大きい。

しかし少なくともここに新しい解釈の道を開いたという事は言ってもよいであろう。それによって道元は、一宗の道元ではなくして人類の道元になる。宗祖道元ではなくして我々の道元になる。（同、一六〇頁）

和辻が青臭いまでに真正面から、自ら「高慢」と認めるこのような宣言をするのは、理由のないことではない。和辻が「沙門道元」を発表するより少し前、倉田百三が『出家とその弟子』（一九一七）を発表し、ブームを巻き起こしていた（末木、二〇一七b参照）。それ以前の清沢満之（きよざわまんし）一派や近角常観（ちかずみじょうかん）らによって『歎異抄』が広く読まれるようになっていたが、宗門人以外が自由な解釈で、親鸞像を描き出したのは画期的なことであった。「人間親鸞」の誕生であった。

それに対して禅は、明治以来、居士（こじ）の参禅がなされ、その影響は、鈴木大拙や西田幾多郎はもとより、当時の知識人に広く及んでいた。しかし、それらは主として臨済禅であり、いまだ宗門外で道元が広く読まれていた形跡はない。和辻はまさしく宗門外で道元を「発見」したのであり、今日に至るまで「人類の道元」として、日本のみならず海外にまでその名が轟く出発点を作ったということができる。ちなみに、いわゆる鎌倉新仏教の宗祖の中で、いちばん始めに宗門外から注目されたのは日蓮で、内村鑑三、高山樗牛(ちょぎゅう)らによって高く評価されていた。

第二の問題、すなわち文化史の中に位置づけるということは、和辻の方法論を知る上で非常に重要である。ここで和辻は、「人類の持った宗教が単一の形に現われずしてさまざまの『特殊な形』に現われるのは何ゆえであるか。またその特殊の形に現われた宗教が『歴史』を持つのは何ゆえであるか」〔全集四、一六一頁〕という二つの問いを立てる。すなわち、真理が一つであるならば、宗教に多様な形態はありえないはずである。それにもかかわらず、どうして宗教に多様性があり、歴史的変遷がありうるのか。

それに対して和辻はまず、「宗教の真理はあらゆる特殊、あらゆる差別、あらゆる価値をしてあらしむるところの根源である」〔同〕ことを認める。しかし、「それは分別を事とする『世の智慧』によってはつかまれない。ただ一切分別の念を撥無(はつむ)した最も直接なる体験においてのみ感得せられる」〔同〕という。すなわち、究極の真理は直接体験によってのみ把握されるもので、それは世俗的な領域では把握されないものであり、世俗レベルではその根源の現れである特殊な形態しか知られ得ないというのである。

それゆえ、究極の何かは「知られざるある者」〔同、一六二頁〕であり、それが「知られたる者」

に転ずることが、宗教の真理を獲得することである。その「知られざるある者」は、「キリストの神、親鸞の仏をすべて象徴的表現と見、それらのおのおのに現わされてしかも現わしつくされない神」〔同、一六四頁〕である。

和辻は、自らその神に達していないことを認め、あくまで求める立場であることを繰り返し言う。しかし、じつはそれだと奇妙なことになる。なぜならば、「知られざるある者」に達していない以上、それが「キリストの神、親鸞の仏」の根源であることをどうして理解できるのか。そもそものような「知られざるある者」の存在をどうして知ることができるのか。その点に関して、和辻の追究は深いものとは言えない。和辻は、本当にその「知られざるある者」を求めているのであろうか。

和辻の実際の研究の方向を見るとき、「知られざるある者」を知ろうとして宗教に足を踏み込むという方向を取っていないことが分かる。そうではなく、「知られざるある者」が知られない以上、現実に現れた宗教はすべて相対的な現象であるとして、「知られざるある者」をエポケー（判断中止）してしまい、その現象を理解しようとするのである。それゆえ、「求める者の立場から観察するとき、そこに宗教的真理の特殊な表現のみあって、宗教的真理そのものの存しないこと」〔同、一六二頁。傍点、原著者〕を認める。宗教そのものを体験していない者にとって、研究対象となるのは、「宗教的真理そのもの」ではなく、「宗教的真理の特殊な表現」である。

和辻がきわめて回りくどい議論を展開することになったのは、当時の風潮として、宗教の真理は実際に宗教に立ち入らなければ理解されず、その自らの体験を反省するところに哲学が成り立つという常識があったからであろう。その大御所として西田幾多郎がいた。和辻はそれに反旗を翻す。

宗教は、中からでなく、外から文献解釈を通して理解することができるのではないか。それは、諸宗教の特殊形態、歴史的展開を研究することに他ならない。体験的に見ようとすれば、自分が体験した宗教のことしか分からない。しかし、現象としての宗教を見るならば、その多様性を多様性として扱うことができる。それらを比較することで、人類の文化史を描くことができる。それもまた、宗教という偶像を破壊し、別の形で立て直す偶像再興の営為であった。

和辻はこの方法を適用して、『原始基督教の文化史的意義』（一九二六）、『原始仏教の実践哲学』（一九二七）、『孔子』（一九三八）など、鮮烈な研究を刊行する。それらはいずれもギリシア古典文献学に学んだ方法で文献を批判的に読み込み、そこから読み取られるものを、歴史的あるいは哲学的に解釈するという共通の方法が取られている。宗教そのものの内奥ではなく、その外に現れた現象を、体験ではなく、文献解釈を通して読み解く——その斬新な方法の基礎を確立したのが「沙門道元」であった。そのことは結局のところ、公共性を超えた宗教ではなく、公共的な倫理へと、和辻の中心テーマを決めていくことになる。

2　人格と真理

「沙門道元」は九節からなるが、第八節までと第九節との間には大きな断層がある。第八節までは大正九（一九二〇）年に発表されたもので、先に分析した方法論を論ずる第一節に続いて、第二—八節は『正法眼蔵随聞記』を資料として、道元の伝記や言動を論じている。それに対して、第九節は大正十二（一九二三）年に発表されたもので、四項に分かれ、『正法眼蔵』の「礼拝得髄（らいはいとくずい）」「仏（ぶっ）

性（しょう）」「道得（どうとく）」「葛藤（かっとう）」の巻をそれぞれ分析している。宮川敬之が、第八節までを前半とし、第九節を後半として、その間に差異があることを指摘するのは適切である。後半は必ずしも完結しているとは言えず、和辻が追記で、「この一篇は、道元の哲学の叙述を企てつつ途中で挫折した」〔全集四、二四五頁〕と言っているのは、特に後半に関して当てはまることである。

　前半と後半との関係に関して宮川は、「和辻は道元の人格の追求を前半部で主張しながら、それを最終的には著作における表現された『こと』の自律に溶かし込んでしまう」〔宮川、二〇〇八、八〇頁〕と指摘している。これはほぼ適切であるが、なお検討の余地がある。その点を以下で少し詳しく考えてみよう。

　宮川が指摘するように、「沙門道元」の前半部で和辻が中心に据えるのは「人格」の概念である。「人を動かし人を悟らせるものは真理を具現した人格の力である。動かされて悟りにたどりつくものも同様に人格である」〔全集四、一七六頁〕と言われるように、人格から人格への継承ということを重視する。面授相承は道元のもっとも重んずるところであるが、それを「人格」という言葉で捉え直したところに和辻の時代性があり、『ニイチェ研究』（一九一三）以来の前期の和辻の特徴がある。宮川が指摘するように、その「人格」が「間柄」に変容するところに、後期の和辻倫理学が成立する。

　ところで、「人格」重視とともに、和辻が道元において見たものは、真理中心主義である。「明らかにここには個性への顧慮は存しない。模倣にしろ追随にしろ、永遠の真理をつかむことがただ一つの重大事である」〔全集四、一八九頁〕。あるいはまた言う。「仏法は人生のためのものでない。人生が仏法のためのものである。仏法は国家のためのものでない。国家は仏法のためにあるのである」〔同、一九一頁〕。

このような指摘は、道元理解として間違っていない。しかし、「個性への顧慮は存しない」ところに、「人格」が考えられるであろうか。「人生が仏法のためのものである」ならば、「人格」は仏法の中に消失してしまうのではないか。「真理の前には自己は無である」〔同、一九〇頁〕ということになるであろう。無になってしまう「人格」など、「人格」と言えないのではないか。それでは、「人格」と「仏法」とは矛盾するものなのだろうか。そうとすれば、道元の二つの原理は相互に対立して、その体系は破綻してしまうのではないか。

後述のように、「沙門道元」の挫折はそこに由来する。「人格」という近代的で世俗次元の概念を持ち込み、固定的な前提として立ててしまうことは、やはりあまりに無理があったのではないか。和辻は宗教的な真理への主体の参入により、世俗世界の秩序が崩壊するという決定的な転換を認めない。というよりも、そこに立ち入らないところに和辻のこだわりがある。和辻は、道元が「仏徒の世界に対して俗人の世界の存立することを是認する」〔同、二〇七頁〕ことを指摘する。そこにおいて世俗の倫理が成り立ち、人々の幸福という理想が可能となる。その「俗人の世界」にこそ、和辻の求める世界がある。

しかし、道元は最終的にそのような俗人の世界の理想を否定する。「人が真実に目ざすところは、これらのものを越えた大いなる価値である」〔同、二〇九頁〕。だが、あくまで世俗にこだわろうとする和辻にとって、それを超えた道元の真理は、理解不能のものになってしまう。そのような「真理」とは、一体どのようなものなのか。和辻が、第八節まで書いたところでしばらく休止し、第九節で『正法眼蔵』に挑むまでに時間を置いたのは、まさしくこの道元の「真理」に正面から立ち向かう準備を要したからであった。

３　哲学としての仏教

そこで、後半の第九節に入ると、まず取り上げられるのは『正法眼蔵』の「礼拝得髄（らいはいとくずい）」の巻である。ここで、和辻は「人の真正の任務は自己の活働によって法を実現することである」〔全集四、二二〇頁〕とする。そのことは、「永遠の理想（法）を自己の全人格によって把捉せんとする人間の努力に、十分な意義を与えた」〔同、二二一頁〕とも言い表される。ここで、「（仏）法」と「人格」の調和が図られる。和辻はそこから、さらに次のように続ける。

> それによって此岸の生活が再び肯定せられる。……精進を斥け文化の展開を無意義とした弥陀崇拝に対して、これは明らかに人類の文化への信頼の回復である。「礼拝得髄」は文化の上昇を可能にする重大な契機と見ることができる。〔同〕

たしかに道元は、「礼拝得髄」で、「仏法の道理いまだゆめにもみざらんは、たとひ百歳なる老比丘（びく）なりとも、得法（とくほう）の男女におよぶべきにあらず」と、女性であっても、在家であっても、「得法」であれば、比丘より優るという徹底した議論を展開している。しかし、そのことが、「人類の文化への信頼の回復」と言えるであろうか。かなり無理そうである。和辻は強引に道元の議論を世俗的な「文化への信頼」へと捻じ曲げる。

次に、和辻は「仏性」の巻を取り上げる。ここでも和辻は、道元における「宗教的真理」と「哲学的思索」との関係を取り上げる。

もし我々が道元を信ずるならば、彼の宗教的真理は哲学的思索の埒外にあるものとして、思索による その追求を断念せねばならぬ。しかし一切の哲学的思索が結局根柢的な直接認識を明らかにするにあるならば、我々はかかる直接認識が何であるかをこの場合においても思索することができよう。〔同、二三一頁〕

この二文のうち、前半はその通りである。道元は決して「哲学的思索」を追究しているわけではない。しかし、和辻はそれを強引に「哲学的思索」の次元に引っ張り込む。『正法眼蔵』を「宗教」ではなく、「哲学」として解釈すること、道元を宗教者としてではなく、哲学者として理解すること――こうして、今日では常識のように語られる「哲学者道元」が誕生することになる。「道元は和辻の論によって事実上はじめて、ひとりのすぐれた哲学者として認知された」〔熊野純彦、二〇〇九a、九一頁〕。

だが、世俗の哲学とそれを超えた宗教という二つのレベルの真理は、本当に合致するのであろうか。ここで両者を架橋するものとして、再び「人格」が問題になる。「仏性を最も具体的に、人格において現わるるものと見」〔全集四、二三一頁〕ることで、「彼の悉有と、差別界に住する我々の生活との、直接な接触点を見いだすのである」〔同〕。「人格」は、世俗と宗教との両方にわたる。それゆえ、二つのレベルに共通する「人格」によって、両次元が統合されうる。

だが、本当にそううまくいくだろうか。先に指摘したように、もともと近代的な世俗世界のものである「人格」を固定的なものとして確定してしまえば、もはやそれは道元の仏法とは縁のないものだ。「仏法」（＝真理）と「人格」という原理の二項対立は、始めから道元のものではない。しかし、和辻はそこにこだわる。

> 道元の著作には絶えず二つの思惟動機が働いている。一つは彼の説かんとする真理を概念的に把定しようとする動機であり、他はその真理がただ仏と仏との間の面授面受であることを明らかにしようとする動機である。〔同、二三二頁〕

後者は、この言い方ならば間違っていない。しかし、それを「人格」という言葉で定着させた途端に、大きく外れてしまう。前者は、一見よさそうだが、ここでも「概念的に把定」という言い方をされると、少しおかしくなる。

ともあれ、こうして「仏法」（＝真理）と「人格」との二つを原理として立ててしまうと、両者の関係は両立不可能の対立にまで至らないわけにいかない。和辻は「道得」の巻の分析を通して、後者を捨てて前者の自立に至ろうとする。宮川の言う「もの」からの「こと」の引きはがしである。

> 諸仏諸祖は菩提を表現せる人格である、しかるに彼〔道元――引用者注〕は、人格なくしてあり得べからざるこの表現の中からその人格を抜き取って、ただ菩提の表現のみを独立せしめる。そうしてそれを道得と呼ぶ。〔同、二三七頁〕

「道得」は、もともとは「道い得る」ことであり、悟りの教理を言葉で言いとめることである。禅は不立文字と言いながら、実際にはその境地をどのように表現するかという「道得」を重んじる。しかし、それは「誰かが何かを道得する」という固定化した「誰」や「何」があってはならない。道元はそのことを強調する。しかし、和辻はそれを「人格」の抜去と真理の自立的展開と解する。

　そう解するならば、道元の思想は真理の自己展開として、まさしく哲学として解釈し得よう。「この道得の活動においてロゴスの開展を見、道元の思想における論理的傾向を理解しなくてはならぬ」〔同、二四〇頁。傍点、原著者〕と言うのである。だが、「道得」の分析では、和辻はそれを完全な哲学として解釈することは難しいと見る。「道元はその道得を純論理的なものに仕上げる要求は持たなかった」〔同。傍点、原著者〕。それゆえ、「道元の説くところが哲学にあらずして宗教である」〔同、二四一頁〕と言われるのである。

　しかし、和辻はそれで終わらせない。続いて「葛藤」の巻へと進むことで、哲学的解釈をさらに推し進める。「葛藤」は、「道得」と同様、言語的な表現のことであり、それが蔓草のようにがんじがらめに纏わりついて人を束縛することから「葛藤」と呼ぶ。しかし、もともとは否定されるべきものでありながら、禅ではその「葛藤」をも生かすことが求められる。道元もまた、その方向を進める。

和辻は、「葛藤は葛藤のままに、葛藤が葛藤を纏繞しつつ、それぞれに仏法の道理を会得して行く」〔同、二四三頁〕ことを、「イデーの弁証法的展開というに最も近い」〔同〕と見る。「仏法とはまさに矛盾対立を通じて展開する思想の流れなのである。無限なる葛藤の連続なのである」〔同、二四四頁〕と言われるように、「葛藤」すなわち言語的表現＝ロゴスの自己展開こそ世界の真理だというのである。そこにはもはや「人格」の入り込む余地も無くなっている。道元の体系は、ヘーゲルの絶対精神の自己展開に類する「哲学」と解される。どう見ても、これは『正法眼蔵』自体からは離れてしまっている。

和辻はさらに、「従って理論的に綿密な反駁、討論、主張などに入り込むことなしには嗣法することはできないのである」〔同〕と、「理論的」であることの必然性へと話を引っ張っていく。こうして道元は禅の実践者ではなく、理論哲学者となる。その思想体系は、世俗を超えるものではなく、世俗の論理で理解できるというのである。道元はもはや宗教者ではなく、完璧な哲学者に生まれ変わった。

ちなみに、興味深いことに、近年の批判仏教の主張は、道元を坐禅実践者ではなく、純粋な批判理論家として見ており、その点で、和辻の解釈を継承している。最近の十二巻本問題を別としても、『正法眼蔵』にはそのように解釈される可能性があるということかもしれない。その点を強力に推し進めた和辻の方向も、あるいは一つの解釈として可能かもしれない。しかし、たとえそのような可能性があるとしても、それで完全に『正法眼蔵』を解釈しきるのは、かなり無理なことである。和辻はそこで挫折する。「沙門道元」が中途半端な形で未完に終わらざるをえなかったのは、やむをえないことであった。

だが、和辻は道元より以上に、そのような方法をうまく適用できる対象を見つける。それが原始仏教である。『原始仏教の実践哲学』で、和辻は原始仏教の理論を完全に哲学理論として解釈しきる。それは、宮川の言うように、「もの」からの「こと」の引きはがしということもできるかもしれない。しかし、それ以上に重要なことは、『古寺巡礼』以来和辻の方法が一貫しているということである。すなわち、それは仏教を徹底して非宗教的・世俗的な次元で解釈するという方法である。『古寺巡礼』ではそれが美であったが、「沙門道元」や『原始仏教の実践哲学』では、それは哲学になる。宗教の次元に超越せず、公共的な世俗の次元の現象にどこまでもこだわり抜く。和辻の研究が宗教ではなく、最終的に世俗の秩序である倫理学に結実するのは、結局のところ、その方法を頑固に一貫して守り抜いたからに他ならない。

第四章でも見たように、和辻の倫理学は公共性の「顕」の領域に関する限り有効性は大きい。しかし、その領域を越えて、「冥」の他者の領域までは十分に及ばない。それは、このように和辻自身がもともと志向したところに由来すると考えられるのである。

第六章　ファシズム／ニヒリズム／日本
——西谷啓治批判序説——

一　ファシズムを超えて

1　「近代の超克」をめぐって

西谷啓治（一九〇〇—九〇）というと、二つに評価が分かれる。一つは『世界史的立場と日本』（一九四三）や『近代の超克』（一九四三、創元社。冨山房百科文庫、一九七九による）のラディカルな戦争イデオローグ。もう一つは『宗教とは何か』（一九六一）を代表とする世界的な仏教哲学者。その二つの間は、どのように架橋されるのであろうか。日本の伝統思想を生かした哲学者の代表のように考えられている西谷をどのように評価したらよいのか。それは日本から興す哲学にとって大きな試金石ということができる。

『近代の超克』では、京都学派を代表する一人として、論文「『近代の超克』私論」を提出するとともに、座談会でも積極的に発言している。「『近代の超克』私論」は、やや大雑把ではあるが、戦争期の西谷の思想を要約したものとして、分かりやすい。

ここで西谷はまず、「一般に近代的なものといはれるものは欧羅巴的なるものである」（西谷、一九七九、一八頁）と規定する。それでは、その近代とはどのような時代であろうか。それは分裂の時代である。すなわち、中世には統合された世界観があったのが、「宗教と、科学と、文化・歴史・倫理等の人文との間も、橋渡しのない分裂に陥つたのである」（同、二〇頁）。それはまた、「個人と国家と世界との関係について、深い混乱が生じて来た」（同、二一頁）ことでもある。

そこで、新たに宗教に基づく統一が必要になる。それは、「主体的無」の立場である。すなわち、「真の主体性はかゝる物や心の彼方のもの、其等の否定即ちいはゆる『身心脱落』に現れるものであり、意識的自己の否定、いはゆる小我を滅した『無我』、『無心』として現れるものである」（同、二四―二五頁）。そこでは、「一切に対する絶対の否定が直ちに絶対の肯定へ転じ得る」（同、二五頁）のであり、そのことは「西洋近世の宗教性」によっては達しえず、「東洋的な宗教性」（同、二六頁）の特徴である。

「主体的無」は、「恣意の小我、利己主義の我の滅却を意味する」（同、二六頁）のであり、「広義の技術と倫理と宗教との三領域を一貫した道、現実の職域的活動の脚下に国民倫理を通して開かれ得る如き宗教的立場である」（同、二七頁）。すなわち、個人的な宗教に留まらず、国民倫理と深くかかわることになる。そのようなことが可能となり、主体的無の宗教性が、「国民の倫理心と相即する道を見出し得たことは、日本に特殊なる事情であつた」（同、三一頁）。

そうであるから、日本にとっては「世界新秩序の樹立と大東亜の建設」〔同、三二頁〕が課題であり、「大東亜の建設は、わが国にとつて植民地の獲得といふやうなことを意味してはならないのは勿論であり、また世界の新秩序の樹立といふことも正義の樹立の謂である」〔同〕。それゆえ、自国だけの利益を求めてはならないのであり、「国家倫理の原動力である道徳的エネルギーは、直ちに世界倫理への原動力でなければならない」〔同、三三頁〕。それゆえ、「自国だけを中心とする立場から、自他不二の国家間的な共同性の地平へと」〔同、三四頁〕進むことになる。こうして、「個人と国家と世界とを一貫する倫理的な道が歴史的現実のうちに、然も世界歴史的現実のうちに働くものとなつて来た」〔同、三五頁〕のである。

以上、「『近代の超克』私論」を要約してみた。その議論は次のように進められている。

1　近代化はヨーロッパ化であり、それは今日、諸分野の分裂により行き詰まっている。
2　それは、「東洋的な精神性」である「主体的無」によってのみ超えられる。
3　「大東亜の建設」は、「東洋的な精神性」の発露である（したがって、そのための戦争も是認されることになる）。

この論文は著作集には収録されていない。やや議論が大まかで、必ずしもこれで戦中の西谷を代表させるのは適当でないかもしれない。しかし、基本的な方向は他の論著でも一貫しており、西谷の思想を逸脱したものではない。

西谷の特徴は、第一に、近代をヨーロッパ（西洋）の近代と同一視していることにある。これは西谷だけでなく、「近代の超克」にかかわった多くの論者の共通の理解であろう。そこでは、「日本の近代」という限定された「近代」は問題とされない。「近代」は西洋に発しながら、西洋に限定されず、世界化される。「近代」は普遍的で、世界中で同一、かつ同時的のものである。それゆえ、西洋近代の危機は、そのまま日本の同時代の問題として与えられることになる。もちろん、日本だけでなく、他のアジアや世界の地域でも同様である。それゆえ、日本の戦争は、決して局所的な戦争ではない。「大東亜戦争」と言っても、それはまさしく第二次世界大戦という、世界を巻き込んだ戦争であり、世界史的必然性を持ったものと言わなければならない。

しかし、日本には特別の使命がある。それが第二の特徴となる。日本の特殊性は、日本には「東洋的な精神性」があり、それをもって危機に瀕した近代を救うことができることにあり、それが日本の使命である。ここに、日本の戦争が正当化される理由が示される。行き詰まった西洋諸国に危機を突破する力がなく、アジア諸国にはまだ西洋近代を超える準備がない中で、西洋と同じ近代を達成し、かつまた東洋の叡智を自らのうちに蓄えている日本のみが、世界史的な使命として、西洋近代を克服し、新しい世界を築くことができ、また築かなければならない。

第三に、このような日本の使命は、国家だけでは達成できない。日本国民一人一人が「東洋的な精神性」を発揮していかなければならない。西谷には、宗教と道徳を軸とした「精神性」にポイントをおいて議論を進めていくところがあり、これが高山岩男や鈴木成高（しげたか）と異なるところである。

『世界史的立場と日本』（一九四三）は、京都学派の中堅をなす高坂正顕・高山・鈴木と西谷との四名の座談会であるが〔高坂他、一九四三〕、そこで高山や鈴木が、世界史の理論によって大東亜戦争の正当化を図るのに対して、西谷は「東洋的な精神性」によって、精神的次元に問題を持っていく。そこでは、「モラリッシュ・エネルギー」という言葉をキーワードとして議論が進められる。日本の「モラリッシュ・エネルギー」を東洋の宗教思想の中から導くとともに、それを「国民倫理」として、国民一人一人の個人レベルにまで浸透できる形で提示したところに、西谷の役割があったと言うことができよう。戦争は支配者のものではなく、国民一人一人の道徳的行為にかかわるものである。「『近代の超克』試論」では、こう言われている。

個人はその職域に於ける錬達と滅私とに努める行に於て清明の心を自得するにつれて、国家の歴史を貫く国家生命の本源に合し、同時に世界歴史の底に潜む世界倫理（古人の所謂天の道）、に触れることが出来る。〔西谷、一九七九、三五頁〕

「滅私奉公」は、単に国のために尽くすだけではない。個人の行為は、国を通して世界倫理に通ずることになる。こうして、西谷の理論は、国の戦争を一人一人の国民の次元に降ろし、総力戦を可能とする論理を提供することになる。

以上のように、西谷の理論はきわめて整然としている。しかし、だからと言って納得できるわけではない。第一の点に関して言えば、果たして西洋近代がそれほど普遍的かということに対しては、今日それをそのまま認める人はいないであろう。世界各地の近代化に対して、西洋近代が決定的に大きな意味を持ったことは間違いない。しかし、それをどのように受け止め、どのように近代化に向かうかは、それぞれの文化において多様であり、それぞれの文化の近代という観点から考察しなければならない。西洋近代の危機は、必ずしもそのままの形で他の地域の近代の危機とは言えない。第二次世界大戦もまた、世界史的必然性をもって日本の戦争を正当化することなどできるものではない。

第二の論点に関して言えば、まず「西洋」対「東洋」という二元対立、そして他のアジア諸国ではなく、日本のみが「東洋的な精神性」を体現しているというフィクションは、これもまた当時、当然のように語られたことである。『世界史的立場と日本』の座談会で、高坂正顕は、「こんどの大東亜戦争になつてくると、もつと広く、東洋の道徳と西洋の道徳との間の争いになつてゐる」（高坂他、一九四三、一三六頁）と述べている。しかも、そのような「東洋の道徳」は、日本に体現される。高坂は、「支那事変」について、「日本人のモラル或は道徳といふものと支那人のモラルといふものとの間の優劣といふことが最後の決定をする」（同）と、「支那人のモラル」を蔑視する。

もちろん、そのようなフィクションが成り立たないことは言うまでもないが、ここで指摘しておきたいのは、こうして持ち上げられる日本の宗教・思想がどれだけ深く研究された上で言われているのか、という疑問である。このことは後でもう少し検討するが、西谷の場合も、西洋思想の展開に関してはそれなりの歴史的な見通しを持っていたにもかかわらず、それがいきなり木に竹を継ぐように日本の思想に接合され、日本の思想に関しては歴史的・批判的な視点を持っていない。

第三点の、日本の使命を、国民一人一人の宗教的・道徳的自覚に求める立場に関して言えば、本当に国民の一人一人がそのような「モラリッシュ・エネルギー」を持ち、道徳的に「滅私奉公」に励むであろうか。西谷の理論は、結局は現実離れをした理想論を提示することで、現実の汚濁の行為を美化し、正当化することにしかならないのではないか。西谷の論は、国民の批判を封じ、主体的に「滅私奉公」へと向ける理論ということができる。

もちろん、時代を離れ、状況の変わった今日から、過去を批判するのはフェアではないと言われるかもしれない。しかし、後述のように、西谷は戦後も、自らの戦中の言動を正当化している。過去の問題は過去に封じ込めて済ますわけにいかない。今日改めて厳しく問われなければならないのである。

2　ヨーロッパの危機と日本

戦中における西谷の議論をもう少し詳しく見てみたい。最初の論文集『根源的主体性の哲学』（一九四〇）に収められた「近世欧羅巴文明と日本」は、西洋近世・近代の精神史を的確に要約し、それに対する日本の位置を明確化したものとして、明快な論文である（以下、西谷の引用に当たっては、西谷啓治著作集により、巻数と頁数を掲げる）。

西谷は西洋近世の精神史（エトスの展開）を三つの時期に分ける。中世の精神が「神を中心にして人間と世界を見る精神」（著作集一、一二四頁）であるのに対して、近世は「人間を中心にして世界及び神をも見る精神」（同）である。近世の第一期は、宗教改革から十七世紀までで、「近世精神がなほ中世的に宗教的な人生観に包括されて働いてゐた時期」（同、一二七頁）である。次に第二期は、十九世紀中頃までで、「近世精神がこの殻を脱却して人間中心の立場に立ち乍ら、然も根柢になほ普遍宗教的なるものを（或は思想的に理念化された基督教教理を）含んでゐた時期」（同、一三五頁）である。さらに、第三期の十九世紀中葉以後は、「人間性の内面に拯ひとられた宗教性が、人間性の内面でも力を失つて来た時期」（同）となる。

第一期は「神中心的な宗教精神の時期」（同、一三六頁）であり、第二期が「自然的な理性又は精神の時期」（同）であったのに対して、第三期は「brutal な自然を中心とする時期」（同）と見る。これはいささか分かりにくいように見えるが、具体的に、「唯物論の諸々の『物質』、ショーペンハウエルの『意志』、ニイチェの『生命』等」（同）を例として考えれば、納得がいく。そこでは、前代の合理的な自然に代わって、「理性以前の自然、文化以前の自然、その意味で brutal な（生の儘の）自然」（同）が問題になり、それによって、キリスト教的宗教から完全に離れて、「唯物論或は自然主義が少くとも実際生活上に於て勝利を占めた時期」（同）となるのである。

「現在に於ける欧羅巴文明の危機」（同、一四一頁）は、まさしくこの第三期の動向に由来する。それは、第一に、「各自の歴史のうちに特殊的に形成された西欧的エトスと独逸的エトスとの対立」、第二に、「双方に共通なる市民的‐小市民的個人主義」、第三に、「中世以来累進的に展開されて来た宗教の無力化」（同、一四一頁）が挙げられる。

これはやや説明が必要である。第一点は、この時期に西欧（イギリス、フランス）とドイツとでエトスが異なるという理解である。西欧ではデモクラシーの精神が継承されるが、ドイツでは「激烈な形」（同、一三七頁）で変化が訪れているという。当時すでにヨーロッパの大戦は始まっていた。

それは「デモクラシー国家と全体主義国家との闘争」〔同、一二三頁〕である。

西谷はドイツに対して思い入れが強い。西谷はドイツに留学し、キリスト教神秘主義や哲学を学んでいる。したがって、西谷が「西洋」を考えるとき、イギリスやフランスではなく、ドイツが典型として考えられている。このことは、西谷におけるニーチェの愛好やナチスへの共感に関係する。それは、先の第二点として挙げられた、「市民的‐小市民的個人主義」への嫌悪感に関係する。当初高い理想として掲げられたデモクラシーは、資本主義の利益追求によって矮小化する。「デモクラシーの精神は、その個人的自由と平等の観念に於て次第に利己主義との化合に入り、内面から変質を受けて来る」〔同、一三七頁〕。

そこから、ヒトラーへの共感が生まれる。この論文の第五節は「ヒットラー運動の精神」と題される。その運動は、「Brutalität の立場が新しい精神の建設への出発として採られている」〔同、一四五頁〕もので、「新しいエトスを建立することによつて近代文明の病竈に深く切り入らんとする、一つの根本的な企て」〔同、一四六頁〕と評価されている。

ただし、ナチスが全面的に賛同されているわけではない。そこには、「ヒューマニティと世界市民性或は世界国民性の理念が欠けてゐること、即ち窮極的には宗教性の欠けていること」〔同、一四七頁〕が指摘される。西谷は、ナチス的な全体主義だけでも駄目だとする。「個人の自由と世界市民的ヒューマニズムに立つデモクラシーの合理性の立場と、個人と国家との実体的同一性に立つ全体主義の生命の立場」〔同、一四一頁〕とはともに不十分であり、「個人を一方では国家へ、他方では世界的ヒューマニティへ、矛盾なく結びつけ得る第三の新しい立場」〔同、一四二頁〕の必要を説く。

それが、「日本の精神」によって達成されると考えるのである。

こうして、「近代の欧羅巴文明の危機を克服するものは、brutal な自然性、理性乃至は精神、宗教の超越的精神の三つを、即ち近世史の三つの時期の根本的立場を、綜合し得るエトスのみである」（同、一四七―一四八頁）として、それを日本の精神に求める。日本では、「神儒仏の精神の融合」（同、一四八頁）が形成されたが、とりわけ禅と儒教の合一によって、「宗教性と倫理性乃至政治性と生命性とのかかる統一」（同、一四九頁）がなされたことを評価する。そして、「此の精神を承け継いで更に発展せしめることが、今後の吾々の課題である」（同、一五〇頁）という結論に持ち込んでいる。

以上のように、この論文は、なぜ「欧羅巴の危機」が起こったのか、近世・近代の西洋の精神史的な展開にその由来を求めている。中世の神中心の時代から、近世になると次第に宗教から離反し、理性から brutal な自然性へと展開してきた。ナチスにおいて、ある意味ではその近代が極端までいくとともに、それを乗り越えようとする志向が見られる。しかし、そこにはヒューマニティが欠け、さらに根本的には宗教性が欠けている。その点を満たし、近代のヨーロッパの危機を克服しうるのは、日本の精神しかない。これが、西谷の結論である。

西洋近代の危機の起こった歴史的背景を詳細に検討しながら、そこから一気に日本へと移る。ここで注意されるのは、第一に、「欧羅巴の危機」とその克服が問題とされているが、あたかも「日本の危機」はまったくないかのようだという点である。なぜ、「欧羅巴の危機」をわざわざ日本で問題にしなければならないのであろうか。それは、先に述べたように、西谷においては、ヨーロッパの近代が世界の近代であり、日本の近代であるから、「欧羅巴の危機」がそのまま横滑りして、日本でも同じように危機が共有されるということであろう。

それと関連して、第二に、西洋に関しては、精神史的な展開をしっかり押さえながら、日本に関しては、まったくそれがなされていないことが指摘される。あたかも、日本の思想、精神には歴史がなく、そこには無時間的・無歴史的な理想状態があるかのようである。西洋が駄目ならば、日本がある、というのであろうか。当時はともかく、今日顧みるとき、あまりに浅薄と言わなければならない。そして、それが戦時中だけに留まらず、じつは戦後の西谷の思想にも継承されているのである。

3　戦時下から戦後へ

戦時中の西谷の思想は、『世界観と国家観』（一九四一）によって深められる。この書については、以前簡単に分析したこともあり（拙著『他者・死者たちの近代』〔末木、二〇一〇〕II－3）、ここでは立ち入った検討を省略する。基本的に言えば、すでに見たように、西洋の精神史の理解の上に立ってその危機を指摘し、それを乗り越えるものとして東洋／日本の「無」を説き、それを滅私奉公によって具体化させるという根本の思想は一貫している。「単に『私』を殺す『公』ではなくして、『私』を殺して生かし、かくして『私』を『私』の根柢から創造的たらしめる『公』に於てのみ、滅私奉公も創造性をもち得るであろう」〔著作集四、三二〇頁〕と言われるように、受動的に権力者に従うのではなく、主体的に「私」を殺して生かすことにより、国民が自発的・積極的に大東亜の理想を実現することに参与することが求められている。

ここで、注意しておきたいのは、このような西谷の基本的立場は、戦後もまったく変わっていないということである。それは、多くの論者に見られるように、戦中の戦争協力を自己批判しても、その根底は変わっていない、ということではない。西谷の場合は、戦争中の言動を戦後になっても自ら肯定して、立場の変更がまったくないということである。このことは、『世界観と国家観』に関して戦後書かれた「後語」、並びに戦後書かれた論文「批判の任務とファシズムの問題」（一九四九）などに明瞭にうかがわれる。

「後語」では、「私は以前から、一方マルキシズムに対しては国家といふものの意義を肯定し、他方極端な国家主義に対しては国家に含まれる世界的普遍性の面を考へ、此等と異なつた第三の立場として、世界性を含んだ国家、またかかる国家の聯関としての人類世界を問題にして来た」（著作集四、三八一頁）と書き始め、戦中からの自らの立場がまったく正しく、変化のないことを強調している。すなわち、「個人、国家、世界を一貫する無私」（同、三八二頁）の精神である「無の普遍」を主張してきたというのである。

それゆえ、「大東亜新秩序」もまた肯定される。ただ、それは「日本の自己防衛である反面にあくまで『正義の理念』に立脚すべきであつて、『権力意欲の偽善的仮面』であつてはならない」（同、三八二頁）というのである。「大東亜共栄圏」が日本によって構想されたことも、歴史的必然性のあったこととして認められる。それは、「欧羅巴以外的な唯一の強国としての日本の擡頭」（同）のゆえである。「併しその際、日本の立場は、あくまで倫理的であるべきであつた」（同）というのである。

このような西谷の一貫性を高く評価する論者もいる（森哲郎「宗教・哲学とナショナリズムの問題

――西谷啓治『世界観と国家観』について」〔森、一九九四〕）。しかし、私はその一貫性を評価することができない。それは以下のような理由による。

第一に、「大東亜新秩序」に関する「実際政治の指導者として活動しつつある人」〔著作集四、三八三頁〕への批判は見られるものの、その実現のために戦争に訴えるという手段そのものはまったく批判されていない。戦争は認められる。ただ、その戦争に臨む政治家たち（軍人のことには言及がない）が「倫理的」でなかったことが批判されているのである。

第二に、日本が主導して「大東亜新秩序」を建設するということも、全面的に認められているし、むしろ日本にはそうすべき責任があると考えられている。その際、それに対して、他のアジアの諸国がどのように見るかという観点はまったく欠落している。ヨーロッパの危機を打開できるのは、日本が主導する「大東亜新秩序」しかない。たしかに現実にはいささか倫理性が欠けていたが、その点がきちんと守られれば、日本は正しく、アジアは日本に従わなければならない。西谷の論法を敷衍すれば、こうなるであろう。

第三に、「個人、国家、世界を一貫する無私」とは、具体的にどのようなことを指し、どうすれば実現するのであろうか。「個人」が無私を実現することは難しい。「滅私奉公」などできるわけがない。それどころか、「滅私奉公」をしないことによって、初めて「公」への抵抗も可能となるのではないか。まして「国家」が「無私」であるとはどういうことなのか。さらには、「世界」が無私であるとは何なのか。言葉は立派だが、具体的にどのような事態なのかが説明されていない。それゆえ、それは容易に自己弁護と他者批判となりうる。なぜならば、自分は「無私」を実現している（あるいは少なくとも正しく理解している）から、自分の言うことは正しく、それに対して、他者が自分の思うとおりに動かなかったときは、他者は「無私」を実現していなかったからだと批判することができる。それによって、自分は傷つかず、すべて悪いのは他者だと責任を押しつけることができる。

以上のような点を考えるとき、西谷はたしかに戦中戦後を一貫していると言えるが、だからと言って、それゆえに高く評価されるべきだと結論することはできない。かえって、その一貫性にこそ問題があるのではないか、という見方も当然成り立つ。戦後、西谷の評価を高めたニヒリズム論や宗教哲学もまた、じつは戦前との一貫性の継続の上に成り立っているのではないか。それゆえに、それらを単純に賛美できないのではないか。そのように私は考える。その点を以下に見てみよう。

二　ニヒリズムを超えて

1　ニヒリズムの普遍性

戦前戦中の天皇主義的国家主義が崩壊したとき、戦後の価値喪失が生まれる。そのような中で、実存主義と一体になる形でニヒリズムが流行となり、とりわけ戦後派文学者たちの活動によって喧伝された。そのような時代の中で、一九四九年に、かつて『世界史的立場と日本』で勇名をはせた高坂正顕と西谷啓治は、今度は和辻哲郎、務台理作を加えて『実存と虚無と頽廃』（出版は一九五二。

梅原猛編『戦後日本思想体系3　ニヒリズム』筑摩書房、一九六八に再録。引用は、この版による）という座談会を行っている。そこで口火を切った高坂は、まず虚無主義（ニヒリズム）という言葉をはやらせた十九世紀ロシアのインテリゲンチアに触れた後、当時の日本のニヒリズムについて、こう言っている。

現在の我国でのニヒリズムといわれるものは、それとは違うのじゃないか。それは虚無主義というよりはむしろ単なる虚無感、または虚脱感にすぎないものであり、理論的根拠は稀薄で、単に情緒的であり、また価値や理想を否定すべきだというほど積極的な態度ではなくて、却って価値や理想を見出し得ない無力さにもとづく消極的な態度のようにも思われるのです。

（和辻他、一九六八、一一四―一一五頁）

これはきわめて適切な指摘であろう。同じ一九四九年に、西谷の『ニヒリズム』が刊行されている。本書より早く、カール・レーヴィットの『ヨーロッパのニヒリズム』が戦争中に雑誌『思想』に連載され（柴田治三郎訳、一九四〇）、戦後、同じ一九四九年に単行本として刊行された（レーヴィット、一九四九）。これは日本在住のドイツ系ユダヤ人哲学者が日本人のために書いたもので、その屈折したヨーロッパ論が迫真の力を持っている。

それに対して、西谷の書は、日本人がその「ヨーロッパのニヒリズム」をどのように受け止めているかを示したものであり、基本的な文献の読解に基づき、西洋近代のニヒリズム思想史を論述している。それゆえ、高い評価を得ていることは無理もないところで、その点にまったく異論はない。

西谷は、西洋の宗教哲学を古代から現代に至るまで、大きなパースペクティヴで捉えた思想史家として優れており、そのことは、先に取り上げた論文「近世欧羅巴文明と日本」を見てもよく分かることである。西谷の本領は、時流に流される軽薄な評論家というところよりも、神秘主義研究を始めとして、じっくりと西洋の精神史と取り組んだ宗教思想史家というところにあるのであろう。

このように、西洋思想史の優れた理解者であり、日本への紹介者という限りでは、西谷を評価することにやぶさかではないが、問題は、西谷が紹介者という一線を越えて、西洋の議論を主体的な問題として日本の場の中に持ち込む場合に生ずる。まさしく、戦中の「近代の超克」の最先鋭としての言動がそうであった。そして、戦後のニヒリズム論もまったく同じである。かつて「欧羅巴の危機」とされていたことが、戦後「ニヒリズム」という形で具体的に取り上げられるようになったのである。その意味でも、西谷の議論はまさに一貫している。

『ニヒリズム』で、そのような西谷の主体的な問題意識がうかがわれるのは、第一章「実存としてのニヒリズム」と第七章「我々にとつてのニヒリズムの意義」であろう。同書の序論と結論にあたるところであり、その中間の第二—六章は、ヘーゲル以後の展開から始まり、ニーチェ、スティルナー、ハイデガーが詳しく論じられ、好箇の西洋近代ニヒリズム思想史となっている。

第一章においてはまず、「現在、ニヒリズムが戦後的な一つの傾向となつてゐることは事実であらう」〔著作集八、三頁〕としながら、その「ニヒリズムについて知りたいといふ要求」〔同〕に疑問を呈する。「さういふふうなニヒリズムの求め方そのものが、実はニヒリズム的でない」〔同〕というのである。そして、まさしくその「非ニヒリズム的である」ことが「日本におけるニヒリズムといふものの性格を示してゐる」〔同〕というのである。

なぜそれが「非ニヒリズム的」なのか。それは、「ニヒリズムは、何よりも自己の問題でなければならぬ」〔同、四頁〕のに、単なる知識として知ろうというのであり、それは本当にニヒリズムが自分の問題として受け止められていないからである。もっともニヒリズムは、「ヨーロッパといふ処、そして近代といふ時代の精神境位において成立したもの」〔同、五頁〕であり、なぜそれが我々にとっても問題になるのか分からない、と言われるかもしれない。それに対しては、「我々はヨーロッパ文化の洗礼をうけ、ヨーロッパ的教養は多少なりに我々自身のものになつてゐる」〔同、六頁〕と答えられるかもしれないが、それだけでは済まされない。

ここで、いまなぜ日本でニヒリズムなのか、もう一歩深められた形で問題にされなければならない。それに対しては、「ニヒリズムは第一に、時と処を越えた、人間存在の本質に根差した問題」〔同、七頁〕ということが挙げられる。しかし、それだけではない。それは「歴史的・社会的な現象」でもある。その両面を総合するならば、それは「歴史哲学」〔同〕の問題となる。「現代の我々が意味する如きニヒリズムは、ヨーロッパの近代といふ特殊な時期の産物であり、一つの歴史的概念である。人間存在の永遠なる本質にかかはる問題でありながら、しかも歴史的概念である」〔同、一三―一四頁〕と言われることになる。

西洋近代のニヒリズムの展開の中で、「ニヒリズムを克服するニヒリズム」〔同、一四頁〕が出てきた。そこでは、ニヒリズムは「能動的ニヒリズムとして現はれ、然もこの『神なき』また真実の世界なき『無』は、反つて大きな肯定に転ずる転機を内に含んできたのである。そこでは、神の代りに実存的な『無』そのものが創造的となつた」〔同〕。

以上が、西谷のニヒリズム論の骨格である。西谷は、西洋近代のニヒリズムを歴史的必然性において捉え、その状況は日本も含めて、現代世界の不可避の問題として、我々自ら引き受けなければならないと説いているのである。このような基本線によって、たしかに西洋近代の思想史、精神史をうまく整理している。しかし、今日になってみれば、果たして西谷の整理がもっとも適切であったかどうか、なお疑問の余地が残る。

たしかに「神の死」は歴史的に大きな画期となり、今日、それを踏まえなければ西洋思想の構築はなしえなくなっている。それがある面では西洋以外にも及ぶところがあることも事実である。しかし、それをニヒリズムとして捉えなければならないかどうかは、それほど確かではない。「神の死」によって、キリスト教や、他の一神教的な宗教が終わったわけではない。それは、原理主義的な宗教運動が盛んになりつつあるというだけではなく、思想的にも、「神の死」を踏まえることで、より深い神学や宗教哲学の可能性が開かれてきたところもある。それゆえ、ニヒリズムをもって唯一の必然的な歴史動向と見るのは、いささか早計と言わなければならない。

そもそもニヒリズムは、唯一神が絶対の権威を持つ中で、その否定として意味を持つものであり、その点で、西洋の「虚無」は東洋の「無」とまったく異なっている。東洋の「無」は、老荘思想に見られるように、創造性を持つものである。しかし、西洋の虚無はすべてが崩壊する全き無であり、そこから新しい持続的な価値が生まれてくる源泉とは考えられない。それゆえ、それに耐えて、「能動的ニヒリズム」たらしめようとする中でニーチェは狂気に陥らなければならなかった。西谷の言うように、「能動的ニヒリズム」によって、「無」が創造的になる、などということがやすやすと成り立つことなどありえないのである。

たしかに西谷は、西洋近代の精神史を見事に整理したが、それは西洋そのものの状況を引き受けているわけではなく、日本という場から、自分に都合よく問題を変容して受け止めているのではないか、という疑問はぬぐえない。ニヒリズムが世界的に大きな影響を与えたとしても、西洋近代の精神がまったく同じくどこでも通用するということはありえないであろう。

2　ニヒリズムと日本

ニヒリズムが日本でどのように受容されるかという問題は、同書の第七章「我々にとつてのニヒリズムの意義」で詳しく論じられている。そこでは、一方で「我々の文化はヨーロッパ文化の末流であり、我々の思考はヨーロッパ的思考の影絵である」〔著作集八、一七七頁〕としながらも、他方で、ヨーロッパ文化の輸入がキリスト教やギリシア以来の哲学・倫理に及んでいないことを認めている。それならば、ヨーロッパのニヒリズムは我々にとってどのような意味があるのであろうか。

西谷はまず、「現在の我々には、根元的な如何なる精神的基盤もない」〔同〕ことを指摘する。すでに儒教や仏教は力を失い、ヨーロッパ化の進行は、「我々の根柢に大きな空白を残してゐる」〔同、一七八頁〕。しかも、「我々がその精神的空虚を自ら意識しないといふ事態」〔同〕があり、そこに二重の問題が潜んでいる。「つまり危機のうちにあるのみならず、その危機が危機として自覚されてゐないのである」〔同、一八一頁〕。

ここから、ヨーロッパのニヒリズムの受容は、単にヨーロッパの危機を横滑り的に日本で受容するというだけのことではなくなる。第一に、「我々自身のうちなる虚無」〔同〕を自覚させる。第二に、そこで「我々のうちなる空虚の克服」〔同〕が課題となる。ここで西谷は一挙に方向を転ずる。それは、一方で「近代の超克への努力を我々自身の問題とすべき」〔同、一八三頁〕であり、「それは今までの西洋化の方向を、その窮まる処まで突き詰めることを意味する」〔同〕。しかし他方、「ヨーロッパのニヒリズムは、我々が、忘れられた我々自身へ再び復るべきだといふことを教へ、東洋文化の伝統を再び顧るべきだといふことを教へる」〔同〕。

ここで、「ニイチェの所謂『ニヒリズムによるニヒリズムの克服』の努力」と同じ試みとして、「東洋文化の伝統、就中、仏教の『空』とか『無』とかの立場が新しく問題となるのである」〔同〕。それゆえ、「それは我々の西洋化といふ未来への方向であると同時に、伝統への再結合といふ過去への方向でもある」〔同〕。こうして、ヨーロッパのニヒリズムを論じていたはずなのが、あれよあれよというちに伝統賛美に転じ、ついには「大乗仏教のうちには、ニヒリズムを超克したニヒリズムすらもが至らんとしていまだ至り得ないやうな立場が含まれてゐる」〔同、一八五頁〕などと、話はエスカレートしていくのである。いささか啞然としないわけにはいかない。

その議論の進め方は、まさしく「近代の超克」の際とまったく同じである。西洋の思想史を歴史的・精神史的に押さえながら、その最後の危機の状態にまで進んできたとき、あたかも機械仕掛けの神のように、あるいはスーパーマンのように、万能の「東洋思想」の「無」なり「空」なりが出てきて、それですべてが解決するのである。あまりにご都合主義的ではないだろうか。ここで指摘されるのは、何よりも、東洋や日本の思想に関する分析の欠如である。西洋の精神史に関しては、かなり詳しく時代の展開を追っているが、東洋や日本の近代がどうなのか、その追究がまったくない。それは、ヨーロッパのニヒリズムの引き受けとか、あるいは単なる「空虚」ということで済まされている。

だが、本当に日本に「神の死」のニヒリズムを受け入れる土壌があるのであろうか。梅原猛が言うように、「日本人は昔から価値の多元性の中で生活してきた。……それ故神の死は起らない」（梅原猛編『ニヒリズム』解説〔梅原、一九六八、一四頁〕）のではあるまいか。本当にニヒリズムを徹底しようというのであれば、まず仏教も儒教も神道も、伝統をすべて否定するところから出発すべきではないのか。大乗仏教など持ち出す余地もないまでに、完膚なきまでに伝統を叩き潰したらよい。そうしたら、それは初めて「ヨーロッパのニヒリズム」に対応する「日本のニヒリズム」になるであろう。

すでに述べたように、「東洋思想」の「無」や「空」は、ヨーロッパのキリスト教文化圏のもとでの「虚無」とはまったく異なっている。「虚無」は本来何の生産性も持たない全き空虚である。それをあえて能動的たらしめようとしたニーチェの営為が果たして生産性を持ちえたかどうか、先に述べたように大いに疑問がある。それに対して、老荘や仏教の「無」や「空」は、単なる否定ではない。老荘の「無」はそれ自体が万物を生み出す源泉であり、仏教の「空」は、固定的実体性を排したもののあり方である。それゆえ、それらはニヒリズムとはまったく関係がないし、ニヒリズムの克服を意図したものでもない。たしかに、西洋では長く仏教をニヒリズムとして解する伝統があり、それは恐るべき「虚無の信仰」と理解されていた〔ドロワ、二〇〇二〕。しかし、それが誤解であったことはすでに明らかになっている。

西谷は、『宗教とは何か』〔西谷、一九六一〕で、ニヒリズム論を下敷きに仏教的な「空」を基盤とする宗教哲学を構築して、国内外で高い評価を受けることになる。それが欧米で評価される理由は明らかである。欧米にとっては、伝統的な価値の崩壊の中で、キリスト教を信じられない人たちが仏教へと心を寄せている。西谷が、西洋近代精神史をベースに、仏教の「空」を説くのは、彼らにとってはきわめて分かりやすい流れであろう。そのことを否定するつもりはない。

しかし、日本という場で考えた場合、果たしてそれでよいのであろうか。今日、西谷のように、文化圏の相違をまたがった近代の普遍性なり、ニヒリズムの普遍性なりを素朴に信ずることは、誰にもできないであろう。ヨーロッパのニヒリズムを日本で引き受けなければならない必然性はどこにもない。西洋の物まねをするのではなく、本当に日本という場で何が問題なのかを考え、そこから哲学は出発すべきではないのか。それには、日本の思想の伝統をきちんと批判的に受け止めながら、そこからの展開を考えていかなければならない。不毛なニヒリズム論議にうつつを抜かしている時ではない。

同時に、過去の戦争をうやむやにしたり、その頃の議論をそのまま引きずるようなことをしてはいけない。日本が東洋的精神の精髄を体現しているかのような議論はもうたくさんだ。近代は、西洋にもあり、中国にも、韓国にも、インドにもある。そこに優劣はない。その中で、相互の近代を照らしあいながら、自分にとっての問題をしっかりと踏まえた思想こそ、いま求められている。

本章は、西谷に対していささか厳しい評価を下すことになった。それは、西谷があたかも日本の伝統的な仏教をもっとも正しく哲学化したかのように持ち上げる一部の論者に対して、果たしてそう言えるのか、疑問に感ずるからである。そのために、やや逆の側に偏った見方となったが、それは同じように伝統思想から哲学を築こうと志向する私自身への自戒を籠めているからである。読者の諒恕を願いたい。

第七章　科学／国家／道元
――橋田邦彦と『正法眼蔵』――

一　道元と近代

親鸞・日蓮に較べて、近代における道元の発見は遅れる。西有穆山（一八二一―一九一〇）による近代的な『正法眼蔵』の講義録『正法眼蔵啓迪』（一九一六）などが見られるものの、僧侶世界から外に出て、一般社会においてその思想が論じられるようになるのは、和辻哲郎の「沙門道元」（一九二〇―二三、初出『新小説』）（和辻、一九二〇―二三）に俟たなければならなかった。「沙門道元」は、『日本精神史研究』（一九二六）に増補収録されて普及し、道元ブーム、『眼蔵』ブームを巻き起こした。それまで、禅といえば臨済禅が主であったのが、和辻の道元への着目はまったく異なる視点からするものであった。第五章に述べたように、和辻は大胆にも、「現時の禅宗の門に入ることはかえって道元から遠ざかる」（和辻哲郎全集四、一五八頁）として、「一宗の道元ではなくして人類の道元」、「宗祖道元ではなくして我々の道元」（同、一六〇頁）を明らかにしようとした。

和辻のきわめて野心的で大胆な試みは、結果としては必ずしも十分に成功したとはいえず、「沙門道元」は未完に終わることになったが、その影響は大きいものがあった。昭和前期の戦争へと向かう時代の中で、道元は一躍注目を浴びることになり、秋山範二（はんじ）の『道元の研究』（秋山、一九三五）、田辺元の『正法眼蔵の哲学私観』（田辺、一九三九）によって、哲学者・思想家としての道元像はほぼ確立した。とりわけ秋山の著作は「仏性（ぶっしょう）」と「有時（うじ）」を中核に据え、道元の思想を存在論から出発して体系的に解釈するという点で、今日にまで至る哲学的道元理解を方向づけるものであった。

秋山や田辺の哲学的・理論的な道元理解に対して、それを批判して「行（ぎょう）」としての実践の立場から『眼蔵』を読み込み、実際の活動に生かそうとしたのが橋田邦彦（一八八二―一九四五）であった。橋田は生理学を専門とする科学者であり、仏教や、まして道元の専門家ではなかったが、その著『正法眼蔵釈意』全四巻（一九三九―五〇）は決して素人の手すさびではなく、今日でも通用する優れた注釈である。

『眼蔵』の発見とその流行が昭和初期であったことは、おのずからそこに戦争の影が落ちないわけにはいかなかった。『正法眼蔵随聞記』は、『歎異抄』と並んでもてはやされ、学徒出陣の学生たちの心の支えとなった。橋田の『眼蔵』理解もまた、強くその時代の刻印を押されることになった。

二　「葬られた思想家」橋田邦彦

橋田は、東京帝国大学医学部教授、第一高等学校校長、文部大臣と、学術・教育・行政のトップを歩み続けたが、A級戦犯に問われ、収監前に自決した。そのため、戦後は門下生などによる小規模の顕彰を除けば、ほとんど忘れられた思想家、それどころか、意図的に「葬られた思想家」（勝井恵子「橋田邦彦研究」〔勝井、二〇一〇〕）として、隠蔽され続けてきた。その復権と再検討は近年のことに属する。とりわけ、単著として高橋琢磨『葬られた文部大臣、橋田邦彦――戦前、戦中の隠されてきた真実』〔高橋、二〇一七〕が出版されたことは、その見直しに大きな弾みとなることであろう。

以下、道元解釈を中心に、その思想を検討してみたいが、最初に簡単にその生涯を見ておきたい。橋田は一八八二（明治十五）年、鳥取県倉吉市の漢方医藤田謙造の次男に生まれたが、勉学を続けるために、十七歳で同県東伯郡の医師橋田家の養子となった。東京帝国大学医学部卒業後、一九一四（大正三）年ドイツに留学、ストラスブルグ大学のギルデマイステル教授のもとで生理学を学んだが、第一次世界大戦の戦禍を避けてスイスのチューリッヒ大学に移った。一九一八（大正七）年に帰国して東京帝国大学医科大学助教授に就任、一九二二（大正十一）年に生理学第二講座教授に昇進した。一九三七（昭和十二）年、第一高等学校長に転身（東京帝大教授を兼任）、一九四〇（昭和十五）年には第二次近衛内閣の文部大臣となった。東条内閣でも留任して、日米開戦を迎えたが、一九四三（昭和十八）年、学徒出陣に反対して辞職した。その後、教学練成所長などを務めたが、敗戦後、一九四五（昭和二十）年九月十四日に自決した。享年、六十三歳。

橋田の著作は、『生理学』上下〔橋田、一九三三、三四〕などの専門の教科書や概説書の他、『碧潭集』〔橋田、一九三四〕、『空月集』〔橋田、一九三六〕、『自然と人――橋田邦彦先生講演集1』〔橋田、一九三六）、『行としての科学』（橋田、一九三九）などがある。前二著はエッセーや講演を集め、後二著は講演集である。いずれも弟子の山極一三（橋田の下で助教授を務めた）が編集している。その他にも冊子などがある。とりわけ、『行としての科学』以後の講演録などは、冊子として刊行されながら、纏められないままになっている。また、東大医学部生理学研究室同窓会の手で主要な論文が一冊に纏められ、『生体の全機性――橋田邦彦選集』（橋田、一九七七）のタイトルで出版されている。

『正法眼蔵』に関しては、東京帝国大学医学部生理学教室で毎週一回開催した会（碧潭会）で、二十年にわたって講義を続けたという。その講義録を整理したものが、『正法眼蔵釈意』として、山喜房仏書林から四巻まで刊行された（一九三九、四〇、四四、五〇）。ただし、第三巻までは橋田自身が加筆訂正しているが、第四巻は没後の刊行で、それが叶わなかった。第三巻までは合冊されて、一九八〇年に山喜房仏書林より刊行された（橋田、一九八〇）。この合冊本は、「正法眼蔵解説」「道元禅師小伝」に続いて、「現成公案」「身心学道」「行仏威儀」「仏性」の本文並びに釈意を収め、巻末に、「正法眼蔵の側面観」「我観正法眼蔵」を付載している。いまはこの合冊本を用いることにする。

他に、弟子の杉靖三郎編で論文集『正法眼蔵の側面観』（橋田、一九七〇）が刊行されており、「正法眼蔵解説」「正法眼蔵の側面観」「我観正法眼蔵」の他に、「正法眼蔵と科学者」「正法眼蔵雑感」を収めている。このうち、「正法眼蔵と科学者」は橋田の見方を知る上で重要であり、のちほど取り上げたい。

橋田は哲学者とは言えないが、科学と国家の最先端の実践の場に立ち、そこに道元の思想を生かそうと志した。今日、批判されるべき点が多いとしても、その失敗も含めて、伝統思想が現実の場でどのように生かされるか、私たちに示唆するところは少なくない。

三　橋田邦彦の『正法眼蔵』解釈

1　『正法眼蔵』への道

橋田が『眼蔵』に触れたのは、東京帝国大学で教鞭をとるようになってからのことらしい。橋田自身はそのことを次のように記している。

教壇に立って学生に生命に関係のある問題を講釈する者が、生命ということは何か、ということを質問されたときに答えが出来ないのでは、これは講釈をするに値しない者であるといわなければならぬという考えが起ってきまして、どうしても「生きている」ことは何かということが切実な問題になって参ったのであります。以前から王陽明先生の書かれた物などを時時拝見していることがありますし、その引っ懸りから先年歿くなられました忽滑谷（ぬかりや）老師〔忽滑谷快天――引用者注〕が「王陽明と禅」というものを著わしておられたのを拝見したこともありましたような関係から、あるいは禅の書物でも読めば、あるいは禅というものへでも入り込めば、生命とは何かということへ光が見出されはしないかというような気がしましたので、そこら辺にある書物をあれこれ漁って廻ったのでありました。

（「正法眼蔵の側面観」『正法眼蔵釈意』〔橋田、一九七〇、四九八頁〕。橋田の著作からの引用は、すべて現代仮名遣いに直した）

橋田は、生理学者としては電気生理学を専攻し、スイスでは蛙皮の電気現象を研究した。帰国後の橋田は、個別的な事象に関する研究業績を上げることよりも、実験に基づく生理学を日本に定着させることに意を注ぎ、英文雑誌の創刊などに尽力した。それとともに、橋田自身の意図するところが、「特殊な生理現象の事項としてではなく、生命の根本に直接連る一般生機学の問題として取り上げられたのである」（「橋田邦彦先生小伝」、吉田敏雄編『元文部大臣橋田邦彦先生を偲びて』〔吉田、一九八八、三二一—三三頁〕）という方向を持っていた。それゆえ、「先生の生機学はただ科学上の事項の詮索に止らず、実に『生命』の問題として、更に広い具体的な学問、即ち『人世即自然即世界』としての問題であった」〔吉田、一九八八、三三頁〕と指摘されるとおりである。

このような橋田の学風は、東大生理学第二講座の前任者永井潜の傾向を受け継ぐものであったという〔金森修『自然主義の臨界』〔金森、二〇〇四、一二一—一五頁〕〕。永井は『医学ト哲学』〔永井、一九〇八〕、『生命論』〔永井、一九一三〕、『生物学と哲学との境』〔永井、一九一六〕などの著作で多くの読者を獲得した。生命現象を総合的に扱う生理学は、もともと哲学や人文科学との親和性が強い面があったと考えられる。橋田は、その傾向を一層強め、自然科学の営みを宗教的な求道につなげようとしたものと見ることができる。始めは陽明学の実践的倫理に共鳴していたのが、禅への模索から、『眼蔵』に行きつくことになったわけである。

橋田は、「ある書物で道元禅師の『正法眼蔵』という書物のあることを初めて知りました」（『正法眼蔵の側面観』『正法眼蔵釈意』〈橋田、一九八〇、四九八頁〉）と言い、具体的な書名は明らかにしていないが、ようやく和辻の論が出て、道元が注目されるようになったばかりの頃で、あるいは和辻の論を指すかと思われる。当時、読みやすい入門書や注釈書はなかった。そこで、図書館で関係する本を探し、『正法眼蔵抄』に行きつく。『正法眼蔵抄』は、『御抄』とも呼ばれ、道元の弟子の詮(せん)慧(ね)が道元から直接聞いた「聞書」をもとに、その弟子の経豪(きょうごう)が注釈を加えたもので、最古の『眼蔵』の注釈である。こうして橋田の『眼蔵』探求が始まることになった。

ちなみに、橋田がこのとき図書館で探し出した『御抄』は、「先年の震災のとき焼けた」（『正法眼蔵の側面観』〈橋田、一九八〇、四九九頁〉）とあるから、橋田が『眼蔵』を読み始めたのは関東大震災（一九二三）以前、おそらくは助教授時代ではなかったかと思われる。

2　橋田の『正法眼蔵』理解の特徴

このように、橋田は『御抄』を手がかりに『眼蔵』と取り組むことになったが、それは後代の解釈に左右されることなく、予断を持たずに『眼蔵』を読み込むことを可能にした。『眼蔵』と『御抄』の研究者山内舜雄(しゅんゆう)は、『橋田邦彦著『正法眼蔵釈意』――その世界・解説と評論』〈山内、二〇一二〉において、『正法眼蔵釈意』の全文に注釈・解説を加えるという作業をなして、基本的に橋田の解釈を認めている。

橋田の『眼蔵』理解に関して、まず注目されるのは、橋田は当時もっとも広く行われていた本山版の九十五巻本を採用せず、七十五巻本を用いていることである。九十五巻本は、『眼蔵』として残っているものをすべて撰述年代順に並べたもので便利であるが、必ずしも撰述年代がすべて確定できるわけではなく、そもそも本来『眼蔵』に属するかどうか疑問のものも入っていて、十分に根拠のある編集ではない。今日では七十五巻本と十二巻本とを合わせたものが、道元自身の意図にもっとも近いものと考えられ、それが広く用いられている。橋田は、七十五巻本に従う『御抄』から出発したために、いち早くこの点を問題として、七十五巻本を採用した。

『釈意』合冊本に収められた「正法眼蔵解説」は、きわめて公正な立場から『眼蔵』の文献学的な解説と、注釈書などの関連文献を網羅したもので、今日でも通用する優れた『眼蔵』の概論であるが、そこでは、「正法眼蔵の精髄は、七十五巻眼蔵並びに十二巻眼蔵にあると信ずる」〔橋田、一九八〇、一四頁〕として、「道元禅師が自身で定められたと考うべき七十五巻本の順序を追って拝読すべきである」〔同〕と論じている。このため、通常しばしば『眼蔵』の入門的な役割を果たすと考えられる「弁道話」を無視し、「現成公案」「摩訶般若波羅蜜」「仏性」「身心学道」という順序になる。橋田はその順序に必然性があるという。

> 現成公案の巻に於いては、……世界をみようというには、どういう立場で観なければならぬかということが示してあります。摩訶般若第二も先ず同様でありますが、それから仏性第三になると、観方ということに次いで問題になる観られるものは何か、観られたものとして何がそこに出てくるか、ということが述べてあると解釈をつけることが出来ます。……仏性の次ぎには

> 身心学道の巻があって、如何にして学道すべきかということが述べてある。その学道ということに次いで即身是仏の巻があり、次いで行仏威儀の巻があります。
>
> （「正法眼蔵の側面観」〔橋田、一九八〇、五〇六頁〕）

果たして七十五巻がすべてこのような必然性を持った体系をなしているかというと、疑問ではあるが、その順序がただバラバラのものではなく、そこにある筋道を読み取ろうというのは必ずしも不適切とは言えない。『正法眼蔵釈意』は、「現成公案」「身心学道」「行仏威儀」「仏性」の順で進んでいくが、この始めのほうの巻は、橋田が「行」という視点から『眼蔵』を理解していく核心となる巻が並んでおり、橋田にとって七十五巻本に従うことは、決定的な意味を持っていた。橋田によれば、「坐禅箴第十二」までで一区切りとなり、「海印三昧第十三」は、「現象即実在であるということ、つまり現成公案とちっとも変わらないことが他のことばによって述べられ」〔橋田、一九八〇、五〇六頁〕、その後の巻も「同じ筋道が、異ったことば、異った表現によって」〔同〕反復されているという。

ちなみに、九十五巻本では「弁道話」「摩訶般若波羅蜜」「現成公案」「一顆明珠」「重雲堂式」「即心是仏」「洗浄」と続いており、道元の年代による思想展開をうかがうのには便利であるが、その並び方に理論的な必然性を読み取ることは難しい。

次に、橋田の『眼蔵』解釈の特徴として挙げられるのは、一方で宗門の教学的な解釈を避けると同時に、他方で哲学的な解釈をも批判して、「行」としての実践の立場から独自の主体的な読み込みを徹底して行っていることである。すなわちまず、「宗門の伝統から離れらないというのでは、眼蔵というものを眼蔵として、真っ向からぶつかってゆくことは許されない」（「解説」〔橋田、一九八〇、三一頁〕）と批判する。他方で、秋山範二の『道元の研究』〔秋山、一九三五〕の名前を挙げて、「あのような書物では、行という立場といわゆる哲学的の論理というものが、ちょっと見たところでは断絶されております」（「正法眼蔵の側面観」〔橋田、一九八〇、五一九頁〕）と批判している。さらに、「存在論とか実践論とかいって列べてゆくことは、ちょうど道元禅師がしてはいかぬといっておられることをすることになると思います」〔同、五二〇頁〕ときわめて手厳しい。

それでは、橋田はどのような立場から『眼蔵』を読むのであろうか。橋田は、「道元禅師の根本の立場は『行』であります」〔同〕と断言する。「この正法眼蔵に於いて道元禅師は行以外になにものをも説いてはいられない」のであり、それゆえ、「行を抜きにして正法眼蔵を拝見しようとするならば、それは根本的に間違っているものである」〔同、五〇〇頁〕とされる。

では、その「行」とは何なのか。宗門的な立場に立たないのであるから、それが坐禅である必要はない。「私が日日生理学の研究に従事していることが、私の行であります」〔同〕と言われる。こうして、『眼蔵』は狭い仏教者の領域から解放され、科学者の営みにも適用されるものとなった。道元にとっては、仏道こそが探求すべき道であり、それ以外の「行」が念頭にあったとは考えられないが、しかし、応用的な解釈は無理に限定されなければならない所以はない。橋田の解釈も十分に可能であろう。橋田は徹底して科学者の立場から『眼蔵』を読み込み、西洋的な科学観を脱した新しい科学観の形成へと踏み込む。それはきわめて刺激的で、示唆に富む解釈となっている。

橋田はこのような方向を推し進め、「日本的な科学を樹立し、日本の科学を真に力あらしめるものは、この眼蔵である」〔同、五〇二頁〕と主張していく。この「日本的な科学」は、戦争期の橋田の重要な主張となるが、果たして「日本的な科学」とは何なのか、十分な検討が必要である。これについては、のちほど取り上げたい。

3　科学者と「行」

それでは、橋田はどのように『眼蔵』の「行」を科学者の立場から解釈し、それを科学の実践に生かそうというのであろうか。もう少し立ち入って具体的に見てみよう。

上述のように、橋田は七十五巻本の並べ方ははっきりとした意図があると見る。最初の「現成公案」は、ものの観方を示したものであり、それが「正に自然科学者がやるべきものの観方である」〔「正法眼蔵の側面観」〔橋田、一九八〇、五〇三頁〕〕と断言する。それは、「あるものごとを有るがままに把握する、有るがままに観るということを目指して、何らかの意味でこれを実現しているところに、自然科学が成り立っている」〔同、五〇二頁〕からである。

ところが、「科学の世界は観られた世界であって、観るものの問題が除外されている」〔同〕。これでは、観る主観と観られた客観としての世界とが対立してしまう。そこで、「その観られた世界の中に自己が、即ち観るものそれ自身が入り込んでゆかなければ、どうしても全面的な世界はそこへ現われては参りません」〔同、五〇五頁〕。そこで、「観るものそれ自体が観られるものの中に没入すること、これが行であります」〔同〕と、ここで「行」が出てくる。「観ということが行として現われて」〔同〕くることが「観行」だというのである。

　これが主客合一、あるいは主客未分ということになるであろうが、これだけではもう一つ分かりにくい。別に「正法眼蔵と科学者」（『正法眼蔵の側面観』〔橋田、一九七〇〕所収）という講演録が、その点をさらに詳しく論じているので、もう少し見てみたい。

　それによると、科学はあるものを「客」としてあるがままに捉えようとするが、そこからは、観る主体としての「主」は取り残される。それを捉えるのが宗教である。しかし、両者は別ではない。そこに「主客合一」ということが要請される。「科学と宗教とが合致しなければほんとうのわれわれの働きは出て来ない筈」〔橋田、一九七〇、二四七頁〕である。「主客未分のものを客を中心にして或いは主を中心にして考えるだけ」〔同〕の違いであり、両者は結局のところ合一する。それゆえ、どちらの追求も「行」である。「科学といい、また宗教というものは、在るものを在るがままのものとしてつかむ、即ち公案として現成しているものごとを、現成せる公案としてつかむ以外には何もない」〔同、二五三―二五四頁〕のである。こうして、「現成公案」ということが重みをもって現れてくる。「現成公案の巻は殊に自然科学をやる者が心得なければならぬことが端的に書いてあります」〔同、二五三頁〕と言うのである。

　「現成公案」の巻で、特に橋田の独自の解釈が目につくのは、「自己をはこびて万法を修証するを迷とす。万法すすみて自己を修証するは悟なり」という有名な箇所に関してである。橋田はこの二つを科学と宗教に割り当てる。科学は「自己をはこびて万法を修証する」ことであり、宗教は「万法すすみて自己を修証する」ことである。それゆえ、「迷とはいわゆる科学の立場、悟とはいわゆる宗教の立場」〔橋田、一九八〇、七九頁〕である。

　もう少し詳しく言うと、「自己をはこびて万法を修証する」というのは、「事事物物を差別の相に於いて認め、それをそれとして修証する」〔同〕ことで、「万法を観る立場」であり、それゆえ科学に当たる。儒教では「格物」になる。それに対して、「万法すすみて自己を修証する」のは、「心外無別法として自己を把むことで、行の立場」〔同〕であり、儒教の「致知」に当たる。

　一見、「迷」は悪いことで、それを捨てて「悟」に進まなければいけないかのように思われるが、そうではない。「あるがままに万法を観んとすれば、無我でなければならない。観る『者』なくして観るのでなければならない」〔同〕。「観る自己」に固執すれば正しく見られない。他方、「自己を把むというは自己を観ることであって」、やはり「観る者なくして観る」というはたらきに帰着することになる。こうして、どちらから進んでも同じことになり、迷悟一如であり観行は一つになる。『眼蔵』ではこの後、「迷を大悟するは諸仏なり、悟に大迷なるは衆生なり」と続いている。迷と悟を単純に分けて、迷と別に悟を求めようとするから大迷になる。迷を徹底するところに大悟があるのである。そうとすれば、科学を徹底することと、宗教を徹底することとは、逆方向を向いているように見えながら、実は一致することになる。

> 正しく科学するということが、正法眼蔵に述べられてある宗門的な要諦と、全く一致するということが、科学することに於いて具現されるということを、私はまさに体験しているのである。
> （「我観正法眼蔵」〔橋田、一九八〇、五二七頁〕）

以上は、「現成公案」の巻の、それもごく一節に関する解釈であるが、橋田はそこに科学と宗教との関係を読み取り、科学者は自らの立場を了解しながら科学に徹底することで、それが「行」になるという理解を示している。『眼蔵』は宗門の閉ざされた世界の所有物でもなく、抽象的な哲学でもなく、科学者のあり方を示唆し、科学論を読み取ることのできる応用力のあるテキストとして甦ることになる。

『正法眼蔵釈意』は、「現成公案」に続いて、「身心学道」「行仏威儀」「仏性」と取り上げていく。これらの巻が、七十五巻本で始めのほうに出てくるためでもあるが、橋田にとっては、まさしくこれらが『眼蔵』の始めのほうに並べられているのは、道元の意図が「行」にあることを明らかにしている、ということになる。「仏性とは、人の働き、否、はたらきそのもののことであって」（同、三四七頁）、「働くものなくして働くことそれ自身」（同）である。そのはたらきは、「身心学道」に説かれるように、身心一如の「行」が全面的にはたらくところが、「全機」と呼ばれる。「全機」は、「生也全機現（しょうやぜんきげん）、死也全機現（しやぜんきげん）」という圜悟（えんご）の言葉に由来し、「身心学道」に引かれる他、『眼蔵』の中には、「全機」という巻もある。橋田は、生物の全体性を単なる全体ではなく、はたらきという面を生かして、早い時期から「全機性」という言葉で表している（『碧潭集』〔橋田、一九三四〕所収の「因果性と全機性」など）。橋田は、「『生は全機の現なり』ということば以外に、生ということを本当にいい表わしたものはないと思います」（「正法眼蔵の側面観」〔橋田、一九八〇、五一六頁〕）と明言している。

「行仏威儀」もまた、橋田が好んだ巻である。「行仏」とは、「仏が行ずるのではなく、行という動きが仏であり、それがやがて威儀である」（同、二二三頁）。ここで、科学の問題が、科学する科学者の問題として提起し直される。「科学者も人である、行仏である。そのわざ、その働きは即ちその威儀である。故に、科学者の威儀も、行仏として現前せしめられなければならない。科学の正しさとその尊厳はここから生ずるのである」（同、三一八頁）。

こうして科学、あるいは科学者の営みが「行」として捉えられるとき、最終的には次のように言われることになる。

科学が自己の行となって、科学が自己の全生命であって、その全生命が全世界と合体する。即ち万物一体の立場に於いて、人生、自然、世界というものが一体となり、寸毫の隙なく一つになるとき、初めて科学のための科学といわれ、あるいは芸術のための芸術ということがいわれるのであります。（「正法眼蔵の側面観」〔同、五一五頁〕）

だが、ここまで言われると、果たして「全生命と全世界が合体する」ような科学があり得るのだろうかと、いささか行き過ぎではないかという感がしてくる。科学自体が一種の宗教的な「行」になってしまっているのではないか。この点は、のちほどもう少し考えてみたい。

4　画に描いた餅と世界像

「行」の問題はひとまず措き、橋田は他にも科学者の立場から『眼蔵』を読み、『眼蔵』から科学を見直す新しい視点を取り出している。ここでは、「画餅」の問題を取り上げてみよう。「画餅」の巻は、七十五巻本『眼蔵』の第二十四であるが、そこでは、「画餅不充飢」（「絵に描いた餅で飢えを満たすことはできない」という香厳智閑の語）が主たる問題として取り上げられる。単に理屈だけでは悟りは開けないという意であるが、道元はそうは見ない。画餅の外に本物の餅を探してはいけないと言う。「いま現成するところの諸餅、ともに画餅なり」であり、「一切諸仏は画仏なり。一切画仏はみな諸仏なり」と言われる。現象の奥に別に真実があるという見方を否定するのである。

橋田は、ここに「自然科学者の最も重要の問題を示してある」（「正法眼蔵の側面観」〔橋田、一九八〇、五〇七頁〕）と言う。それは、「世界像」という問題である。自然科学者はそれぞれの科学の立場に従って世界像を描く。物理学者は物理学的な世界像、生物学者は生物学的な世界像によって、世界に触れることになる。しかし、「なぜわれわれがわれわれの働きによって造り出した世界像が、真実の世界に触れていることになるかという問題は、はっきり解決がついていない」（同）。それは勝手に描き出しているだけであり、それが世界の真実に触れているという証拠はどこにもない。これは、現象世界と物自体との問題として、哲学的な認識論の難問とされる。「自然科学という知識の体系が、真実な実在の一面であるということは、直ちに主張が出来ない」（同、五〇八頁）。

これに対して、『眼蔵』の「画餅」「空華」「夢中説夢」などの巻は、適切な答えを与えてくれる。

それらの巻では、描かれた餅、空華（目の病気で空中にちらつく花）、夢の中の情景などは、それらが幻影だからと言って、それを離れたところに真実を求めることの誤りを言う。たとえ幻影でも、与えられた世界を正面から受け止めるのでなければならない、と言うのである。

橋田はその『眼蔵』の説を科学における世界像の問題に適用する。

世界は像として把むよりほかに把み方がないのであって、本当の世界像が出来れば、それが世界を真実に把握していることになるのであります。われわれの知らない世界の本体というものに触れているという意味に於いて、世界像に意義があるのではありません。自然科学的に観られた世界の像は、自然科学的に観られた世界そのものなのだということが、眼蔵を拝見すればはっきり解るのであります。

（「正法眼蔵の側面観」〈橋田、一九八〇、五〇八頁〉）

これは、認識論の面から見て、きわめて注目される指摘である。『眼蔵』で、画餅、空華、夢などを否定するのではなく、それをそのまま見極めることを説くように、科学においてもまた、「像」としての世界と異なる実在としての世界があるわけではない。「像」は決して何か外のものを指示すわけではない。「像」を徹底して追究することが科学の仕事である。「真実の世界は像として把む」（同）のである。ともすれば、西洋の哲学が現象の奥に真実在を想定しがちなのに対して、もともと「空」の立場を取って、そのような実在を否定する仏教の立場は、たしかに現象を追究する科学に対して適合する、新しい世界観を提供する可能性を持っている。この点で、橋田の見方は決して誤ってはいない。「眼蔵は、科学者が時時刻刻現実にやっていることを、科学者の用いないことばによって述べてある」〔同、五〇九頁〕という橋田の指摘は、我田引水の強引な論法とは言えないのである。

四　行としての科学

上述のように、橋田の主著は、教科書などを除くと、エッセーや講演を収めた『碧潭集』『空月集』『自然と人』『行としての科学』の四冊であるが、『自然と人』〔橋田、一九三六b〕に「正法眼蔵の側面観」が収められた他は、これらのうちには『眼蔵』関係のものは収められていない。橋田においては、科学と『眼蔵』とは密接につながり、一体化したものであるが、自らの立場はあくまで科学者であることを標榜し続けた。これらの本に収められたエッセーや講演は、科学論とも言うべき領域に属するもので、生理学自体の問題に立ち入る場合もあるが、多くの場合はメタ科学的に、科学的な発想のあり方や科学者の態度の取り方に関する議論が中心であり、今日でも価値ある議論が少なくない。

橋田のように科学論と『眼蔵』論の両方にわたって論じられる論者がいないため、数少ない橋田論は、科学論を中心とするか、『眼蔵』を中心とするかで分かれてしまいがちである。私も科学論を本格的に論ずる準備はないが、それに立ち入らずには橋田の全体像が見えてこないために、不十分ながらも論及して、『眼蔵』との関係を考えることにしたい。

金森修は、橋田の科学論の特徴として、全機性の生理学、実験室という道場、はたらくものなきはたらき、日本的科学という四点を挙げている〔金森、二〇〇四〕。橋田はこのように多方面にわたる問題を議論しているが、それらはいくつかのレベルにわたり、しかも必ずしも明確に区別されていないので、混乱が生じがちである。おそらくそれは、次の四つのレベルに分けることができるであろう。

1　生理学という学の中での全機性論。
2　科学的認識や自然科学の位置づけを問う科学論。
3　科学者の営為を問う科学者論。
4　科学を歴史や国家の中で捉え直し、日本的な科学の創造を目指す科学文化論。

これらの諸レベルが密接に関連し、かつまたそれが『眼蔵』理解と対応していくという構造になっている。

第一のレベルは、専門の生理学に関するもので、生物は諸機関の寄せ集めではなく、全体として見られるべきものと主張している。生命思想としての全体論は橋田独自のものではなく、当時のヨーロッパにおける新しい動向であったが〔金森、二〇〇四、一九頁〕、橋田はそれに対して、単なる「全体性」ではなく、『眼蔵』に倣って「全機性」というはたらきの面を重視する用語を用いた。「全体論について」という論文では、ハンス・ドリーシュ（Hans Driesch）の Ganzheitbezogenheit（全体関係性）に対して、「全機性」の訳語を当てたと言っている（『生体の全機性』〔橋田、一九七七、一〇頁〕）。

生理学の方面の主著とも言うべき『生理学』の結論では、「生体活動は全機の現である」（『生理学』下、四八三頁。『空月集』一一五頁）と、その主張を明確にしている。注目すべきは、それは個体の身体的な全体性を意味するだけでなく、そこから広がって、「生体と環境とが不即不離」（『生理学』下〔橋田、一九三四、四八六頁〕。『空月集』〔橋田、一九三六a、一一八頁〕）であることにも言及し、さらには生物学で扱う「『生』の物質過程としての方面」だけでなく、精神活動をも含み、それゆえ、「尚お進んでは両者の帰入する『生』そのものの把握が必要」（『生理学』下〔橋田、一九三四、四八七頁〕。『空月集』〔橋田、一九三六a、一一八頁〕）とされるのである。こうなれば、生理学・生物学という個別科学の領域に収まりきらないものとなる。

そこで、そもそも科学をどう捉えるかという第二レベルの科学論の問題へと進展する。橋田は、早い時期から当時勢力を持っていた唯物論的な認識論の反映論や模写説に批判的であった。先に見た「世界像」という捉え方からも知られるように、科学は科学としての捉え方において自然を見るのであり、科学は人間の文化としてみれば、「科学は人生の一部としての知的創造」（「科学の根柢」『空月集』〔橋田、一九三六a、六三頁〕）とも見られる。しかし、自然は人を離れたものではない。人は自然物でもあり、人を自然と対立的にのみ捉えることはできない。自然物である「人」が自然を観ることによって、科学を創造していくのである。この意味で、「自然と人生の一如」〔同、六六頁〕が言われる。

橋田がしばしば言う主客合一とか、自然と人との一体性は、道元も含めて、東洋の思想から着想したものであろう。「吾々の外にある自然を観るという立場になったのは、欧米から自然科学が入って来た結果である。吾々日本人が日本的に自然を観て居るときは物心一如である」（「自然の観方」『行としての科学』〔橋田、一九三九、八〇頁〕）という視点は、第四レベルの「日本的科学」の問題につながることになる。しかし、一気にそこまで飛躍せずに、科学を自然と人との関係の中で捉え返すという見方は、今日の環境論でも十分に有効性を持っているように思われる。

ところで、このような自然と人間との一体性を物心一如とか主客未分とかいう言い方で捉えると、それは体系として作り上げられた科学という領域の問題から、それを担う科学者という「人」のあり方の問題へと進むことになる。すなわち、「真実動いて居るものとしては『自然科学』というものがあるのではなくして、あるものは自然と、そして自然科学者である」〔同、七二頁〕ことになっていく。これが第三のレベルである。橋田の科学論の大きな特徴はこの点にもっとも著しく、突き詰めれば科学の問題は科学者のあり方に帰着していくのである。

「人間と学問とが二つに分かれて居るようでは、どうも『学問』が本当の学問になって居ない」（「行としての科学」〔同、九頁〕）のであり、「人間の働きとして自然科学と人格というものが、そこにあるべきように渾然たる一つのものとなって居る場合には、『学問』が本当の学問として現われて居る」〔同〕というのである。

まさしく自然科学の営みは、人間としての「行」であり「道」であることになる。科学の探究と私生活とを分けるということは認められない。科学者である以上、「その人の全人生が研究に没入し逆に又研究が其の人生に織り込まれて」（同、一〇頁）いるのでなければならない。そこに、物心一如や主客未分が成り立つ。『眼蔵』に言う「行仏」である。

> あるものはただ「行」だけであります。そういう意味に於いて、私は自然科学者は自然科学というものを自己の「行」として居るものだと考えて居ります。即ち自然科学の行者が自然科学者であります。　（同、三三頁）

こうして「行としての科学」が主張されることになる。そこでは、研究の中身は近代的な自然科学でありながら、その態度は道元だけでなく、陽明学の知行一致からも学んだ東洋的・伝統的な学問観に基づいている。伝統的な学問においては、外的な成果ではなく、まさしく人格形成こそが目的であった。それゆえ、そのような学問の継承は、「師資相承」としてのみ成り立ち、「その人の全人格というものを弟子へ移して行くということに外ならない」（同、五頁）とされる。

これはたしかに近代という場の中で、あまりに時代錯誤的な学問観とも見える。もはやそれは科学的であることをやめた非合理的な権威主義にも堕するもので、それが評価されたところに戦争期の時代性を見ることもできよう。しかしその一方で、今日、科学の自律的な発展という近代的な見方が限界に達し、科学者の倫理が大きく問題となってきていることを考えると、橋田の一見強引で、かつきわめてリゴリスティックな「行としての科学」もまた、限定された範囲であっても、もう一度見直すべき一面があるように思われる。

こうして、科学者のあり方への問いは、最後の第四レベルとして、日本的科学の創造という問題に結びつく。科学が人間の築いてきた文化的営為であるとするならば、それぞれの文化で異なった科学のあり方があってもよいはずである。しかも、科学が科学者の「行」に依存するのであれば、その人の置かれた状況が科学のあり方にかかわってくるのは当然である。橋田は「日本文化としての科学」という講演（『行としての科学』〔橋田、一九三九〕所収）で、「学問或いは思想というものが国際的なものである、インターナショナルであるということが考え間違えられて居る」〔橋田、一九三九、一六六頁〕と言う。それはあくまでも「一面の真理」〔同、一六七頁〕であり、「其の前に一応国民的なものとして把握されなければならない」〔同、一六七―一六八頁〕と言うのである。それゆえ、「吾々日本人が現実を現実として把んだならば、日本人であること以外に何者でもあり得ない」〔同、一七二頁〕。

このように、橋田は日本人というところに立場を絞っていく。その日本人の日本人性は二つの方向から捉えられる。「一方では所謂歴史的な伝統としての因縁が縦に連って居る、他方には現実な現在の日本というものが吾々をあらしめる因縁として横に連って居る」〔同、一七九頁〕。それは過去の伝統的な思考を生かすということと、現在の時局性に対応するということとの二面を持つことになる。前者の日本的な思考法を科学に生かすという点は、具体的には先に挙げた自然と人間との一体性や心身一如などの再認識ということになる。そこに『眼蔵』が生かされている。それが直ちに最新の科学に適用できるかどうかは分からないが、少なくともある分野においては応用可能であり、問題を提起しうる要素を持っている。

それに対して、後者の「現実な現在の日本」というほうが問題になる。これは直ちに国家主義に結びつく。金森修は、彼の全機論も「行」の思想も全体主義と結びつくことを、同時代の思想と関連させながら明らかにしている〔金森、二〇〇四、三四―四〇頁〕。その点を認めた上で、今日から見て、考えるべきところもある。今日、科学と国家の問題はさらに複雑になっている。科学が一国内で収まらないことはもちろんだが、科学が大規模化し、膨大な予算を要するようになってくると、科学は国家と結びつかざるを得ない。場合によっては軍事予算とも結びつく。「現実の日本」という問題は、決して過去のことではない。今日、科学にとってますます大きな問題として考え直さなければならなくなっている。橋田は歪んだ形ではあったが、今日の科学の大きな問題を先見していたと言うことができる。

五　異なる道元へ

橋田は、宗門の道元とも哲学者の道元とも異なる、科学者にとっての道元という新しい視点から『眼蔵』を読み込んだ。それは時代の中で曲折しながらも、道元の思想を「行」という実践の立場から見ることの可能性を示し、そしてそれを自ら実践した。

高木彬光（あきみつ）の推理小説『わが一高時代の犯罪』〔高木、一九五一〕は、一高校長橋田が実名で登場することで知られているが、その中で、橋田は学生たちの思想を統制しようとする国策的な演説を行い、批判的な目で見られている。それと同時に、「橋田校長の身辺には、たえず峻厳の気がみなぎっていた。孤高、低きに下るをいさぎよしとしないその性格は、ややもすれば狷介に近くなった。博士は尊敬されたが、敬愛されなかった」という叙述には、批判的には見ながらも、そのリゴリスティックな求道者的態度に対しては畏敬の念がうかがえる。

だが、国家主義への傾斜という点を別にしても、あまりに峻厳な「行」という立場は、道元理解の幅を狭めてしまうことにならないだろうか。道元を実践に生かそうとすると、そのようになってしまうのであろうか。

道元は、たしかに一種の現象即実在論の立場と言える。現象を離れて別に実体的な真理があるわけではない。「生也全機現」であって、この生への全力投球を求める。そうではあるがまた、現象世界にしがみついて、身動き取れなくなることを求めているわけではない。「現成公案」で言えば、「諸法の仏法なる時節」で終わるのではなく、「万法ともにわれにあらざる時節」に進まなければならない。別の言い方では、「自己をはこびて万法を修証する」のに対して、「万法すゝみて自己を修証する」道である。それは、自己に閉ざされることではなく、逆に自己を放擲して「万法」の世界に身を投げ出すことである。

最近の著書『跳訳道元——仏説微塵経で読む正法眼蔵』（齋藤、二〇一七）で、齋藤嘉文は、道元の根本的な原理を捉え直し、「世界Wの外部Eが存在する」ことを前提として、「世界とその外部」を合わせたものを「世界海」とし、その世界海の探求が「仏道」だという（齋藤、二〇一七、一三頁）。「世界の外部」は決して現象の外にある別の実在の世界ではない。そうではなく、固定した見方に鎖されていた世界から、広い「世界海」に跳び出し、そこから世界を捉え直すというのである。そこで初めて、「生也全機現」が生きてくる。

橋田の「行」を超えて、かつまたステレオタイプの哲学者や宗門の解釈に陥らない道元論の可能性を、さらに求めていくことができそうだ。伝統思想の読みは、決して唯一の正解があるわけではない。今日という場の中で、それをどのように捉え、そこから何を引き出すことができるかが問われるのだ。

第八章　禅から井筒哲学を考える

一　「庭前の柏樹子」

井筒俊彦（一九一四―九三）は、該博な知識に基づいて西洋哲学と異なる東洋哲学の特徴を神秘主義の観点から解明した。それについては、本書中でしばしば言及した。ここでは、禅に対する見方を手がかりに、井筒の東洋哲学観の一端をうかがうことにしたい。

井筒は、始めイスラーム哲学の研究から出発したが、父親の影響で若い頃から禅には深い関心を持っていて、実践も行っていたという。後年、広く東洋哲学全体へと研究の幅を広げ、そこから独自の哲学を構築しようとしたとき、もっとも多く言及され、典型として探求されたのが禅であった。エラノス会議で世界の一流の哲学者たちと語り合うようになった折りも禅が前面に出るが、それには当時もっとも広く西洋にも知られていた東洋の思想が禅であったという事情もあるであろう。禅に関する英語の専著『禅仏教の哲学に向けて』が著されたのも、このような背景を持つものと考えられる〔Izutsu, 2001. 和訳、井筒、二〇一四〕。

後期の主著とも言うべき『意識と本質――精神的東洋を索めて』（一九八三）でも禅は大きく取り上げられ、中心論文である「意識と本質」以外にも、「禅における言語的意味の問題」、「対話と非対話――禅問答についての一考察」を収めている。

「対話と非対話――禅問答についての一考察」では、言語によるコミュニケーションがどこまで可能かという、現代にとってきわめて切実な課題を取り上げ、その手がかりとして禅問答を扱っている。その論自体は非常に重要であるが、禅解釈としてはそれほど深く立ち入っていない。他方、「禅における言語的意味の問題」は、井筒の禅解釈のエッセンスを示した論文であり、禅を言語の問題として捉えるという方法は、ともすれば禅を体験主義的に捉えることの多い近代の禅解釈の中で、まったく新しい方向を示すものである。京都学派的な「絶対無」というような解釈とは異なるアプローチで、禅が哲学的言語論の問題として厳密に議論しうることを、初めて本格的に提示した論と言ってよい。私もまた、『碧巌録』のような禅籍は、言語論を中心として読むべきものだと考えている〔末木、一九九八b〕。

「公案として方法的に使われた禅的言表は無意味性に全てをかける。公案は全く無意味（と見える）言表の無意味性を著しく強調し、これを人間意識につきつけることによって、日常的意識をその極限に追いつめ、遂にはその自然的外殻をうち破らせようとする手段である」（『意識と本質』。引用は文庫本に拠る。〔井筒、一九九一、三六四頁〕）という公案の言語論的な把握はまったく適切であり、見事な定式化と言ってよい。

ただ、「無字の公案の場合、絶対無限定者としての存在が、自己の限定相である『無』を無化する。

そこに本源的な『無』、すなわち存在の絶対無限定性が露呈されるのである」（同、三六六頁）という言い方になると、やや首を傾げたくなるところがある。「絶対無限定者」、「自己の限定相である『無』を無化する」、「本源的な『無』」というような表現は、公案自体の意図とは異なる概念化になってしまう恐れがある。この点に関しては、かつて指摘したことがある（末木、一九九八b、一二六—一二八頁）。

井筒は「禅における言語的意味の問題」の中で、「庭前の柏樹子」の公案を、『趙州録』によりながらかなり詳しく分析している。この公案を、井筒の引く形で引用してみよう。

> 時に僧有り、問う「如何なるかこれ祖師西来の意」。師云く「庭前の柏樹子」。「和尚、境を将って人に示す莫れ」。師云く「我、境を将って人に示さず」。「如何なるか是れ祖師西来の意」。師云く、「庭前の柏樹子」。
>
> （井筒、一九九一、三七一頁。ただし、井筒による現代語訳の部分は省く）

井筒はこの問答に関して、「趙州の柏樹は禅的に高次の分節によって成立するものである。それは我をも他の一切のものをも全てを一点に凝集した柏樹である」（同、三七二頁。傍点、原著者）とか、あるいは「一たん無化された柏樹が、依然として、柏樹として現存しており、絶対無限定者が刻々に柏樹という形で新しく自己限定していく姿がありありと見える」（同、三六七頁）と解している。すなわち、主客の対立に立った対象（境）としての柏樹ではなく、それを超えて、すべての言語が無意味化するような見性体験の上に立って、新たに全世界が柏樹だけに集約して屹立するような、そのような状況を指すものだというのである。*

＊ このことは、『禅仏教の哲学に向けて』〔Izutsu, 2001〕〔井筒、二〇一四〕では、I「無位の真人」で、「根源的に無分節の〈フィールド〉が、私たちの二分化行為を通じてではなく、自発的に、『主体』にも『客体』にも己を自由に分節するところに立ち会える段階」〔同、六七頁〕に当たり、それが「客体」の側に分節したものと言うことができる。

禅の研究者からの井筒説の詳細な検討は、小川隆によってなされている。右のような井筒の理解に対して小川は、この公案の原型が『祖堂集』にあることを指摘し、関連するいくつかの問答を引きながら、その原意は井筒の解釈するようなことではないとする。関連する問答はすべて自己の「本分事（ほんぶんじ）」（本来の自己のあり方）を問うものであり、この場合も問題になっているのはじつは「本分事」である。そうとすれば、ここで趙州（じょうしゅう）が言おうとしているのは、柏樹と我とが一体化するような根源的な体験ではなく、「わしは『栢樹子』という外物を指しているのではない。その『栢樹子』を見る汝その人を指しているのだ」〔小川、二〇一一、二二頁。「栢」は「柏」と同じ。傍点、原著者〕と解するのが正しいというのである。

すなわち、柏樹という外物を指し、一見「境を将（も）って人に示す」かのように見えながら、趙州の意図は逆に、そのように外物に囚われて、自己を忘れてしまうことを戒めているのである。問題は見られる柏樹の側ではなく、見る自己のほうにあるのに、僧は趙州の言葉に惑わされ、外にある柏樹の方に目が向いたことで、失格である。柏樹と言われようが、何と言われようが、自己から目を離してはいけないのである。

　しかし、このような問答が、宋代に大きく転換し、公案によって弟子を指導する「看話禅」が成立する。そこでは、井筒の解釈が成り立つ。看話禅の大成者大慧宗杲は、「『柏樹子』の一語にひたすら精神を集中することで、感情や思考を完全に断滅した――『心意識』が『気息を絶』した――『徹頭の処』に至れとする要求」（同、三〇頁）をなすようになる。このように、「唐の禅門においては、箇々の問答が一見意味不明のごとくでありながら、問答と問答のあいだに文脈があり、それに支えられて箇々の問答が実は有意味となっていたのである。それが宋代になると、問答は相互の聯関から切り取られて単独・孤立の参究の題材とされ、それとともに問いと答えは、無関連で非概念的な断片として扱われるようになっていった」（同、三一頁）のである。井筒の解釈は、この段階で初めて成り立つ。

　もちろん、そのことで井筒を非難することはできない。井筒が禅に関する論を展開した一九七〇年代は、たしかに入矢義高、柳田聖山らによる新しい禅の言語的、歴史的研究が成果を挙げつつある時期であったが（柳田聖山や入矢義高の研究史的な位置づけについては、拙稿「日本における禅学の展開と展望」『近代日本と仏教』〔末木、二〇〇四b〕所収参照）、そのような研究の決定的な新しさに気づいていたのは、まだ少数の専門家だけであった。その時代に、井筒が鈴木大拙に大きく依拠しながらも、それを超えて、言語哲学的な新しい局面を切り開いたのは、驚嘆すべきことであった。井筒の言語哲学的研究と、入矢の唐代語録の言語的研究とは、まったく離れているように見えながら、禅を言語の面から捉え直そうという点できわめて接近している。もし井筒が入矢の研究を知っていたならば、必ずや歓喜してその成果を取り入れたに違いない。そうした成果が積み重ねられてきた今日では、小川の言うように、一口に「禅では、と概括することの困難」（小川、二〇一一、二七頁）に逢着し、どの時代のどの文献を扱うかで、禅そのものがきわめて多様なものと考えられ、場合によっては、同じ禅という言葉がまったく逆の方向を示すことさえもあることが知られるようになっている。井筒の論は、そのような状況を踏まえて、新たに発展させられる必要があるだろう。

二　「山は山である」か？

『意識と本質』（井筒、一九九一）の中心をなす論文「意識と本質」では、VI、VIIにおいて禅についてかなり詳しく論じられている。もちろんここでは、看話禅（かんなぜん）的なもののかなり発展した形態をきわめて類型化して扱っているので、その点からすれば、禅のある一面が誇張されていることは承知しておかなければならない。

そこでは、禅は本質を否定する思想の代表として取り上げられる。すなわち、「禅は現実を、『本質』によって固定された事物のロゴス的構造体とは見ない」（井筒、一九九一、一一八頁）のであり、そこから、「禅は、すべての存在者から『本質』を消去し、そうすることによってすべての意識対象を無化し、全存在をカオス化してしまう」（同、一一九頁）というラディカルな道を取る。

しかし、世界がカオス化して終わるわけではない。「一たんカオス化しきった世界に、禅はまた再び秩序を戻す。但し、今度は前とは違った、まったく新しい形で」〔同〕。だが、そこではもはや本質はない。「あくまで無『本質』的」〔同〕である。だから、「『花』は『花』でありながら『鳥』に融入し、『鳥』は『鳥』でありながら『花』に融入する」〔同〕ことになる。

これはどういうことであろうか。井筒は、「意識と本質Ⅶ」でこの進展を、「分節（Ⅰ）↓無分節↓分節（Ⅱ）」という図式で示している〔同、一四三頁〕。この三段階の転換は、青原惟信（せいげんいしん）の言葉を使いながら、「山は山である」↓「山は山でない」↓「山は山である」という言い方で説明される〔同、一四八頁〕。「山は山である」と「山は山でない」との重層は、鈴木大拙の「即非の論理」として名高いものである。「即非の論理」は、「AはAだというのは、AはAでない、故に、AはAである」という論法で、「山は山でない、川は川でない。それ故に山は山で、川は川である」という例が挙げられる〔鈴木、二〇一〇、三二七―三二八頁〕。

井筒は、これを明確な三段階として定式化している。小川隆はこの三段階を、未悟（〇度）⇓開悟（百八十度）⇓本来無事（三百六十度）という円環的な展開として解釈し直している〔小川、二〇一〇、七四頁〕。たしかに円環構造で考えると分かりやすいが、井筒の場合、そのような三百六十度の円環的展開とは異なっている。井筒自身の描く図は上記の通りであり、分節（Ⅱ）は分節（Ⅰ）に戻っていない。そうではなく、「見性体験を頂点として左右にひろがる山の形に形象化される」

図５　井筒俊彦による禅経験の分節.

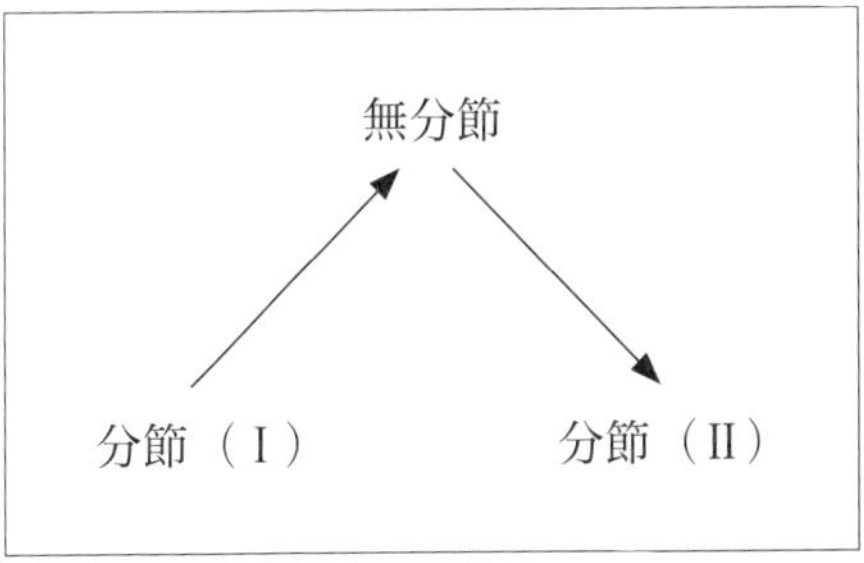

〔井筒、一九九一、一四二頁〕というのである。これはいささか分かりにくいが、「山は山である」という同じ言葉を用いながら、分節（I）と分節（II）では同じでないということである。「分節（I）は有『本質』的分節であり、分節（II）は無『本質』的分節」〔同、一四四頁。傍点、原著者〕である。分節（I）が「本質」によって固定化されてしまうのに対して、分節（II）は「無分節と直結している」〔同、一六九頁〕ところに特徴がある。すなわち、「いま仮りに、全体として覚知された『無』、すなわち無分節を一つの空円をもって表わすとすると、その空円に充満する全エネルギーが分節の平面上においてa（花）となり、またb（鳥）となって現成する、という形で分節（II）の構造を表象することができよう」〔同、一七〇頁〕と言われている。つまり、無分節の全体が「花」とか「鳥」として現れるのが分節（II）だというのである。

それならば、無分節と分節（II）との転換は、どのように行われるのであろうか。「鳥と花とは互いに透明であり、互いに浸透し合い、融け合い、ついに帰して一となり、無に消える。だが、消えた瞬間、間髪を容れず、また花は咲き鳥は啼く」〔同、一七一頁〕のであり、「電光のごとく迅速な」〔同、一七一頁〕瞬間的な転換とされる。

井筒の表現はきわめて詩的で、魅力的であるが、実際の禅の体験からすれば、無分節状態を一瞬と見ることには、いささか無理があろう。ただ、「分節（II）の存在次元では、あらゆる分節の一つ一つが、そのどれを取って見ても、必ずそれぞれに無分節者の全体顕現なのであって、部分的、局所的顕現ではない。全体顕現だから、分節であるにもかかわらず、そのまま直ちに無分節なのである」〔同、一七二頁。傍点、原著者〕という見方は、ある程度納得できる。本章冒頭で取り上げた「柏樹子」もこのような分節（Ⅱ）の立場で成り立つことになる。

このような分節（Ⅱ）の立場では、「無『本質』的分節は、本来、自由分節である」〔同、一七三頁〕ので、山も川も花も鳥もすべてが「本質」を持たずに融通し、必ずしも「山は山である」に戻ってくるわけではない。それは、「花が鳥であり、他のすべてのものであり、そして『無』である」〔同、一七三頁〕世界である。小川隆の言う三百六十度の円環的還帰とはまったく違うことになる。

このように、分節（Ⅱ）に最高の境地を見る井筒の禅論は首尾一貫しており、詩的な表現に満ち、きわめて魅力的な禅解釈である。ここでキーワードとなっている「分節」「無分節」の概念は、『禅仏教の哲学に向けて』〔Izutsu, 2001〕で詳細に検討されているように、言語哲学的な背景を持ち、それは禅理解に新しい方向性を示すものである。また、同書に扱われるように、宗教的な禅だけでなく、東洋的な芸術にまで通ずるものを持っている。

それを認めた上で、いささかの問題点を指摘しておきたい。井筒の理解では、分節（Ⅱ）は分節（Ⅰ）とはまったく異なったものであり、それゆえ、ここには日常性への帰還ということが考えられていない。たしかに禅の世界では、「橋は流れて、川は流れず」ということが実現する。だが、そこから「川は流れて、橋は流れず」に戻らなければ、日常は成り立たないし、衆生済度もなし遂げられない。三百六十度回転して「山は山である」、あるいは「ゆえにAはAである」という原点に戻ることが必要である。井筒の哲学は達人的な高尚世界に遊ぶ方向に進み、凡夫の日常性は無視されるか、否定的にしか見られない。井筒が禅や密教を愛好しながら、浄土教にはほとんど触れないことも、そのことと関係しよう。

禅を考える上でも、この問題は無視できない。すでに見たように、唐代の禅は、あくまで有意味的な分節言語で説明できるものであった。それが宋代になって公案化する中で、非合理的な表現が用いられるようになる。その際、その局面だけを見ると、非合理性を極限まで推し進めるように見え、たしかにそう言っても間違いではない。しかし同時に、当時僧院自体が社会の中に定着し、僧院の日常生活が安定する中で、公案が教育の手段として確立するのである。そのような生活の枠組みを無視して、その言語だけを取り上げることは不適切である。井筒がしばしば言及する道元にしても、『正法眼蔵』の中には、哲学的な問題とともに、日常の些事にわたる規則が厳しく規定されており、その面を無視することは一面的になってしまう。

具体的な文献に即して見ても、単純に分節（I）→無分節→分節（II）と言えるかどうか、なお検討の余地は大きい。そもそも公案はあくまでも分節（I）から無分節へと進むための手立てであり、果たして分節（II）を適切に表現できる特別の言説がありうるかどうかが問題とされなければならない。言語化し、分節された途端に、それは分節（I）に戻ってしまうのではないか。やすやすと分節（II）の表現を認めてしまってよいのだろうか。実際に『碧巌録（へきがんろく）』を読んでみるならば、分節（I）と無分節との間で、ぎりぎりのところで言語の可能性が問い詰められていく〔末木、一九九八bなど参照〕。

言語が何をどこまで表現できるかは、すでに中国の南北朝時代の言尽意（げんじんい）・不尽意（ふじんい）論争（ろんそう）において議論され、それが密教の中に摂取される〔藤井、二〇〇八、第二編第五章〕。大日如来の言葉は人間の理解を超越している。それでも、それを人間が理解できるのであろうか。この問題は、中世に密教教主論として大きく展開する。そのような問題とも結びつけて考える必要があろう。

三　哲学の射程

『意識と本質』はきわめて雄大に、東洋哲学をすべて網羅して理解する枠組みを構築しようとする。井筒はこの論文で、「東洋哲学全体を、その諸伝統にまつわる複雑な歴史的聯関から引き離して、共時的思考の次元に移し、そこで新しく構造化しなおしてみたい」〔井筒俊彦、一九九一、七頁〕と、その意図を明言する。そのための手がかりとなるのが、「本質」をどう捉えるかという問題である。哲学は、「本質」を認めない哲学と、「本質」を認める哲学とに二分される。「本質」を認めない哲学の代表が、前述の禅である。

「本質」を認める哲学の場合、その「本質」としてどのようなものが考えられるかで、種類が分かれる。「一方は、人が原初的存在邂逅において見出すままの事物の、濃密な個体的実在性の結晶点としての『本質』。他方は人間の意識の分節機能によって普遍者化され一般者化され、さらには概念化された形でそれらの事物が提示する『本質』。一方はものの個的リアリティー、他方はものの普遍的規定性」〔同、三九頁。傍点、原著者〕である。

このような二つの「本質」は、イスラーム哲学においてはっきりと分けられている。個体的なリアリティーを作るのが「フウィーヤ」であり、普遍的なリアリティーを作るのが「マーヒーヤ」である〔同、四〇頁〕。「マーヒーヤ」を肯定する立場をさらに考察していくが、その際、それを受け止める意識の側に表層意識と深層意識との区別を立てる〔同、七一頁〕。その上で、普遍的「本質」（マーヒーヤ）を認める立場を三つの型に分ける。

第一の型は、普遍的「本質」を認めるが、それは表層意識では捉えられず、深層意識で把握されるとする。その代表は、宋学の「格物窮理」である〔同、七二頁〕。

第二の型は、「すべての存在者の普遍的『本質』が、濃厚な象徴性を帯びたアーキタイプ、元型として現われてくる」〔同、七三頁〕もので、「シャマニズムや或る種の神秘主義を特徴づける根源的イマージュの世界」〔同、七二頁〕である。

第三の型は、「普遍的『本質』を、意識の深層ではなく表層で、理知的に認知する」〔同、七三頁。傍点、原著者〕もので、「古代中国の儒学、特に孔子の正名論、古代インドのニヤーヤ・ヴァイシェーシカ派特有の存在範疇（パダールタ）論など」〔同、七三頁〕である。

このような類型化はイスラーム哲学に範を取りつつも、井筒自身が示しているように、東洋のさまざまな哲学に広く適用される。それについては、ここでは立ち入らないが、今後、有効に活用していくことができるであろう。ちなみに、井筒自身は、「本質」を認めない禅と、第二の型の神秘主義にもっとも強く共感しているようで、第三の型には比較的冷淡である。それは、「東洋哲学一般の一大特徴は、認識主体としての意識を表層意識だけの一重構造としないで、深層に向って幾重にも延びる多層構造とし、深層意識のそれらの諸層を体験的に拓きながら、段階ごとに移り変っていく存在風景を追っていくというところにある」〔同、三一六頁〕からである。

『意識と本質』は無味乾燥な概念操作ではなく、井筒自身が深層意識の奥底まで潜り込んで、生き生きとその姿を描き出していくところに魅力があり、それは幻惑させられるほどすばらしく、息をもつかせない。そのことを認めた上で、最後に、この壮大な体系に対する疑問点をいくつか挙げておきたい。

第一に、そこで言われる「東洋」の範囲の取り方である。イスラームからユダヤ神秘主義までを含むとすれば、それはあまりに広範で、それならば西洋の神秘主義などまで含めてしまってもよいことになる。逆に、細かく見ていくならば、イスラーム、インド、中国、日本などでそれぞれ発想は異なるのであり、簡単に一括りにはできないであろう。なお、この点に関しては、永井晋が「地理的」東洋に対する井筒の「精神的」東洋という見方を深めて議論を進めている〔永井、二〇一八〕。

第二に、井筒は、もともとイスラーム思想から出発しているために、そこから「本質」が大きな手がかりとなった。前述のように、それはたしかに広く有効性を持つものと考えられる。しかしまた、「本質」は西洋思想においても中核をなすものであり、果たしてそれを基本的な枠組みとして、東アジアの思想をも捉えるのが、もっとも適切かどうかは、さらに検討を要する。他の可能性も考えられよう。「顕」と「冥」を中心として、日本思想をもとに世界観を考えようとする私の試みもその一つである。

第三に、もう少し内容的なところに入ると、特に第三の型を説明する際に井筒はユングの元型論をそのまま持ち込むが、いささか無批判過ぎるのではないか。意識・無意識と対象世界との関係に関しても、もう少し検討が必要であろう。

第四に、すでに禅に関して述べたように、井筒は神秘的体験の中に深入りしていくが、そこから日常性へ帰還する道が明瞭ではない。宗教的天才たちの目眩めく深層意識の世界に感銘しながらも、それでは、私たちの日常生活はどうなるのか、あるいは倫理や規範はどこに求められるのかという問題には、必ずしも的確な答えが出てこない。

井筒の構想は壮大なものであり、ここで触れたのはそのごく一端に過ぎない。井筒の本領は禅よりもむしろ、イスラーム神秘主義と関連させて見る密教論の方に発揮されている。井筒における禅から密教への展開については、永井晋が優れた分析を行っている〔永井、二〇一八、第七章〕。今後、このような面からさらに検討が必要である。

第九章　社会性から宗教へ
――今村仁司の清沢満之論――

はじめに

今村仁司（一九四二―二〇〇七）については『冥顕の哲学1』でも言及したが、私はその影響を少なからず受けてきた。今村はもともとフランス現代思想の紹介者として名を馳せたが、晩年、清沢満之から親鸞へとその研究対象を広げた、私は今村の著書『清沢満之と哲学』（今村、二〇〇四a）の書評を「仏教の非神話化とそのゆくえ――今村仁司『清沢満之と哲学』をめぐって」と題して『思想』九六七号（二〇〇四年一一月号）に掲載した（末木、二〇〇四c。多少手を加えて、拙著『他者／死者／私』（末木、二〇〇七a）に第五章として収録）。その際、さらに私の書評をめぐって今村と対談し、その対談は、「清沢満之と仏教の今日的再生」と題して、『思想』の同じ号に掲載された（今村・末木、二〇〇四）。今村はそれに加えて、「対談を終えて――末木教授への応答」（今村、二〇〇四b）という新しい原稿を執筆して、同号に寄稿した。私はその応答に対してさらなるコメントを求められたが、その時点では議論が隘路に陥る恐れがあったので、後の機会へと保留した。そのまま放置するうちに、今村の早過ぎる逝去の報に接することとなった（二〇〇七年五月五日）。没後、今村が生涯をかけて追究された思索の総決算ともいうべき『社会性の哲学』〔今村、二〇〇七〕が刊行され、あまりに見事すぎる生涯の仕上げ方に、再び驚くことになった。

本章はもともと今村の追悼特集のために書かれたものに加筆修正を加え、今村の応答に対する再応答として、今村の清沢解釈と宗教理解を改めて考え直す手がかりとしたい。

一　清沢満之と今村の清沢研究

清沢満之（一八六三―一九〇三）は、明治後期の浄土真宗大谷派（東本願寺）の思想家であり、今村が言うように、「宗門内（東本願寺）ではウルトラ有名人、宗門外ではほとんど忘れられた思想家」〔今村、二〇〇一、「あとがき」〕である。「宗門内ではウルトラ有名人」というのは、説明を要する。清沢の弟子たちの中からは、暁烏敏（あけがらすはや）、曽我量深（そがりょうじん）・金子大栄（かねこだいえい）・佐々木月樵（ささきげっしょう）など、後に真宗大谷派の指導者となる人たちが輩出した。とりわけ戦後には、清沢教学は大谷派の改革派の旗印となり、清沢はほとんど親鸞と並ぶような特別の地位を得ることになった。しかし、それが逆に派内の保守派の反発を買い、派閥権力闘争や、ひいては本願寺の財産をめぐって大谷家と大谷派の裁判にまで及ぶ内紛となった。

そのようなわけで、清沢は思想家としてよりも、派閥闘争のシンボル的存在となり、改革派にとっては批判を許さない絶対的存在とされる一方、保守派からは憎悪の対象となり、また同じ浄土真宗でも、本願寺派（西本願寺系）や他の諸派からはまったく無視されるという奇妙な状況を呈することになった。最近では、清沢門下が戦争協力に走ったこともあり、清沢は浄土真宗の左派からも攻撃されるようになっている。「宗門内ではウルトラ有名人」というのは、このような奇妙な状況を指している。

たしかに清沢自身、大学アカデミズムの中の学者ではない。十代で仏門に入り、東京大学文学部哲学科を卒業しているが、その後宗門と関係した教職についたり、宗門改革運動を志して一時期破門されるなど、宗門の中で活動している。晩年の明治三十三（一九〇〇）年には清沢を慕う青年たちと本郷森川町に浩々洞（こうこうどう）を結び、翌年、『精神界』を発刊して、精神主義の運動を始めた。わずか三年間にすぎなかったが、この運動が多くの弟子を育て、後の真宗大谷派に大きな影響を与えることになった。

このように、清沢の短い生涯のうちの中心的な精力は宗門改革や宗門内の思想運動に注がれており、精神主義の運動もその枠内と言える。それゆえ、その評価は宗門の近代化という観点から見られることが多く、その思想理解も、多くは「『近代的個人の確立』の成立を見るというものであった」〔今村、二〇〇四b、一四八頁〕。しかし、今村の言うように、清沢は「仏教求道者にして厳密な哲学的思索者という二重の側面」〔今村、二〇〇一、「解題」四五三頁〕をもっている。大学卒業後には、哲学館（後の東洋大学）で哲学を講じ、哲学論文を著し、三十歳の時には前期の代表作『宗教哲学骸骨』（一八九二）を刊行している。後期の精神主義の活動も、宗門内に留まらない普遍性を持った新しい宗教哲学の創造とみることができる。今村は、このような従来無視されてきた「厳密な哲学的思索者」という面に着目したのである。今村は『現代語訳清沢満之語録』〔清沢、二〇〇一〕を刊行し、続いて清沢満之全集全九巻〔清沢、二〇〇二―二〇〇三〕にも編集委員として加わり、清沢を宗門から解放し、現代の哲学・思想界の問題として提起した。『清沢満之と哲学』〔今村、二〇〇四a〕はその総決算とも言うべき書である。それらを通して今村は、清沢の哲学を単なる近代化と見ずに、現代哲学の問題に直結するものとして新たな解釈を示した。今村の努力もあって、清沢は今日では宗門外でも次第に明治の重要な思想家として認知されつつある。最近の成果として、山本伸裕・碧海寿広編『清沢満之と近代日本』〔山本・碧海、二〇一六〕がある。

さて、『清沢満之と哲学』は、第一部「清沢満之の基本構想」と第二部「基本構造の展開――他力門哲学素描」からなる。第一部は、「清沢の哲学的著作のなかにある主要概念を中心にして、彼の基本構想を可能な限り忠実に再構成する試み」〔今村、二〇〇四a、vii頁〕であり、第二部は、「清沢の思索を踏まえつつも、ある程度まで彼から独立して私の解釈を提示しつつ……展開可能な内容をできるだけ顕在化させ、引き伸ばしていく試み」〔同〕とされている。しかし、実際には第一部も、清沢の思想を現代的に「再構成」する過程で、かなり今村の解釈が入っているのであり、必ずしも第一部と第二部で厳密に線引きはできない。今村は清沢解釈に留まらず、清沢を手がかりとしながら、仏教思想を再構築し、現代の問題に立ち向かおうとしているのである。

私は同書の書評のタイトルを「仏教の非神話化とそのゆくえ」として、清沢から今村に列なる仏教解釈を「仏教の非神話化」として捉えた。長い間、浄土教は来世浄土への往生を説き、その点で一種の神話性を帯びたものであったが、それを近代的な観点から来世主義や極楽実在論を除去し、近代的な宗教として解釈する流れに位置づけた。その点から言えば、今村もまた近代的な解釈の流れを外れているわけではない。しかし、非神話化ということは必ずしも近代主義と合致するわけではなく、むしろ近代的合理性の中に収まりきらない非合理的なものにどう対応するかという問題を含んでいる。清沢の思想が今日に新たな解釈をもって甦る必然性を持っている所以である。

さて、今村の「対談を終えて」〔今村、二〇〇四b〕は、七項目を挙げて、私の批評に応答している。

1　清沢の初期と後期について
2　「感じ」の概念
3　無限と有限の関係
4　語りえないものと語りうるもの
5　「滅度」について
6　清沢門下の戦争協力について
7　死と死者をめぐって

この七項目のうち、1と6はとりわけ直接、清沢の思想の解釈にかかわる問題であり、それ以外の項目は、清沢解釈と関係しつつも今村独自の説とかかわるところが多い。そこで、その二点に分けて今村の主張を再検討してみたい。なお、今村の清沢解釈については、拙著『思想としての近代仏教』の中でもいささか論じた〔末木、二〇一七b、六〇―六二頁〕。

二 清沢解釈をめぐって

第1の「清沢の初期と後期について」というのは、今村の清沢論が、清沢の初期（前期）の『宗教哲学骸骨』に重点を置く解釈ではないか、という私の指摘に対するもので、今村は、「後期清沢を軽視するとか低く評価するといったことはない」〔今村、二〇〇四b、一四八頁〕としながら、「これまでの清沢研究の状況では、初期の清沢思想の理論的分析が皆無であり、どのようにして彼の処女作が形成されたのかがまったく理解できない」〔同、一四七頁〕として、初期の分析の必要性を指摘する。その上で、後期に関して、それを「『近代的個人』の成立」と見る解釈を批判し、「清沢の精神主義論は、個人的な内面の観察などではなく、覚醒の論理を解明し、それに基づく対他関係を新しく構想することであった」〔同、一四八頁〕と解している。

私はもちろん清沢の初期（前期）の重要性を否定するわけではないが、前期と後期は必ずしも連続するものではなく、そこに断絶的な思想の飛躍があるのではないかと考える。前期においては、清沢はあくまで「哲学」として、思想の体系性と論理的な構築を目指している。その体系的、論理的な構築に挫折するところから、後期の思想の独創性が生まれるのではないかというのである。清沢は、「精神主義は自分の精神の内部に充足を求めるものである。だから外物を追い、他人に従うために煩悶憂苦することはない」〔清沢、二〇〇一、一二五頁〕と精神主義を定義する。それは哲学的な唯心論とは異なる。「宇宙万有が心的現象であろうと物質的現象であろうと、……精神主義はこれらの哲学的理論には、どのようなものであれ、少しも関係がない」〔同、二五四頁〕と、「哲学的理論」との相違を明白にする。

このことは、単純に「哲学」から「宗教」へという同次元の二項対立的な領域の移行を意味するものではない。今村が、清沢をキェルケゴールやレヴィナスと較べるように、*ヘーゲル的な「哲学」から、キェルケゴールやレヴィナス的な意味での「哲学」（あるいは「反哲学」）への転換であり、哲学的問題そのものの組み替えである。ヘーゲル的な「哲学」が徹頭徹尾「世界」を説明し尽くそうとするのに対し、キェルケゴール＝レヴィナス的な「哲学」は「世界」の説明ではなく、「世界」の存立根拠を問い、「世界」そのものの崩壊の中に「他者」との出会いを見出す。レヴィナス的に言えば、「全体性」から「超越」への問題の組み替えである。清沢の精神主義もまさしくそのような意味での「哲学」と言ってよい。

＊　清沢とレヴィナスを比較した最近の研究として、マーク・ブラム「レヴィナスと清沢満之」〔ブラム、二〇〇五〕がある。清沢とレヴィナスは、「他者」問題を中心に思想を構築しているところに非常に近いものがあるが、はっきり異なるところもある。例えば、レヴィナスは他者から倫理が生まれると見るのに対し、清沢は他者とは絶対無限として倫理を超えるものと見ている。

それに対して、今村は「哲学」と別に「仏陀学」（Bouddho-logie）という学を立てる。これは「仏教『神学』」〔今村、二〇〇四a、七頁〕とも言うべきものであり、「理性と知性の限界を越えるような『何ものか』を語ろうとする」〔同、八頁。傍点、原著者〕ものである。そして、「後期清沢にとって議論の中心が哲学から仏陀学へと移動していく」〔同〕というのである。たしかにそのような言い方をすることが間違いとは言えない。しかし、そのような「哲学」と「仏陀学」の分離は、いささかヘーゲル的な「哲学」の概念に囚われ過ぎていないだろうか。「仏陀学」と呼ばれる領域が、「哲学」とはまったく別の領域としてあるのではなく、むしろあえて言えば、「哲学」は「仏陀学」としてしかありえない、ということではないだろうか〔『冥顕の哲学1』第七章参照〕。

このように、清沢の前期の宗教哲学と、後期の精神主義との間では、「哲学」に関して根本的な転換があり、後期に至って初めて近代的な「哲学」が超えられた、というのが私見である。今村が、後期の清沢に関して、「学問の否定を学問的に語る」〔今村、二〇〇四a、一八頁〕と言っているのは適切である。それはまさしく近代的な合理主義を乗り越えようとするもので、現代の哲学の課題に直結している。「対談を終えて」で、今村が「清沢の精神主義論は、はるかに近代個人主義を超え出ている」〔今村、二〇〇四b、一四八頁〕と言っているのは適切である。

第二に、「対談を終えて」の第6点として清沢門下の戦争協力の問題が取り上げられているが、これは理論的には宗教と倫理との関係にかかわる大きな問題である。私は、「清沢は、現世の道徳と異なる宗教の原理を追求しつつも、現実社会の倫理問題に関しては、現状追認に陥り、問題を残すことになった。とりわけ、清沢門下の戦争協力は大きな問題として残されている。そのような清沢の限界について目をつぶるのは適切ではないであろう」〔末木、二〇〇四c、一二一―一二三頁〕と述べて、清沢門下の問題は清沢の思想自体にその淵源があると考えている。それに対して今村は、

「清沢死後の事件を清沢のなかに遡及して読み込むことは間違いだとみなす」〔今村、二〇〇四b、一五二頁〕と、両者を峻別すべきだとしている。

これに関しては、やはり今村の解釈には無理があるように思われる。いちばん問題になるのは、清沢が一方で、「まじめに宗教的天地に入ろうとおもう人ならば、……親も捨てなければならない、妻子も捨てなければならない、財産も捨てなければならない、国家も捨てなければならない、進んでは自分そのものをも捨てなければならない」〔「宗教的信念の必須条件」〔清沢、二〇〇一、三四七頁〕と、激烈に世俗の倫理や国家をも捨てることを説きながら、他方で、ひとたび信仰が確立したときには、「国家に異変のあるときは銃を肩にして戦さにでかけるのもよい、孝行もよい、愛国もよい」〔同、三四九頁〕と逆転しているところをどう解するか、ということがある。これに関して今村は、美濃尾張の言葉では、「『……よい』は反語であり、『悪いこと、してはならないこと』を意味する」〔今村、二〇〇四b、一五三頁〕と解し、「ここには国家社会への順応主義などまったくない」〔同〕と断定している。

しかし、文脈的に見ても、この美濃尾張弁説はいささか無理がある。ここだけ方言的な語法が出るというのもいささか説得力を欠き、残念ながら今村説は困難なように思われる。やはりこのあたりに清沢の限界と問題点があり、それが門下に継承されると考えるべきであろう。倫理が有限者間の関係であるのに対して、宗教は有限者と無限者との関係だということは、すでに『宗教哲学骸骨』にも見えるが、その段階では清沢は倫理と宗教との関係について、両者が調和するという楽観的な見通しを持っていた。それが、精神主義の段階に至ると、両者の矛盾が表面化し、宗教が倫理を超

図6　清沢満之による宗教と倫理の関係図.

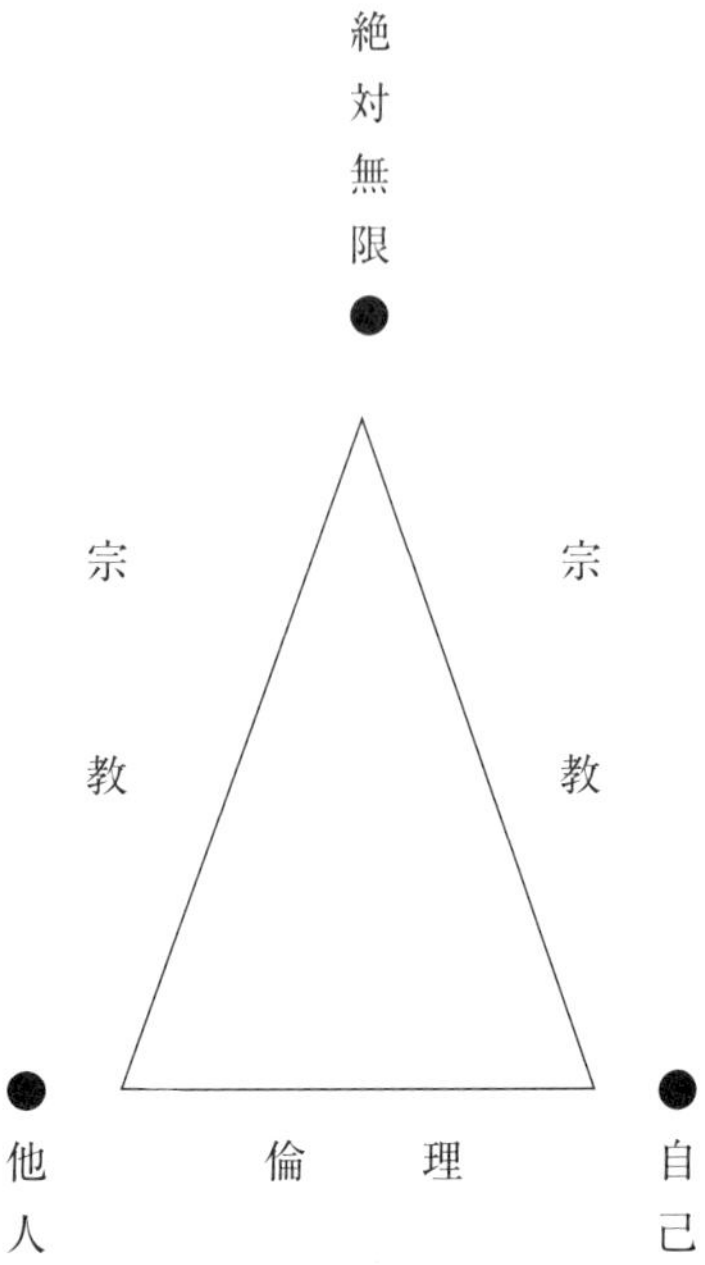

えることを主張するようになったのである。このように宗教と倫理とを峻別するところに、後期清沢の特徴がある。ちなみに、最近の研究では、「宗教的信念の必須条件」は、清沢自身の手になるものかどうか疑われている〔山本、二〇一一〕。

清沢における倫理観の変化の背景には当時の時代情勢が反映しているのではないかと思われる。教育勅語発布後、内村鑑三による不敬事件を契機に、井上哲次郎たちはキリスト教批判のキャンペーンを張り、その論争は「教育と宗教の衝突」と名づけられた。教育というのは具体的には教育勅語の倫理であるから、この論争は、「倫理と宗教の衝突」と言い換えてもよい。そして、井上らは、倫理の立場から、キリスト教を代表とする宗教に攻撃を加えたのである。私見によれば、清沢の精神主義はこの論争を踏まえており、そこから宗教と倫理を厳しく分け、宗教を倫理より上に置くことにより、宗教の弁護を図ったのである。

宗教と倫理との関係について、清沢は前頁のような図6を描いているが、これは非常に分かりやすい（清沢、二〇〇一、一九三頁）。

このような宗教と倫理との関係はきわめて興味深いもので、今日でもなお示唆するところが大きい。しかし、清沢は精神主義の運動を起こして、わずか三年で亡くなったため、この点に関する思索を十分に深めることはできなかった。そこで、今村が指摘するように、「清沢においてすら、新しい対他関係としての倫理、倫理的な意味での正義の概念、『正しい』（ということができる）対他関係の理論がまだ十分に構築されていない」（今村、二〇〇四a、八六頁）のである。

清沢によれば、世俗の中に留まり、責任を引き受けるという観点に立つ限り、全世界の責任を引き受けなければならない「全責任」となるが、それを引き受けきれないところから他力へと転換し、責任を弥陀が引き受ける「無責任」に転ずるというのである。だが、そのように転換して、すべて責任を放棄することができるのであろうか。今村は、「目覚めの経験と宗教的『倫理』は全責任（対有限者）と無責任（対無限）を同時的に引き受けることである」（今村、二〇〇四a、一三九頁）と言っているが、適切である。一方を引き受けることで、もう一方を廃棄することはできない。両者は次元の違う問題として、ともに引き受けられなければならないであろう。

しかし、宗教と倫理との関係は、それほど単純に解決するものではなく、だからこそ後期の清沢はそのことに苦しんだのである。清沢を深めることで、今日の宗教と倫理の問題に対しても新しい方向が開けるのではないかと、私は考えている。すなわち、宗教と倫理を単純に連続的に見るのではなく、そこに矛盾と断絶を認めつつ、なお宗教に根差した倫理の可能性を問うことができるのではないか。私の「菩薩の倫理学」はその一つの試みである。

三　今村の宗教哲学理解をめぐって

もともと今村は、先鋭的な現代思想に立って社会哲学を展開してきたことから、必ずしも積極的に宗教に関与していくという立場は取っていなかった。しかし、レヴィナスはもちろん、デリダにしても晩年は宗教的な問題への関心を深めているように、現代のフランス哲学界は一種の宗教復興の方向が顕著である。*

＊　現代フランス現象学が、「顕現しないもの」を中心に、宗教的な問題を重視するようになった、いわゆる「現象学の〈神学的転回〉」については、永井晋『現象学の転回』〔永井、二〇〇七〕、同『〈精神的〉東洋哲学』〔永井、二〇一八〕参照。

今村は晩年、一方でそのような現代フランス哲学の影響を受けながら、他方で清沢研究を深めることにより、独自の宗教哲学ともいうべきものを展開するようになってきた。『清沢満之と哲学』はまだかなり生硬で分かりにくいところがあるが、『社会性の哲学』の最初の第一部においては、おそらく氏自身が自らの死に直面する中で深めたと思われる宗教性を帯びた独自の思索を展開している。その中では、「対談を終えて」で取り上げられた問題に関しても詳しく論じられている。「対談を終えて」の第二で取り上げられたのは、「感じ」ということである。『清沢満之と哲学』では、「無限による包摂」を「感じつつ生きる」〔今村、二〇〇四a、五四頁〕ことを出発点としている。『社会性の哲学』でも「無限に包まれること」〔今村、二〇〇七、五五頁〕を説くが、「感じること」はそれだけに留まらず、より一般的に社会哲学の根本に置かれている。それによると、人の生誕は「環境世界に投げ入れられている」ことである。「しかもこの投げ入れは、投入するものが存在しないところの投げ入れである」〔同、八頁〕。その被投入がもっとも本源的に感じられるのである。「人は自己の被投入－存在をつねに必ずしも自覚しているわけではないが、しかし、必ず身体的にその原事実を『感じ取って』いる」〔同〕。その存在感情は、単に「与えられている状態を感じるばかりではない。『何ものか』が『よびかけている』として感じるのである」〔同、一〇―一一頁〕。そのよびかけの「聞き取りがそのまま自己の生誕である」〔同、一一頁〕。

『社会性の哲学』についてこれ以上立ち入ることは避けるが、このような議論は、当然ながら、「対談を終えて」の第三の無限の問題、第四の「語りえないもの」の問題へと展開することになる。『社会性の哲学』のこのあたりは、後期ハイデガー、レヴィナス、デリダなどの影響が強い。従来の今村の社会哲学は、第二部「政治、経済、法」で展開される具体的な社会の構造論が主であり、ヘーゲル的な体系を志向していた。それゆえ、第一部と第二部との間にはいささかのギャップがある。というよりも、これまで展開してきた第二部的な社会哲学の根源に、そのように明確化できない、さらに根源的な次元を見出したところに『社会性の哲学』第一部の意味がある。それは現代の西洋哲学（あるいは「反哲学」）によって支えられつつも、清沢研究によって得られた成果が影を落としているように思われる。

今村は基本的に体系的な志向を強く持っていた思想家であり、そのことは、『清沢満之と哲学』にもうかがわれる。そこでは、「オントロジー、コスモロジー、アンソロポロジーの三部体系」〔今村、二〇〇四a、三五六頁〕からなる仏教の学的体系を構想している。先にも触れたように、それはヘーゲル的な志向であるが、そこに正反対のキェルケゴールやレヴィナス的な反体系的・反理性的な方向を結びつけようとしているところに、晩年の今村の意欲が見られる。

「感じ」の問題に戻るならば、「感じ」が理性による構築以前の問題であるということは、私も同意する。「感じ」を根源に置くことは、従来の理性中心主義に対する大いなるアンチテーゼである。「感じ」によってこそ、「語りえないもの」が直接に受け止められる。しかし、その「感じ」を語ろうとするとき、それはすでに「語り」であって「語り以前」ではなくなってしまう。それは「語り以前」を言語によって構築することであり、「語りえないもの」を「語る」というディレンマから逃れられない。「感じ」は普遍的なものたりえない。それでもそれを語ろうとするとき、どのような語りが可能であるのか。それは、今村が「対談を終えて」の第四として取り上げたことであるが、きわめて慎重な検討を要することがらである。

例えば、それは今村の言うような包摂という「感じ」だけであろうか。疎外や嫌悪のような否定的な「感じ」は、根源性を持たないのであろうか。また、「感じ」は直ちに「無限」からくるものであろうか。それ以外の他者とのかかわりから生まれる「感じ」は二次的なものであろうか。死者が呼び起こす欠落感、遠くにいる恋人が呼び起こす恋い焦がれ、等々。それらは無限が与える「感じ」より、もっと身近であり、卑近であるが、だからといって、簡単に低次元のものとは言い切れない本質的なものを持っているのかもしれない。「無限」から出発する前に、もっと身近なところを省みることから出発する方法もありうるのではないだろうか。

今村は、この点で既存の浄土教を前提にしてしまい、やや性急に結論を急ぎ過ぎているところがあるように思われる。このように、既存の観念にいささか囚われているのではないかと思われるところは、他にもある。例えば、先に少し触れた宗教と倫理の問題に関して、今村はキェルケゴールが取り上げるアブラハムとイサクの物語を好んで問題としている。アブラハムに対して、神はその子イサクを犠牲にするように命ずる。アブラハムがその命に従ってイサクを殺そうとした瞬間に、神はアブラハムを押しとどめ、イサクを返す。『清沢満之と哲学』では、それを贈与の理論によって説明しながら、最後にかなり倫理的な解釈を下す。

今村によると、最初にイサクを殺すように命じた神は本当の神ではない。今村は、「アブラハムが『自分の本当の』神に出会う前には、彼は犠牲を要求する神をまだ信じていた。……しかしイサクがまさに殺されようとする瞬間に、『本当の』神は彼の手を押さえる。……だからアブラハムの神は犠牲を否定する神であるといえる」〔今村、二〇〇四a、一二一―一二二頁〕と自らの解釈を示しているが、これはいささかご都合主義的で、平板な合理主義的解釈に陥っていないだろうか。

『社会性の哲学』では、この物語に関して、デリダの解釈を使いながら、もう少し複雑な読みを示している。そこでは、アブラハムが捨てたはずの古い「デーモン的なもの」、「原初の自己破壊的なもの」〔今村、二〇〇七、一三一頁〕を見直すべきことを主張している。これは『清沢満之と哲学』における合理主義的解釈を乗り越える方向を示すものとして注目される。*

＊　このアブラハムの話は、レヴィナス的な倫理観に対する有効な反論となりうる。レヴィナスは「汝殺すなかれ」という「他者の顔」の訴えから倫理を築こうとするが、他者は「汝殺せ」と命ずることもあるのであり、他者の呼びかけは一義的に決められない。

「語りえないもの」の問題に戻ると、「対談を終えて」の第四で、今村が、「私がこの論点を強調するのは、仏教者の語りはいつも『阿弥陀仏は……』という形式で、阿弥陀を主語にして語っているのを奇妙と感じるからである。それは誤謬の言説である。問題は、そのように語る仏教者がどのようにして阿弥陀を主語として語りうる境地に達したか、その過程を語らなくてはならないからである」〔今村、二〇〇四b、一五一頁〕と厳しく糾弾しているのは、適切である。「語りえないこと」を語るのは、論証のしようがないのであるから、いくらでも勝手を言おうとすれば言えてしまう。そこには、「語りうること」を語る何倍もの慎重さが必要とされる。「仏陀学」は、既存の仏教の護教論であってはならないはずだ。仏教を論ずる際に、心して聞くべき言葉である。

「語りえないもの」は、当然「対談を終えて」の第三の「無限」の問題にかかわる。「無限」こそもっとも語りえないものだからである。今村は、『社会性の哲学』で「無限」の問題をさらに深め、「存在としての存在、すなわち純粋な存在は、概念としての存在と違って、本来、語ることはできない。存在としての存在は語りえないものであるかぎりで、無限とよぶことができる。……この語りえない無限的な存在は、与える働きとしてよびかける」〔今村、二〇〇七、一一頁〕としている。しかし、「存在としての存在」という言い方は、いささかハイデガー的に過ぎ、分かりにくいし、そのまま納得できるものではない。

今村はそのような「無限」に対して、カントの「物自体」をあてている〔今村、二〇〇四a、二二頁〕。それに対して私は批判を加えたが〔末木、二〇〇四c、一二四頁〕、今村は「対談を終えて」で、「未開社会の Mana, Hau 等々からアニミズム的神々、マナに源泉をもち、マナを抽象的に昇華した唯一神」等々をすべて「超越的な物自体という一語に圧縮し、要約し」〔今村、二〇〇四b、一五〇頁〕たことをあらためて評価している。しかし、それらをすべて同じレベルで、無限＝物自体に集約することができるだろうか。「語りえないもの」にも身近なものと遠いものとの別があるはずだ。日本の神と仏教の仏とユダヤ的な神を、同じように無限＝語りえないもの＝物自体としてまとめてしまうことは困難である。この点、今村説はもう少し検討が必要である。

「対談を終えて」の第五の「滅度（めつど）」の問題は、覚者（かくしゃ）の共同体を理想化するものであるが、その「滅度」が同時に「死」の要素を含むことによって、第七の死と死者の問題に結びつく。死の問題もまた、『社会性の哲学』で深められる。それは、自己の存在を与えられたことと感ずるとき、与えられてあることへの「負い目」から生まれる〔今村、二〇〇七、第一部第一篇第四章〕。「負い目として存在することが人間的存在の基本構造（その本質的要素）であるとするなら、人間は意識するとしないとにかかわらず自死を免れることはできない」〔今村、二〇〇七、八三―八四頁〕。こうして社会形成の根幹に「死」が位置づけられる。個人は存在する限り、自己保存と自己破壊との両面を持ち続ける。ところが、「自己保存の優位は自己破壊の向かう方向を外部に転じる。本来は自己死への欲望を負い目の原則によって無限の能与者に振り向けるところを、その欲望を外部の他者に振り向ける」（今村、二〇〇七、一一二頁。傍点、原著者）。こうして、自己の死に代わって他者の死が問題となる。自死を他者殺害＝犠牲に転化するところに、人間社会形成の根源が求められる。

自殺、殺人という逸脱のように見られる現象が、実は社会を形作る根源にあるという今村の説は、人類学などの成果を生かしながらも、きわめて衝撃的な理論である。その中で、「死者」に対する見直しもなされてくる。「人は生きている間に社会的存在であるだけでなく、死後においても社会的存在である」（社会性、一〇八頁）として、死者を社会の中に組み込んでいく。死者が組み込まれることによって、近代的な合理主義、人間主義は大きく転換し、ある意味では生より死こそ根源の問題として立ち現れてくる。今村は、その危険な一線を踏み越えて、まさしく知の冒険者にふさわしく、最期までその最先端を切り開きながら、向こう側の世界に飛び込んでいったのである。

むすび

『現代語訳清沢満之語録』の「あとがき」に、今村が清沢満之の著作に触れるようになったきっかけが記されている。「私が清沢満之の著作に親しむようになったのは、まったく偶然の機会からである。仏教学者平野修先生（九州大谷短期大学教授）が私を講演に招いてくれたことが、私にとっての清沢満之にふれるきっかけになった」とある。平野修（一九四三―九五）は大きな影響を与えた真宗学者であった。同じ「あとがき」にあるように、今村はその後、平野の薫陶を受けた東北地方の真宗大谷派僧侶たちの研究会「近代現代思想研究会」、後に改名して「無限洞」のグループに招かれ、十年に及ぶ共同研究をリードしてきた。そのグループで二〇〇三年から刊行している機関誌『無限洞』一―四号には毎年の今村の講義と討論が再現され、熱い雰囲気が伝わってくる。それは、今村にとって、時代の最先端を行くジャーナリズムとは異なる、もう一つの哲学の現場であった。その地道な活動が、彼の清沢と親鸞の研究を生みだし、その講義がもととなって没後に『親鸞と学的精神』（岩波書店、二〇〇九）が出版された。ちなみに、今村没後、私が無限洞の研究会に加わっている。

今村は単なる現代西洋思想の紹介者で終わらず、日本という場で生きた哲学を生み出そうとしていた。その成果はただありがたく押しいただくものではなく、批判し、乗り越えようとするとき、初めて本当の輝きを示してくる。清沢を現代の哲学として甦らせようとした今村の志を、いまどう受け継ぐことができるかが問われている。本章を書きながら、もう一度今村の著作を読み返し、清沢の語録を読み返していくうちに、これまでの読みの浅さや誤りにしばしば行き当たり、それを考え直すことで、もう一段、清沢と今村に対する理解が深められたように思っている。

今村から贈与されたものへの「負い目」をどう返すことができるのか。今村はあのちょっといたずらっぽい目で、いまもじっと私を見つめている。

III　脱近代に抗して

第十章　国家／宗教／倫理
——脱近代の中で——

一　脱近代の状況から

二〇一二年に首相に返り咲いた安倍晋三は、その後内閣改造を繰り返しながら、長期政権として二〇一八年十月には第四次改造内閣を組閣した。安倍には、これまでの自由民主党首相と大きく異なる独自の特徴がある。その根本的な特徴として挙げられるのは、明確に「戦後レジームからの脱却」を掲げ、はっきりしたイデオロギーを正面に据えていることである。「戦後レジーム」とは、第二次世界大戦の敗戦後の政治・社会体制全般を指すが、日本国憲法、なかんずく第九条の戦争放棄事項がその象徴として、中核的な問題としてクローズアップされている。それゆえ、憲法を変えて、軍事力を認めることを最大の課題としてきた。

しかし、そのことは単純に戦前回帰ということにはつながらない。その点を考えてみたい。私は、明治以前の思想伝統を大伝統、明治以後の戦前の伝統を中伝統と呼び、戦後の伝統を小伝統と呼んでいるが（『冥顕の哲学1』第八章）、ここでもその言葉を用いることにしたい。中伝統では、近代文明に基づいた欧米の進出に対して、大伝統を改変して、神聖不可侵の天皇を中核とする「国体」を形成することで対抗しようとした。それによって、欧米の近代的な普遍的科学や思想を受容しながらも、その中に吸収されない日本の特殊性を主張し、防壁を築こうとした。それに対して、小伝統は中伝統を否定することで、大伝統をも否定して、代わりに西洋近代の理性による思想を普遍的なものと主張し、その実現を理想と見、目標として掲げるものであった。それゆえ、日本国憲法は人権や平和を人類の普遍的な理想として掲げ、世界に先駆けて戦争を放棄することで、正面からその理想実現の先頭に立つことを表明するものであった。

しかし今日、もはや西洋近代の理性の普遍性は壊滅し、それに依拠する戦後の理念も成り立たなくなった。したがって、ここで「戦後レジームからの脱却」が唱えられるのは、それなりに正当性を持っている。「戦後レジーム」という言い方は、一見すると、小伝統のみの否定で、中伝統は否定されないかのように見える。実際、これまでの旧右翼・保守派は、小伝統を否定して中伝統に戻ることを目指してきた。だが、現実の問題として、今日、中伝統に戻るということはまず不可能である。万世一系を売り物にする国体は、大伝統を継承しながら大胆に改変することによって初めて成り立ったものであり、象徴天皇制が定着した今日、再び中伝統的な国体論がそのまま復活すると考えるのは、まったくのアナクロニズムに過ぎない。

それゆえ、「戦後レジームからの脱却」は、小伝統だけでなく、中伝統からの脱却をも意味し、それはこれまでの近代化を目指してきた方向に対して、全体として疑問符を突きつけ、脱近代へと向かうことに他ならない。このことは、日本だけの現象ではない。近代の限界の露呈は世界的な問題であり、日本もその動向のただ中にいることを証するものである。ただし、脱近代は近代を全面的に否定するわけではない。小伝統がそのまま継承される面もあり、また中伝統への回帰という面も残される。そのような面を含みつつも、全体として、これまでになかった時代状況の中に突入していると考えられるのである。

このことは、しばしば日本が目指す方向として「普通の国」と言われることに端的に示されている。中伝統は、天皇を頂点とする「国体」という点で、日本は普通ではない特殊な国であったし、小伝統は、唯一の被爆国を正面に押し出し、戦争を放棄する点で普通ではない独自の国であった。しかし、脱近代の中で目指されているのは、そのような個性を持たない「普通の国」である。それゆえ、そこでは天皇への忠誠ではなく、より抽象的な「愛国心」が要請される。日本が特殊だから日本を愛するのではなく、日本国籍を有する日本人であるという理由から日本を愛さなければいけないというのである。

これを一般化すれば、A国の国籍を持つからA国を愛すべきだという理屈になる。こうして個性を持たない国同士が、相互に自国民を囲い込むことで対立するのである。実際、日本だけでなく、今日の世界はそのような方向に動きつつある。そこでは、理念や思想の対立ではなく、理念も思想も持たない国家同士の剥き出しの利害の対立と力の対抗だけが問題となる。冷戦の終結の後で「文明の衝突」ということが言われたが、今日の状況はそうではなく、文明とも言えない無個性の国同士が力の誇示によって争い合う事態へと向かいつつある。日本もまた、その意味で「普通の国」たろうというのであり、安倍はそのヒーローとして厚い支持層に支えられて登場したのである。

こうした「普通の国」は、未来へ向けての理想を持たないので、現状維持か、あるいは過去の権益の回復が目標となる。その中で、異民族（外国人）排撃がもっとも分かりやすいスローガンとなり、また他国との軋轢を強調し、単純な二項対立的な構造を作り出す。カール・シュミットの言う「友か敵か」という理論が適切に当てはまる状況となる。国内的には、異民族だけでなく、近代的理念を継承する理性的な立場と対立し、それを排除することで国内の一体化が達成される。そこでは強さがもっとも強調され、弱者や少数者が排除される。そのような立場は、しばしば「極右」とされ、最初は少数者の過激な運動で、一般性を持たないように見えるが、やがてその勢力が伸張するとき、保守的・日和見的な立場を吸収して一気に強大化する。

そのような動向は、英雄的な特定の指導者が大衆の支持や崇拝を受けることで、大きく進展する。とりわけ若い人たちの支持を受けやすい。それはしばしば反知性主義とかポピュリズムとかいうレッテルを貼られる。しかしそれは、そのようなレッテルを貼る人が、自らを愚昧な大衆とは異なる知性的な立場にあるというエリート主義を告白することに他ならない。民主主義とはもともと大衆の意向によって政治が決められる制度であり、大衆の支持を受けた指導者が選挙によって選ばれることに正統性の根拠があるのだから、知性的であろうとなかろうと、それは関係ない。「民主主義は、軍国主義的でも平和主義的でもありうるし、進歩的でも反動的でも、絶対主義的でも自由主義的でも、集権的でも分権的でもありうる」（カール・シュミット『現代議会主義の精神史的状況』（シュミット、二〇一五、二〇頁））のであり、「民主主義を排除するために民主主義が利用されるという危険」（同、二五頁〕をも甘受しなければならない。

従来、知性主義がそれなりに説得力を持ったのは、「国民は〔正しい教育によって、〕自分自身の意思を正しく認識し、正しく形成し、正しく表示することができるようになる」〔同、二六頁〕という啓蒙主義的な教育理論に拠っている。そこでは、教育される大衆は無知で、自分自身の意思も正しく認識していないのに対して、教育する側は、大衆の真の意思を理解し、それを教えてあげることができるというのである。その底には、近代的理性は普遍的で、あらゆる人にとって真理を示すことができるという前提がある。その前提が崩れたところに、脱近代が始まるのである。

脱近代的状況は、このように力と力との衝突になるが、その際注意すべきは、大衆の一人一人がそのような力を持っているわけではないということである。絶対的な力を持つのは、国であり、その国を動かすトップである。力のないものは、力を持つものに従属することで力の分与を受ける。その組織はマフィア型構造を持ち、力のヒエラルキーが構成される。強いものへの服従は、下位の者の「森の石松願望」とでも言うべきものに支えられる。街道一の大親分の子分であることが石松の誇りであり、その力の源泉である。子分は親分のために命をも捨て、親分は子分のためにできるだけの便宜を図り、面倒を見るというパターナリズムが成立する。それは圧倒的に男性優位の構造である。

そこではまた、言説の真理性が揺らぐことになる。近代の理性主義によれば、事実は一つに確定し、それに合致すれば真実であり、相違すれば虚偽になるという真偽の確定が前提となっていた。しかし、言語論的転回の後で、事実そのものが揺らぎ、ポスト事実とか、ポスト真実と言われるように、何が真実で、何が虚偽なのか、必ずしもはっきりと断定しにくい状況が生じている。それは社会的事象の量子論化とも言うことができる。すなわち、古典力学では光が粒子か波動かを一義的に決定できたものが、量子力学では確定できなくなっているのと相似的である。そこでは、ネット社会の急速な発展が重要な要因となっている。さまざまな情報が入り乱れ、互いに相手をフェイク呼ばわりする。かつてはトンデモ情報であったはずのものが、いまや堂々と大手を振って通用するようになっている。真偽を決めるのは一義的な事実ではなく、政治的な力である。

それに従って、倫理もまた崩壊する。近代を導いてきた理性による正しさの決定が不可能となり、正しい行為は状況によって変わることになる。それは、カスリスの言う自己統合型（integrity）から他者親密型（intimacy）への移行であり〔Kasulis, 2002〕、正しい行為は状況次第、相手次第となる。マフィア型の政治優位の状況の中では、ヒエラルキーの上位のものに対する忖度がもっとも優先的に選択されるべき倫理的行為とされる。正しさの根拠は理性ではなく、政治に求められる。もともと他者親密型の発想では、強さではなく弱さこそが基準となるはずであったが、マフィア型政治優先の倫理では、強さが正義であり、弱さは罪である。セクハラは受けるほうが悪く、いじめはいじめられるほうに責任がある。

このような脱近代的状況は、今後どうなっていくのであろうか。倫理は政治の中に吸収される他ないのであろうか。それ以外の可能性はないのであろうか。その点を考えるためには、まずその先蹤形態を歴史の中で捉え直す必要がある。

二　ナチズムと脱近代

哲学史のごく通俗的な理解では、近代はデカルトに始まり、ヘーゲルで完成に達する。それは神中心の中世から人間中心への転換であり、理性による支配が貫徹する。その理性主義は、世界を絶対精神の展開として捉えるヘーゲルにおいて最高度にまで徹底される。そこで歴史は完結して、もはやその先の展開はないことになる。こうして近代哲学は完成し、後はそれが解体することになる。細かいところには議論もあろうが、ここではひとまずこのようなごく粗い理解でかまわない。

ヘーゲル哲学の解体から、現代哲学が始まると言われるが、むしろそれは近代の終焉と脱近代（ポスト近代、近代以後）の出発と見てよい。近代的理性はもはやその体系的完全性を保つことができず、崩壊する。そこに二つの方向が生まれる。一つはフォイエルバッハを経てマルクスへとつながる唯物論の系譜であり、もう一つは、キェルケゴール、ニーチェに始まる、理性の合理主義に対する非合理性の要求である。

この二つの流れは哲学の場に収束せずに、二十世紀の前半には現実の社会運動へと向かい、近代国家を揺るがし、新しい政治体制を生み出す。マルクスに由来するマルクス主義であり、ニーチェの系譜をひく（と自称する）ナチズムである。一九一七年のソヴィエト連邦の誕生と、一九三三年のナチス・ドイツの誕生は、近代国家とはまったく異質な脱近代国家の出発であった。後者は一九四五年、前者は一九九一年に消滅したが、莫大な犠牲を払った巨大な実験は、脱近代の社会・国家のあり方を予知させるのに十分な衝撃を与えた。

両者はしばしば全体主義として一括されるが、もちろん大きく相違する。マルクス主義は、近代の否定と言いながらも、むしろ近代の徹底と言うべき面が強い。たしかに暴力革命によるプロレタリアートの独裁は、近代国家とは相容れない。しかし、マルクス主義は科学的社会主義を標榜し、徹底的な科学的合理主義を主張する点で、近代を極限まで押し詰めたものということもできる。科学法則は自然界のみならず、歴史にも貫徹するという唯物史観（史的唯物論）の立場からすれば、社会主義国家は、歴史の必然性として生まれたものであり、それは普遍的な法則によるものであるから、いずれはあらゆる国に普及するはずである。そうして最終的に到達される共産主義社会においては、近代社会で目標とされながら実現できなかった自由と平等が実現され、理想的なユートピア社会となるはずとされた。それゆえ、全体主義を取らざるを得ないのは、理想的状態に至る過程の一時的な過渡期として正当化される。

それに対して、ナチズムはより徹底的に近代の行き詰まりの打破を目指す。第一次世界大戦とロシア革命を経た西洋世界には、もはや楽観的な近代の謳歌はなく、切実な危機感に苛まれることになった。シュペングラーの『西洋の没落』（一九一八―二二）〔シュペングラー、一九九六〕は、人類の到達した最高点と思われていた西洋文明もまた、これまで興廃を繰り返してきた諸文明の一つに過ぎず、もはやその使命を終えて没落していくことを博引傍証によって示し、人々を震撼させた。

その危機的状況は、多くの知識人たちによって共有された。ポール・ヴァレリーの論文「精神の危機」（一九一九）には、「我々文明なるものは、今や、すべて滅びる運命にあることを知っている」

〔ヴァレリー、二〇一〇、七頁〕という書き出しで、強烈な危機意識が表明されている。ヴァレリーは、ヨーロッパの「精神」（エスプリ）の質的な優秀さは疑わない。しかし、その重みのバランスが崩れ、「このままいくと秤が徐々に反対方向に傾きだしそうな」〔同、二二頁〕ことに危機感を持つのである。

このような西洋の危機は、一九三〇年代になると一層進行する。とりわけ民主国家として出発したドイツの混乱は、危機感に拍車をかける。いち早くカール・シュミットが指摘していたような議会制民主主義の矛盾が顕在化してくる。ひたすら学の中に沈潜していたエドムント・フッサールさえもが、「ヨーロッパ諸学の危機」〔『ヨーロッパ諸学の危機と超越論的現象学』〔フッサール、一九九五〕〕を訴えなければならないような状況となっていた。

しかしそこには、危機の中で、それでも西洋だけが普遍的真理に到達する哲学を築きえたという自負が示されていた。だが、これまでの西洋の伝統がそのまま認められるのであろうか。もし西洋が生まれ直そうとするのであれば、そこにはこれまでの伝統とは断絶したまったく新しい世界観が必要になるのではないか。ナチズムの伸張は、単に政治的・経済的混乱に対するドイツ大衆の不満を意味するだけではなかった。そこには、ハイデガーのような知識人をも熱狂させるものがあった。

ナチズムのイデオローグであったアルフレート・ローゼンベルクの『二十世紀の神話』〔一九三〇〕〔ローゼンベルク、一九四二〕は競って読まれ、大ベストセラーとなった。そこには、『西洋の没落』によってその暗い未来を描かれた西洋文化ではなく、それを打ち破って新たに興るべき文明が熱情をもって語られる。「今日、世界史が新たに書き直されなければならないところの・かの諸時期の一つが始まっている」〔ローゼンベルク、一九四二、三頁〕。その歴史観は、優秀な北方ゲルマン民族がユダヤ等の劣悪な文化と戦い、打ち勝っていく過程として描かれる。ゲルマン・ドイツの文化はエックハルトに始まり、その過程は神秘主義的な霊性の覚醒と展開に他ならない。それは、これまでの西洋近代の理性主義の文化を全面的に否定し、それに代わる新しい世界観、歴史観をもって脱近代を描き出そうとした壮大な叙事詩であった。

だが、ナチズムもまた、強烈に近代の刻印を受けていたのではないか。その人種論は、擬似的とはいえ、科学的であることを標榜していた。ナチズムが近代啓蒙の必然的な帰結であることを証明したのが、ホルクハイマー／アドルノの『啓蒙の弁証法』（一九四七）であった。ナチスに追われる亡命生活の中で、彼らは鋭く近代の病根を抉り出す。彼らによれば、啓蒙の目標は、「人間から恐怖を除き、人間を支配者の地位につけるということ」（『啓蒙の弁証法』〔ホルクハイマー／アドルノ、二〇〇七、二三頁〕）であり、それは「世界を呪術から解放すること」（同）に他ならない。

呪術からの解放とは何か。それは「アニミズムの根絶である」（同、二六頁）という。あちこちに神々がいて、人々を脅かすような、そんな非合理な世界観を脱して、すべて合理化され、理性の力で世界を支配することこそ、啓蒙の目指すところに他ならない。そこでは神話は消え去り、ベーコンの言う「一つの普遍的科学」（同、二九頁）の要請に見られるように、それによってすべてが説明できることを求める。そこでは、不可知のものは排除されなければならない。それによって、啓蒙は恐怖から免れ、果てしない支配へと向かう。だが、カントが明らかにしたように、すべてが説明できるということはありえない。そこに啓蒙の矛盾が生ずる。

こうして、ホルクハイマー／アドルノは、啓蒙の負の側面へと踏み入る。そこで取り上げられるのが、マルキ・ド・サドである。サドの主人公の姉妹のうち、神を信じ、ひたすら善良であるジュスティーヌが陥るのは果てしのない苦痛と悲惨であり、神を愚弄する邪悪なジュリエットがこの世の富も栄誉も快楽もすべてを勝ち取っていく。ジュリエットは「科学を信条として」（同、二〇四頁）、神ならぬ「悪魔への知的愛」により、「文明をそれ自身の武器を逆手にとって撃つ」（同）のである。カトリックの神話と呪術からの解放を目指した理性は、歯止めを失って暴走し、その合理性は計算的思考という点に集中される。「理性は、目的を欠いた、それ故にまさしくあらゆる目的に結びつく合理性になった」（同）のである。

このジュリエットの論理を現実の世界で実現していくところにファシズムが成り立つ。「ファシズムは人間を物として行動様式の核として取り扱う」（同、一八七頁）のであり、「計算的思考に全権を委ねる」（同）点で、科学的である。その点で、ファシズムは近代啓蒙の正統な後継者ということができる。啓蒙の明るい面が近代市民社会の表の顔とするならば、その裏の顔がファシズムに他ならない。マルクス主義が啓蒙の表の後継者でありつつ、それを超えようとするのに対して、その裏側を継承しつつそれを超えていくのがファシズムであり、ナチズムだったのである。

『啓蒙の弁証法』は、こうして啓蒙の裏側を暴き出し、啓蒙からファシズム、ナチズムが生まれる必然性を仮借なく暴き出していく。フランクフルト学派の中でも、遅れて登場するユルゲン・ハーバーマスが、楽観的とは言えないまでも、近代的理性に信頼を置いて立て直そうとするのに対して、この書の基調はきわめてペシミスティックである。共著者のうちでも、とりわけアドルノは屈曲を重ね、「アウシュヴィッツ以後に詩を書くことは野蛮である」（『プリズメン』〔アドルノ、一九九六a、三六頁〕）から、さらに「アウシュヴィッツのあとではまだ生きることができるか」（『否定弁証法』〔アドルノ、一九九六b、四四〇頁〕）と苦渋に満ちた、過激ともいえる問題提起に至るのである。

ナチズムの脱近代はもはや過ぎ去った問題なのであろうか。それは今日直面している脱近代とどのようにかかわるのであろうか。その点を考えるためには、焦らずに、もう少し回り道をする必要がある。そこで、今度は日本に目を転じて、座談会「近代の超克」の議論や国体論を通して、日本ファシズムがどのように位置づけられるかを検討してみたい。

三　『近代の超克』と国体論

ナチズムの暴走が脱近代の典型であるとするならば、同じように脱近代を目指す動きは日本にもあったのではないか、と問われるかもしれない。日本ファシズムもまた、脱近代の一翼を担ったのではないか。そのことは、例えば『近代の超克』（一九四二、単行本化は一九四三）〔河上他、一九七九〕に意図的に果たされているのではないか。

『近代の超克』は、その題名が刺激的であること、戦時イデオロギー形成の一翼を担ったと評価されることから、ともすれば過激な議論が交わされているかのように思われがちだが、実際には出席者がそれぞれ勝手なことを、いささか高みの見物的に述べていて、必ずしも切実さが感じられるわけではない。たしかに、林房雄のように正面から勤皇を説く論者もいるが、全体から見れば、いささか浮いている。

亀井勝一郎が指摘するように、「『日本精神』といふ善玉と、『外来思想』といふ悪玉とが、夫々決つた文句で交戦し、人形が倒れるがごとく悪玉は倒れ、善玉は喝采を浴びると云つたやうな、何かひどくうまく出来あがつた紙芝居が世人の心理の裡に瀰漫してゐる」（同、五頁）という時代状況の中で、西洋の文化にある程度通じた文化人、知識人たちが戸惑い、右往左往している感が強い。この「うまく出来あがつた紙芝居」は、「世人の心理」という以上に、国として進むべき方向であって、最終的にはそれに合わせなければならないのだが、どうもそううまくいっていない。

ここでの問題は、近代対脱近代に近代＝西洋という図式が重なることである。下村寅太郎が言うように、「我々が『近代』と称してゐるものはヨーロッパ由来のもの」（同、一一二頁）だからである。それゆえ、近代の超克とは、近代＝西洋を日本あるいは東洋が超克するという構図に収斂し、そこから西洋を敵に回した「大東亜戦争」を正当化するという、用意された結論に落とし込むことが要請される。

そのような時代の要請にもっとも正面から応えて理論を提供しようとしたのは西谷啓治である。西谷は、日本もしくは東洋の「主体的無」によって、西洋近代の自由主義・個人主義を乗り越え、そこから戦時の「滅私奉公」の倫理をも合理化しようとする（本書第六章）。それは一見きちんと論が成り立っているように見えるが、いきなり「主体的無」が日本もしくは東洋の精神として持ち出されるのは唐突で飛躍があり、その論証が成功しているとは言い難い。

いちばん理論的な西谷でもそうであるから、まして他の論者は、西洋の近代という問題と日本の戦争の正当化という課題とを接合させようとしながら、ぎこちない。そもそも「近代の超克」というテーマ自体が西洋の流行の輸入に他ならず、どれだけ身についた問題になっているのか疑わしい。もっとも冷静に論を展開している中村光夫が、「僕に一番気にかかるのはこの課題の我々に持つ観念性である。この『近代の超克』といふ言葉が、現代ヨーロッパ人に響いたに違ひない強い実感と明瞭な内容をもつて僕等の胸に響くかといふことである」〔同、一五〇―一五一頁〕という通りである。

　中村はそれに続けて、西洋における近代の発展とその結果生まれた絶望について記し、「ところで翻つて考へれば、僕等は『近代』といふものに対してかういふいはゞ生活そのものに根ざした健康な絶望乃至は自信を持ち得るであらうか。近代とは僕等の精神にそれほど手応へのある実験であつたであらうか」〔同、一三一頁〕と疑問を呈している。日本においては、近代が内なる自己の問題としていまだ十分に成熟しておらず、本当の意味での「近代の超克」も脱近代も問題にならないのではないか、という深刻な疑問である。中村は、「現代こそ、本当に西洋を理解する好機なのではなからうか」〔同、一六四頁〕という皮肉な結論に至る。

『近代の超克』が、曖昧で消化不良のまま終わったのに対して、それに先立って官製イデオロギーをまとめ上げた『国体の本義』（一九三七）〔文部省編、一九三七〕のほうが、はるかにストレートで論点が明確である。その「緒言」においてまず、「我が国は、今や国運頗る盛んに、海外発展のいきほひ著しく、前途彌々多望な時に際会してゐる」〔同、一頁〕と自国を賛美する。その隆盛を振り返り、「夙に支那・印度に由来する東洋文化は、我が国に輸入せられて、惟神の国体に醇化せられ、更に明治・大正以来、欧米近代文化の輸入によつて諸種の文物は顕著な発達を遂げた」〔同〕と、積極的な外来文化の摂取という要因をあげる。

ところが、「明治以降余りにも急激に多種多様な欧米の文物・制度・学術を輸入したために、動もすれば、本を忘れて末に趨り、厳正な批判を欠き、徹底した醇化をなし得なかつた」〔同、三頁〕ところに、さまざまな弊害が生まれるに至った。これは、具体的にはどういうことであろうか。「抑々我が国に輸入せられた西洋思想は、主として十八世紀以来の啓蒙思想であり、或はその延長としての思想である」〔同〕という理解は正しい。また、それが合理主義であり、「個人に至高の価値を認め、個人の自由と平等とを主張する」〔同〕と言うのも適切であろう。

『国体の本義』の本領はその先にある。「社会主義・無政府主義・共産主義等の詭激なる思想は、究極に於てはすべて西洋近代思想の根柢をなす個人主義に基づく」〔同、五頁〕のであり、それが今日、欧米においても日本においても問題となっているという。それに対して、「欧米が、今日の行詰りを如何に打開するかの問題は暫く措き、我が国に関する限り、真に我が国独自の立場に還り、万古不易の国体を闡明し、一切の追随を排して、よく本来の姿を現前せしめ、而も固陋を棄てて益々欧米文化の摂取醇化に努め、本を立てて末を生かし、聡明にして宏量なる新日本を建設すべきである」〔同、六頁〕と主張する。すなわち、欧米における近代の行き詰まりを認めつつも、欧米におけるその解決は欧米の問題として、我が国の場合、何よりも根本から我が国独自の「国体」を発揮させなければならないというのである。

ここで注意されるのは、「欧米文化の摂取醇化」を否定するわけではない点である。悪いのは西洋近代思想の中でも個人主義であり、それを除けば、むしろ欧米文化の摂取が積極的に認められている。「よく西洋思想の本質を徹見すると共に、真に我が国体の本義を体得することによつて」〔同〕、

「我が国民の思想の相剋、生活の動揺、文化の混乱」〔同〕は解決するというのである。多少の留保をつければ、それはそのままいまでも通用しそうな主張である。

このように、ここでは決して日本の近代は行き詰まってはいない。西洋の行き詰まりが西洋でどのように受け止められようとも、それは西洋の問題であり、日本の問題ではない。日本としては、日本独自の国体を発揮しながら、まだまだ西洋を摂取していくことで発展していけるというのである。その点で、明治に始まる中伝統の原則はそのまま維持されている。「近代の超克」や脱近代は、所詮日本には無縁な問題である。

『国体の本義』から『近代の超克』までの間には日米開戦が挟まり、「大東亜共栄圏」をもって欧米に対抗するという意識が強くなったと考えられる。その点の変化はあるが、近代の行き詰まりや脱近代は依然として日本の内なる問題とはなっていない。それは、さまざまな近似点を持ちながらも、ナチズムと日本の国体論との大きな相違である。日本の中伝統は、国体という特殊性を表に出しながら、近代化を急ぐ過程であった。その結果、列強と並ぶ帝国主義国となったが、無理を重ねた結果は無残な敗戦に終わった。他方、ナチズムは急速な脱近代の実験に突っ走り、ユダヤ民族の絶滅を図って自滅した。それから七十年、どうやら今度は本当に世界中が脱近代の時代を迎えようとしているようだ。

四　ヒューマニズムと宗教

第二次世界大戦後、世界は近代の理想の再建に向かう。連合国の勝利は、連合国側の理念の正当性を証拠立てたものとされ、敗戦した日独伊の全体主義を裁くことになった。連合国側は英米を中心とした自由主義とソ連の社会主義とを含むことで、やがて両者が対立して冷戦体制へと移行することになる。戦後、東欧・中欧が共産圏に組み込まれたが、さらに大きな衝撃を与えたのが中華人民共和国の樹立であった。毛沢東に率いられた中国共産党は、ソ連と異なるアジア型の社会主義の可能性を示した。そのことは、マルクス主義にも多様な可能性がありうることを意味し、他方で新しい西欧型のマルクス主義も伸張することになった。マルクス主義だけでなく、アジア・アフリカ諸国の独立は植民地主義、帝国主義に代わる新しい民族自立の思想を生み、未来へ向かっての希望の原理となった。

これらの新しい諸国は、基本的には西洋近代の原理を普遍的なものとして受け入れるが、資本主義圏が自由を原則とするのに対して、共産主義圏は平等を表に出すことで、自由を制約することを認めた。国際的に承認された原則として「世界人権宣言」が一九四八年の国連総会で採択されたが、この宣言の第一条は、「すべての人間は、生れながらにして自由であり、かつ、尊厳と権利とについて平等である。人間は、理性と良心とを授けられており、互いに同胞の精神をもって行動しなければならない」と規定している。

西洋の枠を越えて全世界に通用する原理を求めるとなると、多様な宗教やあるいは唯物論など、さまざまな立場があり得るので、特定の立場に立脚した原理を立てることができない。そこで、超越的な原理を立てず、人間理性の枠で普遍的な原則を立てることになる。すなわち、西洋近代の理性主義に基づき、その上に基本的人権や世界平和の原理が築かれていく。しかし、世界的な普遍性を主張するためには、西洋に由来するという性格を弱める必要がある。そこで、どの宗教でもどの民族でも認めうる立場として、ヒューマニズム（人間主義）、あるいは人道主義（ヒューマニタリアニズム）が共通理解として立てられることになる。それは薄められた理性主義ということができる。実際、ある時期まで普遍的ヒューマニズムが時代を牽引する力となり、その先に文化の相違を乗り越える理想的な世界の実現が望まれていた。

しかし、そこに限界があった。すなわち、普遍的ヒューマニズムが本当に普遍的な原理になり得るのか、その根拠は必ずしも強靭なものとは言えない。その原則が認められ、相互了解が成り立っているうちはよいが、それが常に成り立つという保証はない。人権宣言が国連で採択されたときでさえも、共産圏の諸国は棄権している。各国の利害が衝突し、脱近代的動向が顕著になる中で、普遍的ヒューマニズムへの信頼は揺らぐことになる。今日、ヒューマニズムを正面から説く論者はほとんどいなくなっている。

だが、普遍的ヒューマニズムが認められなくなれば、もはやそこでは倫理の根拠はなくなってしまうのではないか。エゴの衝突しか残らないのではないか。実際、脱近代の状況では、剝き出しのエゴが跋扈（ばっこ）するようになる。その中で、エゴの衝突を制御するために強い政治が求められる。倫理は政治に従属するようになる。それが、本章の冒頭に示したような現代の状況である。

脱近代的動向の伸張の中で、もちろんなお近代にこだわる立場は可能である。その例としてハーバーマスを挙げることができる。彼は名高い講演「近代　未完のプロジェクト」（一九八〇）の中で、新保守主義の伸張に対してもう一度「モデルネ」（近代）の理念を取り戻そうとする。ハーバーマスは、マックス・ウェーバーに従って、近代の特徴として、認識の問題、正義の問題、趣味の問題が分化したことを挙げ、それぞれが専門家によって追究されることで、「各種専門家の文化と広範な公衆との距離が拡がってきた」（『近代　未完のプロジェクト』〔ハーバーマス、二〇〇〇、二二―二三頁〕）と指摘する。そのバラバラになった専門領域を再び生活世界の中に統合していくことで、モデルネの再生を企図する。あくまでも近代の理想を掲げ続けようとする毅然とした姿勢には敬意を覚えるものの、今日、それで脱近代へと流れ込む大きな動きを止めることが可能かというと、はなはだ疑問である。

それでは、倫理の政治への従属という脱近代の動向はやむを得ないことで、歯止めをかける術はないのであろうか。ここで、近代の中で無視され、隠蔽されてきた大きな問題に改めて光を当てなければならない。それが宗教の問題である。近代の人間理性の優位の中で見捨てられ、とりわけ唯物論の盛行の中で不要であるかのように見られてきた宗教の中に、もう一度見直すべき可能性があるのではないか。それは再検討に値する問題である。

宗教の問題に立ち入るに際して、戦後の日本の場合、すなわち小伝統について少し触れておきたい。日本においては、中伝統が崩壊する中で、国体を否定した上で、改めて近代を立て直すことが課題となった。そこに日本国憲法に代表される小伝統が形成される。ＧＨＱの指令下に急ごしらえした日本国憲法のさまざまな問題については、改めてここで論じるまでもない。ただ、そうした欠点にもかかわらず、それが人類に普遍的であるべき平和主義の理想を謳い上げ、少なくとも建前としては、戦争なき世界の先頭に立つという理想主義を表明したことは特筆される。だが、この理念もまた、その根拠が崩壊するとともに後退し、唯一の被爆国なるがゆえの戦争放棄という自国の特殊性をアイデンティティの根拠として保てなくなり、「普通の国」を目指すことになる。

戦後の小伝統において、中伝統的な西洋受容ではなく、そこで否定された個人主義をも含めて、改めて西洋の近代を受容し直そうという方向が顕著となったが、その先頭に立った一人が、経済学者の大塚久雄であった。大塚はマックス・ウェーバーの『プロテスタンティズムの倫理と資本主義の精神』の強い影響下に、西洋、とりわけイギリスの資本主義形成期における自営業者たちの活動を理想化する。資本主義は巨大化し、帝国主義化してしまったが、その勃興期の中産階級の生産者たちは、カルヴァン派の禁欲的倫理に従い、内面の「良心の自由」に従うエートスを確立した。いまや日本でも、「民衆は自らの人格的尊厳を内面的に自覚するに至らなければならない」（『近代化の人間的基礎』〔大塚、一九六八、一五頁〕）。それによって、「近代以前的エートスを捨て去って、近代的・民主的人間類型が打ち出される」〔同〕ことが可能となるであろう。

あまりにも単純に西洋近代を理想化し過ぎたその論は、今日読んでみるといささかあきれるほどであるが、大塚によって導入されたウェーバー理論は、その後長く近代化論の一つの指標とされた。マルクス主義の過激な唯物論の流行についていけない近代化論者たちにとって、ウェーバー理論は恰好の拠り所となるものであった。近代の資本主義を肯定し、かつまた近代化における宗教の役割を高く評価する点で、マルクスの対抗軸となり得るものであり、マルクス対ウェーバーは、戦後の社会科学の大きな論点となった。

大塚は無教会主義のキリスト教徒であったが、戦後エートスの形成を目指す運動の中で、この流れが果たした役割は大きい。戦後の東京大学総長として、大学のあるべき姿を示した南原繁、矢内原忠雄もまた、無教会主義者であった。戦後の小伝統は宗教性を前面に出さず、政教分離を重要な柱とするが、実際には無教会主義系のプロテスタンティズムの倫理観に導かれたところが大きい。一見すると、近代化の進展とともに、世俗化によって神が見失われ、人間中心主義が徹底するかのようであるが、実際にはそうではない。その中で宗教は大きな役割を果たし続けてきたのである。

その点をさらに考えるために、南原繁の『国家と宗教――ヨーロッパ精神史の研究』（一九四二）〔南原、二〇一四〕を見ることにしよう。この書は戦争中に出されたものであるが、副題に「ヨーロッパ精神史の研究」とあるように、プラトンからナチスに至るまでの西洋精神史の中で、国家と宗教との関係をしっかりした構成のもとに浩瀚なスケールで論じた質の高い研究である。その根底には、原始キリスト教の理想視がある。「イエスの神の国の特質は、宗教を政治的国家的意識から解放して、純粋に人間の精神的内面性にまで深めたことにあった」〔南原、二〇一四、一二八頁〕というところに、その理想が求められる。それは決して国家の問題を無視することではない。「神の国の宣布は新たな個人人格の創造と同時に、『愛の共同体』として新たに社会共同体の理念を提示した」〔同、一三〇頁〕ことでもある。

このように、南原は、人間の共同体、すなわち国家の根底に宗教の必要を説く。このあたりには、原始キリスト教をモデルとする南原の宗教論が存分に論じられている。「宗教は自ら固有の文化領域を形成するものではなく、自ら文化の価値を超出するものであるが故にこそ、かえってもろもろの文化領域の中に入り込み、これに新たな内容と生命を供し得る」〔同、一三一頁〕というのである。さまざまな文化領域の一つとして宗教があるのではなく、宗教がさまざまな文化的価値を作り出し、文化のすべてに生命を与えるというのである。宗教は国家や政治に従属するものではない。逆に、宗教の理想と原理のもとに政治や国家が形成されなければならない。それゆえ、「宗教はひとり個人の救済に終るものでなく、あまねく国民と国家、ついに全人類社会の救済でなければならぬ」〔同、一三二頁〕。このあたりの南原の議論は、客観的な研究を超えて、熱い真情に溢れている。当時の時勢の中で南原は、時代を超えて、未来を見据えていたのである。

引き続いて、南原はカントからの近代精神の展開を述べ、その帰結として、十九世紀の実証主義とマルクス主義の発展に至る。それは、「近代精神がその往きつくところまで往きつくし、論理的に突きつめられた必然の結果」〔同、二四五頁〕である。もともと「ヨーロッパ文化の構成契機がギリシャ主義とキリスト教と、そしてこれと関連して固有の国家理念にある」〔同、二九九頁〕のであるから、それを否定する「近代精神」は、ヨーロッパ文化を「全面的解体に導くもの」〔同〕である。ナチスはその克服を目指すが、その方法は正統的とは言えない。それは、「『政治』が前面に表出し、政治的行動によって全文化の危機の克服を目ざす」〔同、三〇二頁〕からである。

南原は、当時の日本に対しては、田辺元の「種の論理」を批判するものの、それ以上には踏み込まない。危ういところで筆を止めるが、その論述の根底に日本の政治状況への批判が含まれていることは見やすい。南原の根本的立場はどこまでも宗教の優位というところにあり、十九世紀の宗教否定の動向から、二十世紀のナチスによる脱近代の政治優位の立場には、断固とした批判を投げつけている。これは、政治と宗教との関係を考える上で、きわめて重要なことである。

五　脱近代と宗教

脱近代的状況では、政治優位により倫理もまた政治に吸収されることを先に示した。それに対して、倫理を理性に基づける近代的思考も今日困難となっており、西洋的理性を薄めたヒューマニズムの普遍性もまた、成り立ち難くなっていることも明らかになった。脱近代はいち早くナチズムによって歴史の中に現れたが、民族絶滅を図る過激な行動は、短期間で自滅することになった。日本においては、中伝統の国体論は必ずしも脱近代とは言えず、近代化を目指すという点では、その後の小伝統につながっていくものであった。その近代が限界に達し、いまや世界全体に脱近代的状況が顕著になりつつある。

もちろん脱近代と言っても、決して一気にすべてがそのような状態になるわけではない。近代の理念やヒューマニズムの普遍性は依然としてある程度の通用性は示し続けるであろう。とりわけ、ヒューマニズムとしての人道性は、理性というよりは共感に基づく感情に根拠を置くことで、かなりの普遍性を持ち得るものと思われる。悲惨な戦争は嫌だ、人が殺されるのを見たくないという素朴な感情は、理性的根拠が崩壊しても、強い根拠として残り得るであろう。とりわけ男性優位の社会の中で圧殺されてきた女性の思いは、必ずや大きな力となるであろう。しかし、そうであっても、感情は倫理の根拠としては弱く、戦争は嫌だけれどもどうしてもやむを得ない場合は仕方ないではないかという議論が強くなれば、大方はそれに押し切られ、それを超えうる力を持ち得ない。

こうして、普遍的な理想や展望を失い、閉鎖化して力で自己を護ろうとする脱近代的な状況は、緩慢であっても次第に世界に蔓延していくものと思われる。その中で、根拠を失った倫理は、政治に屈服し、政治優位の状況が形造られていくであろう。おそらくそのような状況は、今後かなり長く続くと思われる。

しかし、それでは政治の力に対抗し得る倫理の根拠はあり得ないのだろうか。すべてが政治優先の中に埋没しなければならないのだろうか。先に検討したように、一見、宗教性が失われているように見える近代化の過程においても、じつは宗教の力は大きなものがあった。とりわけ南原繁の論は、西洋精神史の大きな流れの中に、ファシズムの脱近代の動きに対抗し得るものとして、キリスト教への厚い信頼を表明していた。南原はまた、「キリスト教はひとりヨーロッパの宗教でなく、……世界的な宗教である」〔南原、二〇一四、三二六―三二七頁〕として、日本においては「日本的キリスト教」となることを期待している。

近代化は宗教否定の方向で考えられ、とりわけ日本の戦後はそのように見られがちであるが、じつはそうとは言えない。南原や大塚が戦後復興の精神的基盤を用意した一面があるとするならば、そこにはたらいたキリスト教、とりわけ無教会主義のプロテスタンティズムの果たした役割は大きかったと考えられる。そうとすれば、近代から脱近代へと流れていく時代の中で、もう一度宗教の果たす役割を考えてみることが必要ではないだろうか。

脱近代化へと向かう今日の政治動向の中で、宗教は確実に大きな役割を果たしており、無視できなくなっている。イスラーム諸国では、現実に宗教が政治を導くことが行われている。また、米国のキリスト教原理主義者たちが政治を動かす力を発揮していることも知られている。日本においても、日本会議、神道政治連盟、公明党などの力を見れば、政治が宗教と無関係だなどとは決して言えない。靖国神社の問題も、政治や外交の問題ではなく、本質的には宗教の問題である。

こう考えるならば、今後の日本の脱近代社会において、ただその中に呑み込まれて流されてしまわないためには、もう一度宗教のあり方を考え直すことが不可欠である。その際、キリスト教と異なる立場も当然あり得るはずである。南原や大塚の無教会主義は、ある意味では近代的なプロテスタンティズムのもっとも極端な形であり、教団性を否定し、したがって儀礼的要素を排除する。まさしく「呪術からの解放」に他ならない。それゆえ、そのエートスは宗教性を薄められ、世俗化した形で浸透することになった。彼らの宗教性は必ずしも表に出ない形で影響を及ぼしたのである。それは近代化した宗教の一つの極限的な形態と言うことができる。

しかし、その方向を突き詰めていくと、心の持ち方の問題だけになってしまい、宗教性そのものがどんどん薄められ、もはや宗教と言えないような状態になり、いわば脱宗教化してしまう危険をはらんでいる。それに対して今日、カトリック復興のような形で、改めて教会と儀礼の重要性が再認識されてきている。それは、個人の心の問題だけに限定されず、歴史の中で築かれてきた伝統を捉え直す動きと見ることができる。

それとともに、彼らの議論でもう一つ注意すべきは、当然のことながら、キリスト教の優越論が見直されなければならないということである。今日、特定の宗教だけが優れていると見ることはできない。それぞれの宗教はそれぞれの地域に根差しながら、歴史の中で伝統を作り上げてきた。もちろん新しい宗教が生まれたり、外から異なる宗教が入ってきて、新しい伝統を築くこともあり得る。しかし、たとえそうだとしても、長い歴史の中で蓄積された文化的伝統を無視することは許されない。

日本の小伝統は、伝統からの断絶を大きな特徴としている。もちろん現実にはそうはいかないのだが、タテマエとしては、大伝統も中伝統も封建的として否定し、それに代わるものとして普遍主義の立場を掲げてきた。しかし、日本には日本の伝統があり、それを無視することはできない。南原の論はきわめて精緻で優れたものではあるが、西洋の精神史の展開上に日本を位置づけようとする点には無理がある。小伝統を超えた脱近代の状況が進む中で、それに対抗する思想を築くためには、まず日本の伝統をしっかりと捉え直す必要がある。

六　日本思想における王権と神仏

南原は西洋の精神史を、宗教と国家の関係から読み解こうとしたが、それと同じことは何よりも日本の思想史の中で試みられなければならない。奇妙なことに、日本においては自国の思想史をきちんと論じ、それを踏まえて新しい思想を築いていくということがなされていない。主要な国立大学の中で日本思想史の講座があるのは東北大学だけであり、その研究成果を踏まえて、現代の哲学・思想が構築されているかと言うと、まったくそのようなことはない。伝統思想と現代哲学とは異なる次元に位置して、触れ合うことはない。あるいは、哲学者が伝統思想の一部を取り出すことはあっても、それが全体としての思想の流れの中でどのように位置するのかには無関心である。しかし、伝統を踏まえない思想は、所詮は根のない思いつきに過ぎない。西洋の伝統以前にまず自国の伝統思想をどう読み解くかが問われなければならない。

もちろんこの問題は簡単に論じられるものではなく、それ自体、十分な研究を進めなければならないが、ここで簡単に私見の基本的なアイデアを示しておきたい。私見によれば、日本の思想は図7のような構造を持っているのではないかと考えられる。すなわち、神仏の領域と王権の領域が相互に緊張関係にあり、その関係の間の領域に世俗の思想が展開すると見るのである。

図7　日本思想史の構造.

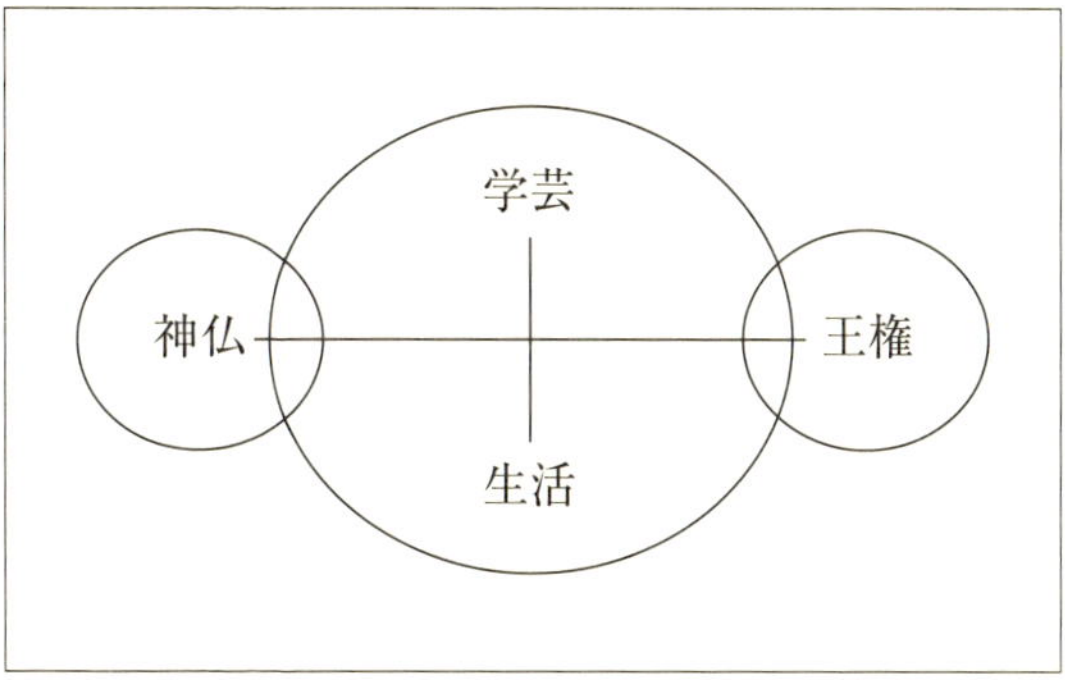

神仏の領域は宗教の領域と言ってもよく、日本の神仏だけでなく、キリスト教が大きな影響を与えた時期もある。基本的には、神仏と言っても仏教が支配的な地位に立つが、その中で土着の神の自立が図られ、神仏の関係は一元化できない複雑な諸関係を持っている。しばしば近世になると世俗化が進み、神仏の領域が弱体化するように思われがちであるが、実際には将軍権力を維持するためには東照宮（東照大権現）

の力を借りなければならず、その根底には神仏の力が維持され続けた。十九世紀になると復古神道の勢力が盛んになって政治的な力を発揮するようになり、それが明治の国家神道につながることになる。

それに対して、王権の領域は、一応は世俗権力の問題と考えられるが、日本の場合、単純に世俗権力とは言えない。王権の核に天皇は位置するが、天皇はアマテラスの子孫であることと、神を祀る職務とにその根拠がある。この点で、王権は必ずしも自立せず、神仏の世界にその根拠を持つことになる。それに加えて日本の王権の複雑なところは、権力が必ずしも一元的でなく、しばしば重層的な構造を持つことである。とりわけ中世・近世においては基本的には天皇不親政の立場が取られ、実際上の政治権力は院や幕府が握り、天皇は儀礼的な存在となることが多かった。

図８　中世王権の構造.

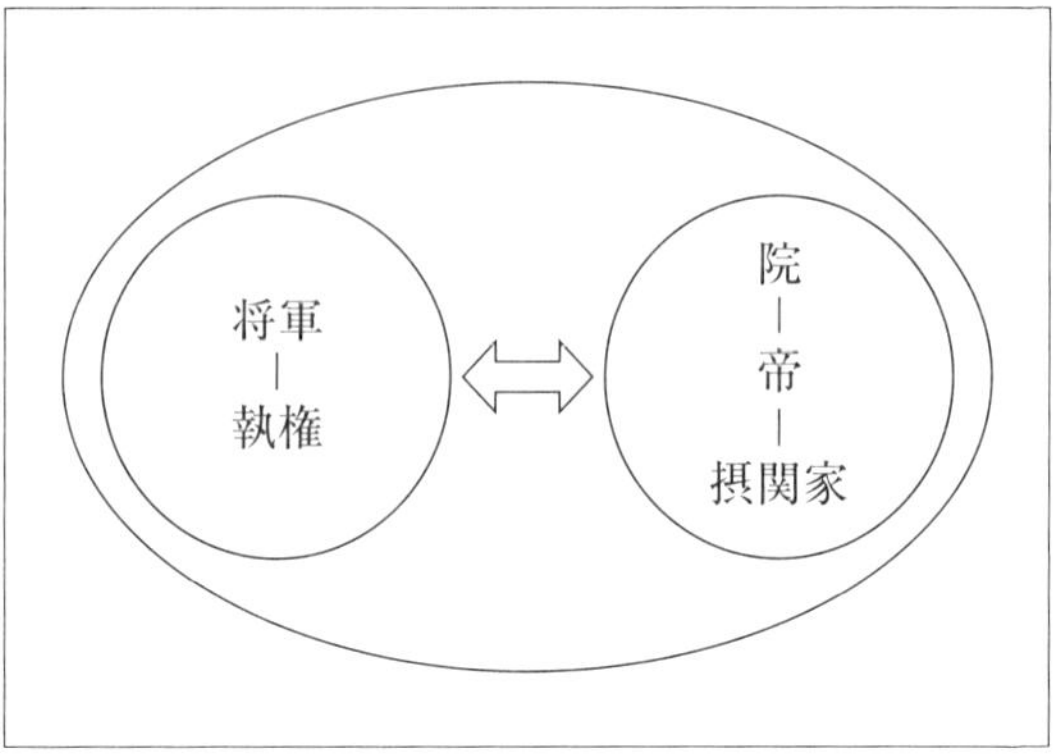

例えば、中世の場合を考えると、図８のように、天皇（帝）を中心とした朝廷と、将軍を中心とした幕府の二重王権体制となる。両者は対等というわけではなく、実質的な政治権力という面では幕府のほうが強力であるが、朝廷が将軍を命ずるという関係では朝廷のほうが上に立つ。この朝廷と幕府の内部がまたそれぞれ複雑な構造を持つ。朝廷側は院や摂関家がそれぞれ実権を持ち、帝の

役割は儀礼的な面に限定された。幕府の側も、将軍よりも執権が実権を握った。戦国期の大名領国制を経て形成された近世には、さらに大名による地方分権的な面も加わるために、一層複雑化する。このように、王権の領域も一元的ではなく、複合的な構造を持っているところに特徴がある。

これを中国の場合と較べてみよう。中国の場合、皇帝の正統性は天の命によるもので、天との間には連続性はない。これは王権神授説に近いものである。それゆえ、悪政が続くと天から見放され、革命が起こって、新しい王朝が認められる。易姓革命である。日本の場合、天皇の王権は神からの連続性に求められるが、実際の政治権力を握る将軍家は交代可能である。中国の政治構造で重要なことは、科挙が成立することにより、官僚＝士大夫層により知識人層が形成されることである。それは家柄として固定化したものではない。その知識人層の下に一般の庶民がいるという縦型の構成になる。直接天とかかわるのは皇帝であるが、他方で、宋学になり天＝理が性（せい）として人の本質を形成することで、そこに倫理的な原則が成り立つことになる。このように、基本的に儒教が政治構造を貫くことになる。実際の生活には仏教・道教などが機能するが、それは表面の場には現れない裏側の領域の問題となる。なお、このような原則は基本的に漢民族王朝に適用されるもので、宋代に確立される。異民族支配の場合はより複雑な構造となる。朝鮮の場合も、李朝になると儒教が優勢になり、漢民族の中国と近い構造を持つようになる。ただ、官僚を出す両班（ヤンパン）が階級として固定化するところに特徴がある。

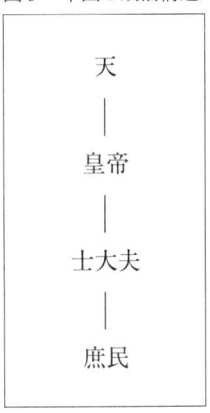

図9　中国の政治構造.

天
｜
皇帝
｜
士大夫
｜
庶民

このように王権と神仏とが両極にあって、人々の思想や生活、文化を規定する構造は、東アジアの中でも日本に特有なものであり、歴史を通してさまざまな変化を生みつつも、基本構造そのものは変わっていない。この構造は近代になっても持続する。近代天皇制は、天皇と神道との関係を密接化させることで、神の子孫＝現人神（あらひとがみ）としての天皇の権威を確立した。その点で、近代もまた、王権と神仏とを両極とする構造を取っていると考えられる。ただ、これまでのような王権内の重層構造を解消し、天皇不親政の原則を廃して、天皇がヒエラルキーの頂点に立つことで、王権が天皇に一元化されることになった。

近代における神道は、国家神道となることで政治宗教化し、政治の優位が成り立つように見えるが、これもそれほど単純ではない。万世一系の根拠は、天孫降臨の際にアマテラスがニニギに授けた、「豊葦原（とよあしはら）の千五百秋（ちいほあき）の瑞穂（みずほ）の国は、是れ吾が子孫の王たるべき地なり」という天壌無窮（てんじょうむきゅう）の神勅に基づくものであり、その神話性を除くことができない。天皇の職務の中心は神事にあり続けた。このように見れば、単純に政治優位の一元的な体制になったということはできず、そこには政治に解消し得ない宗教性が維持されている。憲法学的には天皇機関説が主流であったとしても、実際には天皇は近代的な政治制度の枠では捉えきれない存在であった。

それでは、このような近代の中伝統の中で、仏教はどのような位置づけになるのであろうか。近世においては、キリシタン禁制の下で宗門改めが行われ、寺檀制度が確立した。寺院は行政の末端の役割を担い、そこから国の保護を受けて、一種国教的な地位にあった。寺社関係は一般の法制の枠の外にあり、寺社奉行の管轄とされた。ところが、近代になると、その特権的地位を剝奪される。

明治体制下で、仏教は民間の一宗教となり、僧侶は肉食妻帯が認められるとともに、一般の平民と同じ扱いになって、戸籍に編入された。上地令（じょうちれい）によって、寺院の広大な境内地は没収され、寺院の勢力は大きく衰退した。

しかし、それによって仏教がすっかり衰退してしまったかと言うと、そういうわけでもなかった。一つには、先進的な仏教者がいち早く欧米に出向いて近代的な宗教制度を採り入れたり、新しい仏教研究を学んできたりして、近代化に努めたということがあった。しかし、それ以上に大きな意味を持ったのは、近世の寺檀制度を引き継ぎながら、近代の中伝統の国体の体制の中で巧みに重要な役割を担うことに成功したからであった。

中伝統の国体の制度は、天皇を頂点とする家父長体制を取ったが、その際、形式的な制度としては、大日本帝国憲法を発布し、近代的な立憲国家としての体制を整えた。そして、欧米の科学や制度を積極的に受け入れ、世界の一流国の仲間入りを果たそうとした。しかし、それは一握りのエリートの課題であり、直ちに一般の庶民にかかわることではなかった。一般の人たちにこのような国家体制を教え込む役割を果たしたのが、教育勅語であった。教育勅語は、家庭内の孝の倫理を国＝天皇に対する忠に結びつけることで、家父長制国家に適合した儒教的な倫理道徳を国民（臣民）に定着させることになった。

しかし、それだけでは世俗的な秩序（顕（けん））だけであり、それに対して、神仏の世界（冥（みょう））の位置づけを明確化する必要があった。国家的祭祀は神道が担うことになったが、各家庭の祖先祭祀を担ったのが仏教であった。イエを象徴する仏壇と墓を仏教式に祀ることは、国家制度として法的に定

図10　中伝統＝国体の構造.

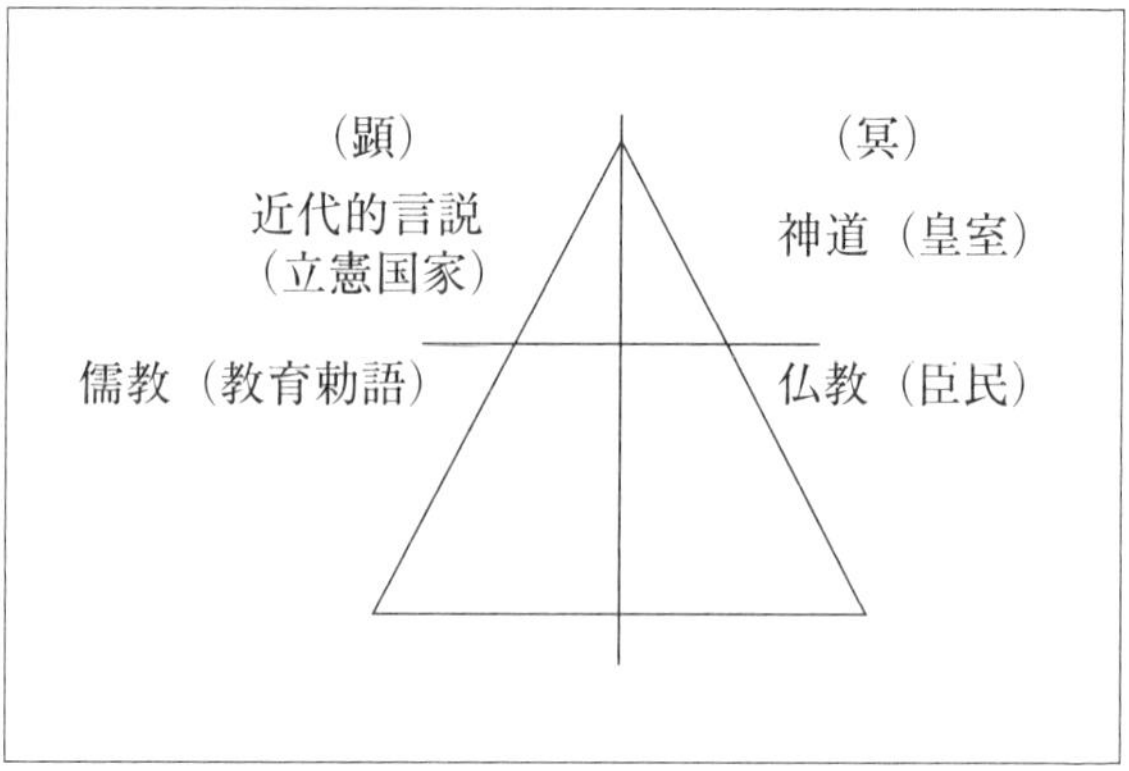

められたものではなかったが、近世以来の寺院と檀家との関係を引き継ぐことで、もっとも一般的には仏教が担うという方式が確立した。こうして、中伝統は図10のように表（顕）と裏（冥）の両面の秩序を具えることで、堅固な体制を築くことになった。このような形で、近代においても王権と神仏とが関係する体制が維持されたのである〔末木、二〇一七b、序章参照〕。

ところが、第二次世界大戦後の小伝統になると、このような秩序が解体される。王権のあり方に関しては、象徴天皇制の採用によって、天皇不親政の伝統に復帰し、国民主権が明確化された。しかし、日本国憲法はその根拠を理性あるいはヒューマニズムの普遍性に求め、それが伝統にどのようにつながるかは明確にしなかった。というよりも、意図的に伝統との断絶を目指していた。そこで、小伝統は戦争放棄の平和主義という大きな理想を掲げながらも、その思想の論拠を十分に深めて議論することができなかった。それに関する根拠を求めていけば、当然宗教の問題を避けて通ることができなかったはずなのに、冥の領域の神仏の問題は正面から議論されず、むしろ避けられてきた。本来宗教的な問題として議論しなければならない靖国問題も、政治や外交という面でしか論じられなかった。こうして、思想的にきわめて不安定で脆い状態が続くことになった。

今後、脱近代的な状況が進む中で、王権（政治）と神仏（宗教）との関係がどのように展開するか、必ずしもはっきりとは予測できない。ただ、宗教が受け身になれば、政治の中に呑み込まれていくだけだということははっきりしている。しかし、宗教には重要な役割がある。倫理も含めて、政治の一元的な優位に対抗して、別の可能性を求めるとすれば、それは宗教を措いて他にあり得ないからである。宗教が政治の中に逼塞（ひっそく）して、小さな領域を与えられることで満足するのか、それとも宗教こそが政治を超えて、倫理のあり方、人間のあるべき姿を示すことができるのか。脱近代の中で、宗教のあり方が大きく問われてくることになる。

七　可能性としての菩薩の倫理学

南原繁は前掲の『国家と宗教』において、「キリスト教のこのような此岸的現実性、その地上生活の倫理化の意義は仏教の『浄土』思想などに比べて極めて顕著な要素」〔南原、二〇一四、一三一頁〕と述べている。キリスト教が積極的に世俗にかかわる倫理性を持つのに対して、仏教は世俗離脱的だという見方はかなり一般的であろう。そこには、カルヴァン派の世俗内禁欲を特別視するマックス・ウェーバーの影響も大きかったと思われる。だが、それだけではなく、実際に社会活動において、キリスト教のほうが積極的であったようにも見える。だが、果たしてそう言えるであろうか。

それに対して、『冥顕の哲学Ⅰ』でも指摘したように、もともと大乗仏教には菩薩の実践が根本にあり、菩薩の倫理学とも言うべき実践思想が確立していた。ここで、その原則を確認しておきたい（詳しくは『冥顕の哲学1』第九章に論じた）。

菩薩の基本原理は、「一切衆生は他者なくしてあり得ない」ということであり、それが「一切衆生は菩薩である」と定式化される。これを「存在としての菩薩」と呼ぶ。その場合、他者との関係はプラスの場合もあり得るし、マイナスの場合もあり得る。それをプラス方向に向け、自己のみならず、他者の幸福を求めようというのが「実践としての菩薩」である。菩薩の実践は「自利利他」と言われ、特に「利他」が強調されるのは、まさしくこうした「実践としての菩薩」のあり方を指している。「菩薩の倫理学」は「実践としての菩薩」のあり方に他ならない。

もう一点、菩薩のあり方の重要な特徴は、それが現世に限られないということである。他者の中には死者も入ってくる。それとともに、時間的にも前世や来世をも含んでいる。菩薩の実践は、遠い過去世からはるか未来世まで続いていく。すなわち、輪廻を認めることになるが、それは否定的な意味でではない。利他行に終わりはないから、輪廻することで、その実践を続けることになるのである。大乗仏教は単純に輪廻を否定するわけではない。

ここでは、菩薩の倫理学の詳細に立ち入ることは避けて、脱近代的状況の中で、政治的倫理に対抗し得る宗教的倫理としての菩薩の倫理学の可能性を検討してみたい。

まず指摘されるのは、このような菩薩の倫理学は、日本仏教の根幹に位置していたのではないかということである。日本仏教の基礎を確立した一人である最澄は、従来の具足戒（ぐそくかい）の代わりに『梵網（ぼんもう）

経』の大乗戒（梵網戒）を採用することを提案した。これは、まさしく菩薩僧の育成を目指すものである。最澄は、その勅許を求めて『山家学生式』を提出したが、最初の六条式（八一八）においては、養成すべき菩薩僧に、国宝・国師・国用の三種類があると言う。

「国宝」については、「道心を宝とするなり。道心有る人を名づけて国宝と為す」と述べた後、「古人」の言として、「照千一隅」（千里を照らし一隅を守る）が国宝だという有名な言葉を挙げる。「国宝」は、「能行能言」（実践にも理論にも有能）の人で、「国師」は、「能言不能行」（理論はできるが実践は不向き）の人であり、「国用」は逆に「能行不能言」（実践はできるが理論は苦手）の人である。国宝は、「常に山中に住して、衆の首となる」ような、国の精神的な指導者である。国師と国用は官命によって各地方に派遣され、伝法や講師となるが、国から支給される法服や施料は、池を掘ったり、荒地を開いたり、橋や船を造るなど、人々の役に立てるようにするというのである。

最澄の理想がそのまま実現したわけではないが、その精神が日本仏教の中にずっと受け継がれ、さまざまな実践がなされてきたことは、『冥顕の哲学I』において指摘した通りである。今日、「社会参加仏教」ということが改めて言われているが、その際、その源流が日本仏教の中に大きな流れとしてあることを認識し、その系譜上に位置づけていくことが必要である。また、今日言われる「社会参加仏教」は、多くは政治的問題を避けた上での社会貢献ということが考えられている。しかし、もともと「社会参加仏教」ということ自体が、ベトナム戦争での仏教僧の反戦活動から生まれたものであり、本来政治的問題をも含んでいることを十分に認識する必要がある。宗教的活動は、政治的問題を避けるところにではなく、政治性を超えて、政治を正し、政治の中に吸収されない倫理を確立してくところに大きな意味があるのである。

菩薩の倫理学に関して、次に指摘すべきことは、単にそれが「利他」ということであれば、あまりに抽象的になってしまわないか、という問題である。それはまさしく他者親密型（intimacy）の倫理の問題点であり、相手次第で対応が変わってきて、場合によっては、きわめて日和見的なことになり、政治に従属する忖度の道をも開くものとなってしまう可能性がある。そこに絶対に譲れない倫理的な一線というのはあり得るのであろうか。

これに対しては、他者の抹殺は認められないということが、最低限の原則として立てられる。「利他」というのは、他者とともにあって初めて成り立つ。「実践としての菩薩」にとっては「存在としての菩薩」が前提となる。しかし、理解不能な他者の存在は、常に目障りで不快にさせ、場合によっては自己に害となる。そこで、他者を消してしまいたいという願望が生ずる。

他者の抹消には二つのやり方がある。一つはその存在そのものをなくしてしまうということであり、もう一つは他者の他者性を剝奪することである。前者は物理的に他者を消してしまう殺人であり、後者は他者を自己と同化させること、他者を従属させることである。なぜ殺人が許されないか、戦争が認められないか、ということはここから必然的に演繹される。それは他者を消すことである。自己が他者とともにしかあり得ないとすれば、そのことは同時に自己を消すことにもなってしまう。菩薩の倫理学の立場からは、平和主義、戦争否定以外の道はあり得ない。

仏教では最低限の実践原理として五戒を立てる。不殺生（ふせっしょう）・不偸盗（ふちゅうとう）・不邪婬（ふじゃいん）・不妄語（ふもうご）・不飲酒（ふおんじゅ）である。このうち、最後のものを除けば、いずれも他者との関係の中で、他者とのマイナスの関係を否定し、それを積極的な方向に構築していく前提である。その最低限の原則の上に立って、菩薩の大きな誓願が成り立つのである。

しばしば宗教原理主義というと、きわめて否定的な評価を下される。しかし、宗教には原理主義しかあり得ない。政治は「敵か友か」であるが、そこには妥協ということが可能となる。しかし、宗教においては、根本の原則を曲げるということはあり得ない。原則のない宗教は宗教ではない。イスラーム教徒は、どのような状況であっても絶対に豚肉を食べないのであって、そこに妥協の余地はない。それと同じように、菩薩の倫理学は他者との関係ということがあって初めて成り立つのであり、どんな状況であっても、他者を抹殺する行為は認められない。そこでは、目的は手段を正当化するということはあり得ない。

もっとも人間以外の動物に関してはどうなのか、ということになると、やや微妙になる。衆生という捉え方は、動物も含むから、そこからは肉食否定ということも考えられるが、そこまで広げずに、人間の領域の問題に限るという理解も可能である。このように微妙な問題はさまざまの場面で出てきて、確定しきれない曖昧な場面も少なくない。とりわけ科学の高度化の中で、従来考えられなかったさまざまな問題が生まれている。脳死を人の死として認めるかどうかという議論には、宗教者も多く意見を出した。出生前診断による中絶は認められるか、遺伝子操作は認められるか、原子力発電は認められるか等々、かつてなかった新しい難問が生まれてきている。そうした問題に対して、菩薩の倫理学の立場から、どのような答えが出せるのか。それには専門家も交えて十分に議論を尽くさなければならない。

そのために重要なことは、日本の仏教が宗派に分かれてバラバラに対応するのでは不十分だということである。いずれも菩薩の倫理学の立場に立つのであるならば、一緒になって検討し、行動することが可能のはずである。それによって初めて、菩薩の倫理学が政治主導の立場に対抗し得るだけの力を持ち得るようになる。いちばん根本の立場を忘れるとき、宗教は政治に呑み込まれる。

ところで、菩薩の倫理学のある意味で躓きの石となるのが、輪廻の問題である。他者と共存し、他者の幸福を求めるということを、現世の領域で考えるということであれば、必ずしも仏教に限らず、他の立場、例えば世俗的な倫理に限定する立場からも認められるであろう。それなのに、何故現世を超えた前世や来世を前提にしなければならないのか。それは、現世の枠では自利利他の理想は実現し得ないからである。とりわけ今日、現世的問題の範囲であっても、自己の生存の枠の中では解決できない多数の問題が生じつつある。例えば、原発の廃棄物を完全に無害化するには、十万年かかるとされ、その間、人が触れ得ないように完璧に密封して保存しなければならない。十万年という年月を、通常の現世的な感覚で理解できるであろうか。このように、すでに私たちの現世的な生存において考えられるスパンを越えた問題が現実化しているのである。そうとすれば、私たちの倫理もまた、通常の現世の枠の中では考えられなくなっているのである。

最後にもう一点、補足しておきたい。菩薩の倫理学は大乗仏教の立場で成り立つもので、とりわけ、差し当たっては日本仏教という枠で考えていきながら、それを広げていくことが課題となっていく。その際、他宗教との関係はどうなるか、ということが問題になる。他宗教は、あくまでも他なるものとして相互に尊重し合わなければならない。「すべての宗教は一致する」というような観点から、早急な同一化を図るべきではない。かと言って、教理的な相違に目を塞いで、表面だけの宗教の融和や、多宗教主義では、本当の宗教の問題を深めることにはならない。

ただし、諸宗教は宗教である以上、その根底においてつながっているはずだという信念を持つことは重要である。そして、その信念のもとに、相互の教理の理解を深め、議論を重ねていくことが不可欠である。例えば、キリスト教などの一神教と仏教とは、その構造においてたしかに大きく相違し、その相違に目を塞いではならない。しかし、相違しつつも対話を重ねていく中で、共通する視点を獲得していくことは十分に可能である（『冥顕の哲学1』第六、七章参照）。脱近代の政治優位の情勢の中で、宗教が本当に力を発揮していくためには、根底から相互に議論を深めながら協力していくことが、きわめて重要な課題となると思われるのである。

終　章　果てしなき螺旋の途上にて

一　世界は本当に存在しないのか？

マルクス・ガブリエル『なぜ世界は存在しないのか』〔ガブリエル、二〇一八〕が話題となっている。ポストモダンの脱構築主義に対して、新実在論を主張し、新しい哲学の方向を示すものだと言われている。ガブリエルの哲学もまた、西洋の伝統を受け継いで、「存在」ということを問題とする。「存在」に関しては、きわめて明快な定義を与える。

存在すること＝何らかの意味の場のなかに現われること。〔同、九七頁〕

ガブリエルは、自らの立場を「意味の場の存在論」と呼ぶ。「意味とは対象が現象する仕方」〔同、一〇二頁〕であり、「意味の場とは、何らかのもの、つまりもろもろの特定の対象が、何らかの特定の仕方で現象してくる領域」〔同、一〇二頁〕である。ここでは、ハイデガーに見られるような「存在」

の神秘化が否定される。「存在」はもはや実体とか実在とかとかかわる特別の重みを持った言葉ではなくなった。あくまでも現象とかかわるプラグマティックなもののあり方である。仏教認識論で言えば、アルタクリヤー（効果的作用）説に近いものと言えよう。

このような「意味の場」はさまざまなあり方が可能であり、フィクションの中の存在についても有意味的に語ることが可能となる。「女三宮は光源氏の正妻である」という命題は、古い存在論では扱うことができなかった。フィクションの中の人物は実在しないのであるから、そもそも厳密な意味での命題たりえないことになる。しかし、こういう命題は普通に語りうるし、真偽も判断できる。先の命題は正しいが、「紫上は光源氏の正妻である」は偽なる命題である。しかし、それが無意味とは誰も思わない。

「意味の場の存在論」では、そのようなフィクションの中の存在についても扱うことができる。『源氏物語』という「意味の場」においては、光源氏も女三宮も紫上も有意味的な存在であり得る。科学も一つの「意味の場」であるが、それが唯一ではなく、さまざまな「意味の場」があり得る。それはまた「対象領域」とも言われ、その領域の中で対象が意味を持って存在することになる。

ガブリエルはこのように多元論的な世界観を提唱する。世界にはさまざまな対象領域があり、そのような小世界が多数あることになる。ところが、ガブリエルによれば、このような小世界を包括する全体としての世界は存在しないという。「数多くの小世界は存在していても、それらのすべてを包摂するひとつの世界は存在していません」（同、二〇頁）というのである。これも分からないわけではない。私たちが生きている世界は、さまざまな小世界が複合しているのであって、その全体を考える必要はない、ということになろう。

それならばそれで一貫しているはずだが、どうもガブリエルの言いたいことはそうではないらしい。「世界とは何か」という問いは有意味的であり、それに対して、「世界とは、物の総体でも事実の総体でもなく、存在するすべての領域がそのなかに現われてくる領域のこと」（同、六九頁）という定義を与える。集合論的に言えば、すべての物の集合ではなく、すべての集合の集合ということであろう。さまざまな小世界は、それ自体「意味の場」において語り得る存在である。例えば、『源氏物語』という小世界の全体については有意味的に語り得るのであり、「平安時代の小説」というようなもう一ランク上の「意味の場」の中に位置づけることができる。ガブリエルの言う「世界」は、そのような「小世界」すべての総体になるのである。

だが、このあたりがいささかおかしい。そもそも「世界」に対して定義を下してしまえば、それは有意味的であり、「意味の場」の中に引き入れられたことになってしまう。そのような相対的領域としての世界を考える必要がないのであれば、「なぜ世界は存在しないのか」などという思わせぶりな、ミスリーディングな言い方はすべきではなく、私たちは多様で重層する小世界の複合の中に生きていると言うことで十分であり、その構造を分析していくことが可能である。それらの「小世界」の上位概念としての「世界」を考える必要はない。それとも、「世界が存在しない」ということは、あたかもマリオンにおいて「神は存在しない」というように、「世界」は「存在」に意味を与えるような、超越的で高次な次元の何ものかなのだろうか。

ガブリエルがどの程度、日本哲学を意識していたかは分からないが、直ちに西田の「無の場所」

の問題を思い浮かべるのは不自然ではないであろう（『冥顕の哲学1』第三章参照）。有意味的なものの関係を成り立たせるのは「有の場所」であり、それはまた、それ自体は「有」として現れない「無の場所」とも言うことができる。そのような「場所」にさまざまな階層があり、重層していることは間違いなく言える。しかし、そのような有意味性を成り立たせる「場所」を突き詰めていくとき、「絶対無の場所」という絶対性に到達するかどうかが問題である。

ここで他者が問題になる。『冥顕の哲学1、2』でしばしば強調してきたように、他者とは、了解不可能でありながら、関係を持たざるを得ない何ものかである。他者は意味的な場所を無視して現れる。意味的な場所の中に置かれれば、意味を与えられ、了解不可能ではなくなる。それゆえ、他者はそのような場所の破壊者であり、場所を無化してしまう（『冥顕の哲学1』第三章）。それでもなお「場所」を言うならば、「絶対無の場所」としか言いようがない。しかも、西田においては、その「絶対無の場所」はただの空虚な「場所」ではなく、それ自体がはたらきを持つ不可思議な他者であり、プラトン的なコーラなのである。「絶対無の場所」はそれ自体が不可解な他者としてしかありえないのである。

ガブリエルの「世界」は、定義をすれば有意味的な領域に落ち込み、定義もせずに放置すれば、そもそも始めから問題にすることができず、その必要もないという二律背反を抱え込んでいる。なおかつ、その理論では有意味的な領域を破壊して侵入する他者の問題を扱うことができない。他者は世界の中には安住せず、私たちをも安住させてくれない。ガブリエルの理論では、他者の問題が欠如しているように思われる。

二　他者は本当に他者なのか？

他者が徹底的に了解不可能であるならば、そのような他者と関係することは可能であろうか。関係を持ちえないのではないか。この問題は、とりわけ菩薩の倫理学を考えるとき、重要になる。菩薩が他者とのかかわりの中にあり（存在としての菩薩）、そのかかわりを積極的に構築しようとするのであるならば（実践としての菩薩）、その場合の他者とは何なのか。他者は、了解不可能性を本質とすると言えるのであろうか。また、『法華経』によって、「一切衆生は菩薩である」と主張するならば、他者はもはや他者とは言えず、同じ菩薩という性格を持つ了解可能なものとなってしまうのではないか。他者は本当に他者なのか。

菩薩の倫理学はいまだ粗削りの形成過程にあるので、さまざまな問題が未解決のままに残っている。ここでは、とりあえずこの問題を考えてみよう。菩薩の典型として、『法華経』常不軽菩薩品（じょうふきょうぼさつほん）第二十に説かれる常不軽菩薩の例が挙げられる。常不軽菩薩は、釈尊の前世譚として語られるが、大成（だいじょう）という世界の威音王仏（いおんのうぶつ）の世に現れた菩薩で、誰に向かっても（経典では、出家者と在家信者とに限っているが、限定する必要はない）、「我れ深く汝等を敬う。敢て軽慢（きょうまん）せず。所以（ゆえん）は何ぞや。汝等は菩薩道を行じて、当（まさ）に仏と作（な）るを得べければなり」と礼拝したという。彼は、どれほど罵倒されても、木や瓦石を投げられても礼拝をやめなかったという。

この話で、彼を罵倒し、瓦石を投げた人たちは、本当は菩薩であるのに、自らの菩薩たることに気づいていない。そこで、常不軽菩薩に敵対したのであって、その点からすれば他者的であるが、常不軽菩薩は、誰もが菩薩であることを理解して礼拝したのであるから、そうとすれば了解不可能な他者性が消えてしまうことにならないか。

この問題を考える際に、まず指摘されるのは、「私」にしても「他者」にしても、固定的な個体としての実体性を持つわけではないことに注意すべきである。「私」は、それこそガブリエルの言うように、多元的な意味の領域にかかわっていて、それらが重なり合うところに曖昧な輪郭をもって「私」が成り立つ。それゆえ、「絶対矛盾の自己同一」の「自己同一」は厳密な意味では成り立たない。

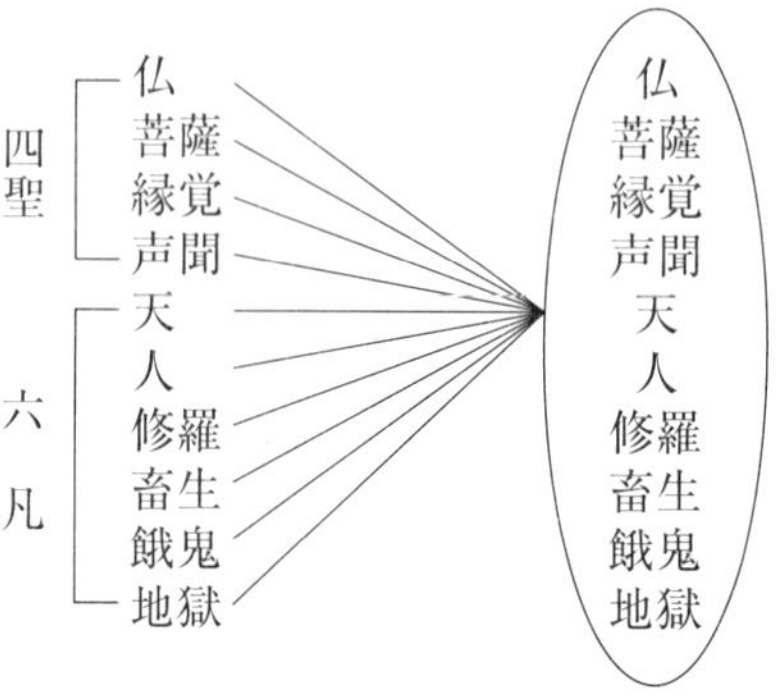

図11　十界互具の構造.

そのことを前提とした上で、具体的に「私」がどのような重層性を持つかを考えてみよう。その際、もっともよいヒントを与えてくれるのは、天台の十界互具（じっかいごぐ）の思想である。十界というのは、迷っている衆生が輪廻する六つの領域である地獄・餓鬼・畜生・修羅・人・天の六道（六凡）と、悟りの段階である声聞（しょうもん）・縁覚（えんがく）・菩薩・仏の四聖とを併せた十段階の衆生のあり方である。十界互具は、そのそれぞれが自らのうちに十界すべてを含んでいるという説である（図11参照）。すなわち、仏の中にも仏から地獄まで十界すべてが含まれ、地獄の中にも仏から地獄まで十界すべてが含まれる。

もちろん人の中にも仏から地獄までが含まれる。

こうして、一個の衆生の中には善から悪まで、聖から俗まで、楽から苦まで、あらゆる要素が含まれる。「私」という固定した個体があるわけではなく、「私」とはそれらの要素の重層なのであり、その中のどれが表に出るかによって、「私」は異なった姿を示す。「私」は単一化されず、その内に他者が住まい、その「内なる他者」が「外なる他者」に通底するのである。このことは、レヴィナスが徹底的に自己を「同」として、「他」と切り分けるのと相違する。レヴィナスの発想はユダヤ教系一神論としては成り立つが、仏教の立場からは認められない。

仏の中に地獄があるという説は衝撃的であり、それをめぐっては中国天台の中で論争が起こった。仏は完全に悟った存在であり、そこに地獄の要素があるはずはないという批判が提起されたが、結局、仏の中にも現実性としてではないが、あくまで理法としては地獄の要素もあるという説が正統的と認められた（性悪説（しょうあくせつ））。そのことによって、仏は地獄とも同化して、地獄の衆生も救済できるのである。逆に、地獄にも仏の要素があるから、地獄に堕ちたものも仏となる可能性があることになる。

それゆえ、「私」は人としてのあり方が表に出ているが、その中には他者としての仏から地獄までが、いわば多重人格的に共存しているのである。「私」自身が思いもよらないところで、地獄のような極悪の姿を曝け出すことがあるし、仏のような姿を示すこともある。他者もまた、「私」と同じく重層性を持つ。そのことはなぜ分かるのか。それは、他者もまた、一元化できない多重のふるまいを示すことによって知られる。「私」の中の地獄の要素が、他者の地獄の要素に共鳴することがあるかもしれないし、「私」の中の仏の要素が、他者の仏の要素に通じていくかもしれない。それは、異なるパソコンユーザーが、クラウドを通してデータを共有することに似たところがあるかもしれない。

この十界互具の理論からすれば、「一切衆生は菩薩である」という『法華経』の説も当然認められる。たとえ地獄の衆生であっても菩薩としての要素は持っているからである。しかし、それならば「一切衆生は地獄である」と言ってもよいはずである。なぜ菩薩でなければならないのか。それは、他者との関係を中核に据え、他者とともに目覚めへと向かって進みたいという人間観を採用し、それを倫理の根底に置こうとするからに他ならない。もちろん、それ以外の要素を表に出す人間観もありうる。声聞や縁覚のように、他者とのかかわりを断つことによって完成を目指すということも可能である。菩薩の道を選ばなければならない必然性はない。

それでもなお、衆生を菩薩として捉え、菩薩としての実践へと向かわせるのが大乗仏教である。それは、あらゆる衆生は他者とともにしかありえない、という根本認識に基づいている。それが唯一の人間観だと主張するわけではない。しかし、可能な中の一つの人間観であり、倫理観であるということは認められるであろう。たとえ罵倒され、石を投げつけられても、菩薩は菩薩の道を進む以外にはあり得ない。それは現世を超え、過去から未来へと流れる現世的時間と異なる時間の中で、永劫の理想を求めて実践されていくのである。

三　根源へは本当に到達できるのか？

エマニュエル・レヴィナスは、「同」である自己と、「他なるもの」である他者とを切断し、「同」と「他」を全体化することを否定し、全体化できない「他」なるものの超越を説く。「超越は、融即による超越的なものとの合一とはことなる」（『全体性と無限』上、岩波文庫版〔レヴィナス、二〇〇五、一四二頁〕）のである。このような超越主義は、ユダヤ系一神教の正統派の立場を代表する。それに対して、上記の仏教的な十界互具を基とする他者論は、「自」の中に「他」を認め、そこに「他」との通底の可能性を考える。

しかし、仏教における他者問題はそれに留まらない。先にも触れた「場所」の問題が残されている。「場所」を掘り下げていくとき、他者との出会いは場所を破壊してしまう。その極限を西田は「絶対無の場所」と呼んだ。それを「無」としか言えないのであれば、そもそも問題にならないはずだ。にもかかわらず厄介なのは、その「絶対無の場所」が、老荘の「無」や仏教の「真如」「法身」などに通ずる根源性としての形而上学的性格を持つことによる。それは、場合によっては発生論的な原理でもあり得るし、あるいは大悲の光の発生源であるかもしれない。そのような不可知の他者性を秘めた奥底である。そうであれば、その奥底は決して到達し得ない深みである。

親鸞の『教行信証』証巻には、「弥陀如来は如より来生して、報・応・化、種々の身を示し現じたまふなり」（日本思想大系『親鸞』〔親鸞、一九七一、一三九頁〕）と言われている。ここで、「如」というのは、滅度・寂滅・無上涅槃・無為法身・実相・法性・真如などと言い換えられている。三身説で言う法身であり、そこから仏は報身・応身・化身などの姿をとって現れる。阿弥陀仏は報身と考えられているが、その根底に法身＝真如があるというのである。報身は、個体的に捉えられた仏のあり方であるが、法身はその個体性が解体し、場所の根源へと深められたところである。報身的な仏が、凡夫と往相（おうそう）・還相（げんそう）関係にあるのに対して、法身的な仏はその関係を成立させる根拠と言うことができる。

その法身的な根源は、先に述べたように、到達し得ない深みと考えられるが、厄介なのは、仏教の悟りは、その深みをも含めた、レヴィナス的に言えば、まさしく「全体」を把握し、それと合一することを目指す一面があることだ。ここで、「一面」と述べたのは、批判仏教のように、法身的なものを否定する研究者もおり、おそらくそのほうが古い形であったであろう。それだけでなく、過去の日本においても、法身的なものをどう理解するかをめぐっては論争が交わされており、複雑な問題をはらんでいる。

それは、密教における議論であるが、密教は釈尊ではなく、その根源である法身の大日如来が説いた教えということになっている。いわゆる法身説法である。しかし、法身の説く言葉を人が理解できるかということが、中世の密教で大きな問題となった。究極的な法身そのもの（自性身（じしょうしん））が教えを説くという立場に対して、それは人間には理解できないので、密教の経典は自性身がもとになって、衆生に理解可能な加持身（かじしん）という形態をとって説いたという説が提示された。その二つの立場はその後、真言宗が大きく分立する理論的な原因となった。すなわち、自性身が教えを説くという立場を取るのが古義真言宗であり、それに対して、加持身が説法するという説を取るのが新義真言宗である。

じつはこのような論争は、もっと早く、栄西によっても提起されており、また、禅が日本に定着する過程においては、禅の不立文字の立場と密教の言語的教説との優劣をめぐる論争が交わされた。禅の立場では、言語によって説くことのできない究極の法身的な真理が、禅の実践においては到達可能という説が提示された。このような議論は、インド仏教に戻れば、言語による教説である世俗諦と、言語を超えた真理そのものである第一義諦との関係という形で、ナーガールジュナ（龍樹）によって提起された問題を引き継ぐものであった。

このように、法身＝真如＝場所の根源に到達できるかどうか、別の言葉で言えば、レヴィナスの言う「全体」を包括的に把握し、それと合一し得るかどうかという問題に対しては、仏教の中でも確定しない。私自身の立場は、法身＝真如＝場所の根源へ向かって理解を深めていくことはできるが、その根底は見極められないと考える。この世界の全体をそっくり閉じ込めて包括して理解しきるということは、あり得ないであろう。どこまで行っても行きつくことのない、その先が続く。それゆえ、それは全体として囲い込まれるものではなく、むしろ根底において開かれていく可能性を秘めている。そう考えれば、全体性と無限とが対立するのではなく、法身＝真如＝場所が、外へと超越していく可能性もないわけではない。冥顕の世界は一神教的な超越を否定するわけではなく、両者は通底しあう可能性があると考えなければならない。『冥顕の哲学1』第六、七章に論じた宗教間の理解の問題は、さらに追究されなければならない。

四　哲学を日本から興すことは本当に可能か？

二冊からなる『冥顕の哲学』が志したのは、日本の伝統思想を基盤としながら、現代のこととしての哲学を構築できるか、という試みであった。その意図のもとに、世界の冥顕構造の解明から、菩薩の倫理学の提唱に至った。それは私自身の仕事として、今後さらに深めていかなければならないが、そのことはもちろん、それが日本思想をベースとした哲学として唯一のものというわけでもなければ、優れたものと主張するつもりもない。ただ、西洋哲学の流れと別のところに根を持つ哲学があってもよいということの一つの例を提示したまでである。だからと言って西洋哲学を排除するつもりもないし、西洋哲学の叡智は参照系として多く学ばなければならない。

そもそも日本の伝統思想というとき、戦前の狭隘な日本主義者の主張とは異なり、自国の中で完結した流れを見ることができず、徹頭徹尾外との交流の中で形成されてきたというところに特徴がある。インドや中国であれば、曲がりなりにも自文化内に閉じた世界での思想展開を論ずることが可能である。しかし、日本の場合は、仏教であれ、儒教であれ、西洋哲学であれ、その思想はすべて外来のものであり、それに反発して起こった国学にしても、儒教や仏教があって初めてその対立項として成り立つという性格のものであった。それゆえ、日本思想は始めから開かれた比較思想としてしか捉えられず、また築かれることもできないのである。本書で比較思想の方法を大きく取り上げたのもそのためである。

ここから考えれば、日本思想の研究において、海外研究者の営為がしばしば日本の研究者を先導するような創造的な役割を果たすことも当然と言えよう。『日本哲学資料集』〔Heisig, 2011〕の編者であるハイジック、カスリス、マラルドは、海外における日本哲学研究の開拓者として大きな成果を遺したが、いまやぼつぼつ生涯の研究の総まとめの段階となっている。中でもカスリスの『日本哲学小史』〔Kasulis, 2018〕は「小史」と題しながら、七百五十頁を越える大著であり、古代から近代までの哲学が詳細に論じられている。それとともに、*Intimacy or Integrity*（他者親密性か自己統合性か）〔Kasulis, 2002〕で提示された「自己統合性」（integrity）と「他者親密性」（intimacy）の理論についても、さらに深めて論じられている。

カスリスの本に、興味深い事例が紹介されている。他でもよく見られるように、日本の最高裁判所にも正義の女神像が飾られている。これは、彫刻家圓鍔（えんつば）勝三（一九〇五―二〇〇三）の作品である。正義の女神は、右手に剣、左手に秤を持ち、正義と力を表している。この彫刻もその点は通例通りであるが、いささか異なるのは、額に肉髻（にっけい）があり、その姿がどうも仏像、とりわけ観音菩薩像に似ているというのである。「少なくともギリシアの女神と仏像の混合」〔Kasulis, 2018, p. 16〕と見られる。そう見ると、「正義の女神の姿を取った仏像」のようであり、そうなると、「秤は、単に証拠を客観的に量ることの譬喩ではなく、宇宙的な慈悲の道具に変わってしまう」〔*ibid.* p. 18〕。これは、西洋的な峻厳な正義とはまったく異なり、「慈悲に満ちた正義」と考えられる。

これはきわめて興味深い例であり、普遍的に通用すると考えられる正義でさえも、日本という場の中では大きくそのイメージを変えてしまうのである。そして、そのことは日本の研究者によって

図12　最高裁判所の正義の女神像（圓鍔勝三作）写真提供：最高裁判所

は見逃され、外から見ることによって初めて鋭敏に捉えられたのである（ネットで検索すると、以前新聞のコラムで指摘されたことがあったようだが）。日本から哲学を興そうとするとき、それは決して偏狭な自国中心主義であってはならない。

ところで、哲学を考えるとき、哲学自体が閉鎖化して独善化しないか、という問題がある。今日では哲学を諸学の王（女王）と主張するようなアナクロな哲学至上主義を主張する哲学者はいないであろうが、哲学が諸学を超えて根源的な世界観を扱おうとするならば、それはあたかも究極の学のようになってしまい、それを相対化して捉え直すことが困難になる。それに対して、かつてなされたのがマルクス主義の唯物論の立場からするイデオロギー批判である。すなわち、唯一正しい弁証法的唯物論以外の哲学思想は、すべて下部構造に規定された上部構造であるイデオロギーとして批判されることになる。

今日、このような一面からの批判は成り立たないが、それでは哲学を外から見て、そのあり方を検討するような学は成り立たないのであろうか。哲学も当然ある状況の中で形成されるものであり、時代的な状況に大きく左右される。その点では、哲学を下部構造の経済関係に還元しようというマルクス主義の立場も、哲学を相対化して、より大きな枠の中で見るという、新しい視座へと向かう一つの挑戦ということができる。比較思想というのも、哲学思想を単独で見ずに、相対化して見ることによって、狭隘な独断に陥らないための方法である。

哲学思想を、それが形成された状況に引き戻して検討するのは、思想史学の役割であるとともに、そこに何らかの法則性を見出そうとするとき、知識社会学的な視点が必要になる。このような方向から、哲学のあり方を社会学的に解明しようというランドル・コリンズの『諸哲学の社会学』〔Collins. 2002〕は、比較思想の観点からもきわめて注目される野心作である。千頁を越える大著は、なかなか読み通すのも困難で、私自身的確な評価を下すことはできない。コリンズは、哲学がどのような条件のもとで創造的に発展するかという問題を、東洋・西洋の古代から現代までの諸伝統を詳細に検討し、それを踏まえて哲学者相互のネットワークの重要性を指摘している。コリンズは、日本の哲学思想についても、古代から現代に至るまで、かなり詳しくその展開を論じている〔*ibid.*, pp. 322-378〕。このようなネットワークづくりは個人的な接触が基本であり、それは対立によって発展するとともに、世代間の継承ということも重要視される。コリンズは、そのような継承が創造力を発揮するのは、三―六世代という比較的短い時間に限定されると見ている〔*ibid.*, pp. 380-381〕。コリンズ説が適切かどうかは、容易には決めがたいが、哲学思想を内在的に理解し、解明するとともに、このように外から哲学のあり方を反省することも重要なことと思われる。

五　私たちは未来に責任がないのか?

本書は最終的に「菩薩の倫理学」を提示することが眼目となるが、これに関して、予想される疑問に答えておきたい。それは、前世や来世を考えるというのは、あまりに特殊な宗教的信念であり、一般化できないのではないか、という疑問である。そうであれば、それは哲学的に議論できる問題ではなく、宗教として信ずるかどうかという次元の問題になる。もちろん、菩薩の実践という観念は、輪廻とともに仏教、それも大乗仏教の中で発展してきた特殊な宗教思想に基づいている。『冥顕の哲学1』第九章や本書第十章では、それを宗教という方向に引きつけて論じた。しかし、それでは特定の信者だけが信ずるものであって、それ以外の人は無関係かというと、そうは言えない。それは哲学の問題として議論できるし、しなければならない重要な問題を含んでいる。すでに論じたことと重なるところもあるが、もう一度その点を確認しておきたい。

本書では、死者とのかかわりということは、ほとんど自明のこととして議論を進めてきた。実際、身近な死者の問題を考えても、あるいは戦争や災害の死者を考えても、彼らがすでに死せるものであるから、私たちとは無関係だとは、誰も考えないであろう。私たちは死者をも含めた他者とのかかわりの中で生きている。それを今度は未来のほうに延長させて考えるならば、私たちもまた、いずれは死者として後の世代の生者たちとかかわることになるはずである。そのことによって初めて、私たちは、過去の死者たちに対する責任とともに、未来の者たち――それは、すでに生を享けている者たちだけでなく、いまだ生まれざる者たちをも含む――に対する責任をも有することになる。

今日、世代間倫理として、未来の世代にどのような責任を果たすことができるかが問題となっているが、現世の枠だけで考える限り、死者への責任も考えられないし、ましていまだ生まれざる者に対する責任など、まったくナンセンスということになるであろう。和辻哲郎のように、倫理を生きている者同士の関係としてのみ理解するならば、自己が死んでしまえば、それですべて終わりであり、その後のことにまで責任があるはずはない。すでに生まれている子供や孫たちの世代に対する責任はともかく、いまだ生まれざる者など、どんな人が生まれるかも分からないのに、そのような者たちへの責任など、およそ抽象的で考える必要もないということになろう。

だが、そう言えるであろうか。環境汚染や地球温暖化の問題をとってみても、いまのままの状態が続けば、二十二世紀がどうなるか、まったく予測もつかない。だからと言って、そんな先のことには責任を持つ必要がないと言えるであろうか。十万年規模で考えなければならない核廃棄物のことなど、どうでもよいと言えるであろうか。そのような未来の生まれざる者たちに対して、少しでも責任を持たなければならないとすれば、それはどういうことであろうか。その頃には私たちは確実に死者となっている。私たちは死者として未来とかかわるのであり、だからこそ、未来に対しても責任を持たなければならない、ということではないのか。死は決して終わりではなく、私たちは死者としての責任を果たさなければならない。

未来における死者としての責任など、およそ空想的で、現実味のない知的遊戯に過ぎないと思われるかもしれないが、このように考えるならば、それは決して空想でもなければ、非現実的でもない。はるか未来へ向けて、私が死んだ後の世界に対して有する責任をいかに果たすかは、いまや切実な問題であり、それを可能とする理論の構築は不可欠となっている。死後へも続く活動を説く菩薩の倫理学は、そのような未来への責任を基礎づける理論として、検討される価値を十分に有するのではないか。それは決して特殊な宗教的信念として片付けてよいものではなく、哲学の議論の俎上に載せて検討すべき重要問題ではないのか。

死者やいまだ生まれざる者が考慮されなければならないとすれば、政治の問題も大きく見方が変わってくる。中島岳志は、民主主義と立憲主義とは同一視できないという（中島、二〇一八、二〇―二一頁）。国民や政府は過去の死者たちの営為の所産である憲法を通じて、死者たちによる制約を受ける。それが立憲主義であるという。それが生者のみによる民主主義の暴走に対する歯止めとなる。この中島の見方は、死者にも発言権があるという意味で、「民主」に対して「民権」と呼ぶことができる。これに、未来のいまだ生まれざる者を加えると、彼らも受益者として考慮されなければならないので、それを「民本」と呼ぶことにする。リンカーンのゲティスバーグ演説の言葉を用いるならば、of the people が「民主」、by the people が「民権」、for the people が「民本」に当たることになる。

民主（of the people）――生者

民権（by the people）――生者＋死者
民本（for the people）――生者＋死者＋いまだ生まれざる者

こう見るならば、単に民主主義だけでは不十分で、民権主義（立憲主義）、民本主義が加えられなければならないことになる。

菩薩の倫理学は、こうした過去や未来を含めた形での人間（広くは衆生）の倫理を考えることのできる一つの立場である。もちろん菩薩の思想は決してこの世界だけに限られず、さらに広大な世界に広がっていくのであるから、この世界の範囲内の死者の関与というのは、菩薩のはたらきのごく一部ということになるかもしれない。しかし、その部分は大きな意味を持っている。それは、親鸞の用語を使えば、往相（おうそう）に対する還相（げんそう）としてはたらくことになる。

理性による進歩という近代の理想が幻想として崩れた脱近代の今日、もはや倫理もなく、理想も希望も消えるのであろうか。そうではない。菩薩の倫理学は、理想へ向かっての歩みが死後にまで続くことを肯定する。現世で直ちに理想が実現できないからと言って、それで理想を放棄すべきではない。平和も、自由も、平等も、決して実現不可能な空虚な言葉ではない。現世で果たし得なければ、来世に希望を託せばよい。大事なことは、理想へ向かって、どんなに小さくてもよいから、一歩進めることだ。

四弘誓願（しぐせいがん）は『冥顕の哲学1』第九章でも引いたが、このような菩薩の理想を高く掲げるものである。

衆生無辺誓願度（しゅじょうむへんせいがんど）　辺際もしれない衆生をすべて救うことを誓います。

煩悩無尽誓願断（ぼんのうむじんせいがんだん）　尽きることのない煩悩をすべて断ずることを誓います。

法門無量誓願学（ほうもんむりょうせいがんがく）　量りしれない膨大な真理の教えをすべて学ぶことを誓います。

仏道無上誓願成（ぶつどうむじょうせいがんじょう）　この上ない最高の仏の悟りを成就することを誓います。


こんな途方もない誓いがあるだろうか。絶対不可能ではないのか。そう、不可能だ。しかし、時間は無限に与えられている。無限の先を目指して、現世ではごく小さな一歩でも前進できればよい。最初から馬鹿にして放棄してしまえば、それまでだ。そんなとんでもない理想をあえて引き受けてもよいのではないか。実際、多くの仏教徒が日夜この誓願を唱えている。もう一度菩薩の原点に立ち帰るのは、決して奇怪なおとぎ話の空想に遊ぶことではなく、きわめて現実的で地に足の着いた現世の生を生き抜くことなのだ。

引用・参考文献一覧

赤澤史朗〔二〇〇八〕「マルクス主義と日本思想史研究――『歴史科学』と『唯物論研究』を中心に」、磯前順一、ハリー・ハルトゥーニアン編『マルクス主義という経験――一九三〇―四〇年代日本の歴史学』青木書店
秋山範二〔一九三五〕『道元の研究』岩波書店
朝倉友海〔二〇一四〕『「東アジアに哲学はない」のか』岩波書店
鰺坂真・上田浩・宮田哲夫・村瀬裕也編著〔二〇〇八〕『日本における唯物論の開拓者――永田廣志の生涯と業績』学習の友社
アドルノ、W・テオドール〔一九九六a〕『プリズメン』渡辺祐邦・三原弟平訳、ちくま学芸文庫
――〔一九九六b〕『否定弁証法』木田元他訳、作品社
安藤礼二・若松英輔編〔二〇一四〕『井筒俊彦――言語の根源と哲学の発生』河出書房新社。増補版、二〇一七
飯田賢一編〔一九九二〕『三枝博音』日外アソシエーツ、一九九二
池田晶子〔二〇〇三〕『14歳からの哲学』トランスビュー
石井公成〔二〇〇六〕「『行学一如』の歴史的背景」『印度学仏教学研究』五五巻一号
磯前順一〔二〇〇三〕『近代日本の宗教的言説とその系譜』岩波書店

——〔二〇一二〕『宗教概念あるいは宗教学の死』東京大学出版会
井筒俊彦〔一九九一〕『意識と本質――精神的東洋を索めて』岩波文庫。原著、一九八三
——〔二〇一四〕『禅仏教の哲学に向けて』野平宗弘訳、ぷねうま舎（Izutsu［2001］の訳）
井上哲次郎〔一九〇〇〕『日本陽明学派之哲学』冨山房
——〔一九〇二〕『日本古学派之哲学』冨山房
——〔一九〇五〕『日本朱子学派之哲学』冨山房
今村仁司〔二〇〇一〕『現代語訳清沢満之語録』解題・あとがき、清沢〔二〇〇一〕所収
——〔二〇〇四a〕『清沢満之と哲学』岩波書店
——〔二〇〇四b〕「対談を終えて――末木教授への応答」『思想』九六七
——〔二〇〇七〕『社会性の哲学』岩波書店
——〔二〇〇九〕『親鸞と学的精神』岩波書店
今村仁司・末木文美士〔二〇〇四〕「清沢満之と仏教の今日的再生」『思想』九六七
岩野卓司〔二〇一四〕『贈与の哲学――ジャン＝リュック・マリオンの思想』明治大学出版会
ヴァレリー、ポール〔二〇一〇〕『精神の危機　他一五篇』恒川邦夫訳、岩波文庫
内山勝利他編〔二〇〇六〕『哲学の歴史』一二巻、中央公論社
内山節〔二〇〇七〕『日本人はなぜキツネにだまされなくなったのか』講談社現代新書、二〇〇七
梅原猛編〔一九六八〕『戦後日本思想大系３　ニヒリズム』筑摩書房
大谷栄一・吉永進一・近藤俊太郎編〔二〇一六〕『近代仏教スタディーズ――仏教からみたもうひとつの近代』法蔵

館
大塚久雄〔一九六八〕『近代化の人間的基礎』筑摩叢書
小川隆〔二〇一〇〕『続・語録のことば――『碧巌録』と宋代の禅』禅文化研究所
――〔二〇一一〕『語録の思想史――中国禅の研究』岩波書店
カスリス、トマス〔二〇一六〕『インティマシーあるいはインテグリティー』衣笠正晃訳、法政大学出版局（Kasulis [2002] の訳）
勝井恵子〔二〇一〇〕「橋田邦彦研究――ある「葬られた思想家」の生涯と思想」『日本醫史學雑誌』五六巻四号、二〇一〇年一二月
金森修〔二〇〇四〕『自然主義の臨界』勁草書房
葛兆光〔一九九八―二〇〇〇〕『中国思想史』二巻、復旦大学出版社
――〔二〇〇七〕「誰の思想史か？ 誰のための思想史か？」池麗梅訳、『思想』一〇〇一号
ガブリエル、マルクス〔二〇一八〕『なぜ世界は存在しないのか』清水一浩訳、講談社 選書メチエ
鎌田東二〔二〇一六〕『世阿弥――身体変容技法の思想』青土社
苅部直〔二〇一〇〕『光の領国 和辻哲郎』岩波現代文庫。原著、一九九五
苅部直・黒住真・佐藤弘夫・末木文美士編〔二〇一三―一四〕『岩波講座日本の思想』全八巻、岩波書店
苅部直・黒住真・佐藤弘夫・末木文美士・田尻祐一郎編〔二〇一一―一五〕『日本思想史講座』全八巻、ぺりかん社
河上徹太郎他〔一九七九〕『近代の超克』富山房百科文庫。原著、一九四三

川田熊太郎〔一九五七〕『仏教と哲学』平楽寺書店
川本隆史〔一九九五〕『現代倫理学の冒険』創文社
木田元〔一九九〇〕『哲学と反哲学』岩波書店
――〔二〇〇〇〕『反哲学史』講談社学術文庫
姜栄安〔二〇〇五〕『韓国近代哲学の成立と展開』鄭址郁訳、世界書院
清沢満之〔一八九二〕『宗教哲学骸骨』
――〔二〇〇一〕『現代語訳清沢満之語録』今村仁司訳、岩波現代文庫
――〔二〇〇二―二〇〇三〕清沢満之全集全九巻、岩波書店
熊野純彦〔二〇〇九a〕『和辻哲郎――文人哲学者の軌跡』岩波新書
――編著〔二〇〇九b〕『日本哲学小史』中公新書
――他〔二〇〇七―一五〕『再発見日本の哲学者』全一五巻、講談社。のちに講談社学術文庫に収録
高坂正顕・西谷啓治・高山岩男・鈴木成高〔一九四三〕『世界史的立場と日本』中央公論社
國分功一郎〔二〇一七〕『中動態の世界』医学書院
古東哲明〔二〇〇五〕『他界からのまなざし――臨生の思想』講談社
子安宣邦〔一九九〇〕『「事件」としての徂徠学』青土社。のちに、ちくま学芸文庫版、二〇〇〇
ゴルデル、ヨースタイン〔一九九五〕『ソフィーの世界』池田香代子訳、NHK出版
齋藤嘉文〔二〇一七〕『跳訳道元――仏説微塵経で読む正法眼蔵』ぷねうま舎

三枝博音〔一九七二a〕『日本に於ける哲学的観念論の発達史』三枝博音著作集三、中央公論社。原著は一九三四

——〔一九七二b〕『日本の思想文化』三枝博音著作集五、中央公論社。原著は一九三七。また、中公文庫、一九七八

——〔一九七二c〕『三浦梅園の哲学』三枝博音著作集五、中央公論社。原著は九四一

——〔一九七三〕『西欧化日本の研究』三枝博音著作集一二、中央公論社。原著は一九五八

坂部恵〔坂部、二〇〇〇〕『和辻哲郎』岩波現代文庫。原著、一九八六

佐々木閑〔二〇〇六〕『犀の角たち』大蔵出版。のち『科学するブッダ——犀の角たち』角川ソフィア文庫、二〇一三

島地黙雷〔一九七三〕島地黙雷全集第一巻、本願寺出版協会

島薗進・鶴岡賀雄編〔二〇〇四〕『〈宗教〉再考』ぺりかん社

清水康幸〔一九八二〕「橋田邦彦における科学と教育の思想」『日本の教育史学』二五

下村寅太郎・古田光〔一九六五〕「日本の哲学」『現代日本思想大系24 哲学思想』解説、筑摩書房

シュペングラー、オシヴァルト〔一九九六〕『西洋の没落』村松正俊訳、五月書房

シュミット、カール〔二〇一五〕『現代議会主義の精神史的状況 他一篇』樋口陽一訳、岩波文庫

ジュリアン、フランソワ〔二〇〇二〕『道徳を基礎づける——孟子vs.カント、ルソー、ニーチェ』中島隆博・志野好伸訳、講談社現代新書。のち講談社学術文庫、二〇一七

親鸞〔一九七一〕『教行信証』星野元豊・石田充之・家永三郎校注『日本思想大系11 親鸞』岩波書店

末木文美士〔一九九八a〕「『日本哲学』の可能性」、末木『解体する言葉と世界』岩波書店

――〔一九九八b〕『「碧巌録」を読む』岩波書店。のち岩波現代文庫、二〇一八
――〔一九九八c〕「和辻哲郎の原始仏教論」『日本仏教文化論叢』上、永田文昌堂。『近代日本と仏教』末木〔二〇〇四b〕に再録
――〔二〇〇四a〕『明治思想家論――近代日本の思想・再考Ⅰ』トランスビュー
――〔二〇〇四b〕『近代日本と仏教――近代日本の思想・再考Ⅱ』トランスビュー
――〔二〇〇四c〕「仏教の非神話化とそのゆくえ――今村仁司『清沢満之と哲学』をめぐって」『思想』九六七。末木〔二〇〇七a〕に再録
――〔二〇〇六a〕『仏教vs.倫理』ちくま新書。のちに改題、『反・仏教学――仏教vs.倫理』ちくま学芸文庫、二〇一三
――〔二〇〇六b〕「がんばれ哲学！（がんばれるかな?）」、小林康夫編『哲学とはなにか』未来社
――〔二〇〇六c〕『日本宗教史』岩波新書
――〔二〇〇七a〕『他者／死者／私――哲学と宗教のレッスン』岩波書店
――〔二〇〇六d〕『日本仏教の可能性』春秋社。のちに新潮文庫、二〇一一
――〔二〇〇七b〕「思想と思想史」『思想』一〇〇一号。末木〔二〇一〇〕に再録
――〔二〇一〇〕『他者・死者たちの近代――近代日本の思想・再考Ⅲ』トランスビュー
――〔二〇一二a〕『哲学の現場――日本で考えるということ』トランスビュー
――〔二〇一二b〕「新しい哲学を目指して」『福神』一六
――〔二〇一四a〕「比較思想学会四〇周年記念シンポジウム『比較思想の新たな射程』趣旨説明」『比較思想研

究』四〇号
――〔二〇一四b〕「第十四回ヨーロッパ日本研究協会国際会議報告」『比較思想研究』四〇号、「学会動向」
――〔二〇一六〕『日本の思想をよむ』角川書店
――〔二〇一七a〕『日本思想史の射程』敬文舎
――〔二〇一七b〕『思想としての近代仏教』中公選書
末木文美士・頼住光子編〔二〇一八〕『日本仏教を捉え直す』放送大学教育振興会
鈴木大拙〔二〇一〇〕『日本的霊性　完全版』角川文庫
瀬沼茂樹編〔一九七四〕『明治哲学思想集』明治文学全集80、筑摩書房
高木彬光〔一九五一〕『わが一高時代の犯罪』岩谷書店。のちに角川文庫などに収録
高橋琢磨〔二〇一七〕『葬られた文部大臣、橋田邦彦――戦前、戦中の隠されてきた真実』WAVE 出版
竹内整一〔二〇〇四〕『「おのずから」と「みずから」』春秋社
――〔二〇一二〕『やまと言葉で哲学する』春秋社
竹内洋〔二〇〇三〕『教養主義の没落』中公新書
田辺元〔一九三九〕『正法眼蔵の哲学私観』岩波書店
――〔二〇一〇〕『死の哲学　田辺元哲学選Ⅳ』藤田正勝編、岩波文庫
ダライ・ラマ〔二〇一二〕『ダライラマ科学への旅――原子の中の宇宙』伊藤真訳、サンガ新書。（Dalai Lama〔2005〕の訳）

陳継東〔二〇〇七〕「哲学と宗教の間——近代中国思想における仏教の位置づけ」『思想』一〇〇一号
デリダ、ジャック〔二〇〇四〕『コーラ　プラトンの場』守中高明訳、未来社
唐忠毛〔二〇〇六〕『仏教本覚思想論争的現代性考察』上海古籍出版社
トラヴァール、ジョエル〔二〇〇六〕「哲学的なものと非・哲学的なものに関する考察——人類学者の視点から」郷原佳以訳、小林康夫編『いま、哲学とはなにか』未来社
ドルチェ、ルチア／松本郁代編〔二〇一〇〕『儀礼の力——中世宗教の実践世界』法蔵館
ドロワ、ロジェ＝ポル〔二〇〇二〕『虚無の信仰——西欧はなぜ仏教を怖れたか』島田裕巳・田桐正彦訳、トランスビュー
永井晋〔二〇〇七〕『現象学の転回』知泉書館
——〔二〇一八〕『〈精神的〉東洋哲学——顕現しないものの現象学』知泉書館
永井潜〔一九〇八〕『医学ト哲学』吐鳳堂
——〔一九一三〕『生命論』洛陽堂
——〔一九一六〕『生物学と哲学との境』洛陽堂
中島隆博〔二〇〇九〕『ヒューマニティーズ　哲学』岩波書店
中島岳志〔二〇一八〕『保守と立憲——世界によって私が変えられないために』スタンド・ブックス
永田広志〔一九六七〕『日本哲学思想史』永田広志日本思想史研究第一巻、法政大学出版局
中村元〔一九六〇〕『比較思想論』岩波全書

――〔一九七四〕「比較思想研究の未来性」『比較思想研究』一、比較思想学会
――監修、峰島旭雄編〔二〇〇〇〕『比較思想事典』東京書籍
南原繁〔二〇一四〕『国家と宗教――ヨーロッパ精神史の研究』岩波文庫
西周〔一九六〇〕西周全集第一巻、大久保利鎌編、宗高書店
――〔一九八一〕西周全集第四巻、大久保利鎌編、宗高書店
西田幾多郎〔一九五〇〕『善の研究』岩波文庫
西谷啓治〔一九八六a〕『根源的主体性の哲学（正）』西谷啓治著作集第一巻、創文社。原著は一九四〇
――〔一九八六b〕『ニヒリズム』西谷啓治著作集第八巻、創文社。原著は一九四九
――〔一九八七a〕『根源的主体性の哲学（続）』西谷啓治著作集第二巻、創文社。原著は一九四〇
――〔一九八七b〕『世界観と国家観』西谷啓治著作集第四巻、創文社。原著は一九四一
――〔一九八七c〕「批判の任務とファシズムの問題」西谷啓治著作集第四巻、創文社。初出は一九四九
――〔一九八七c〕『宗教論集第一　宗教とは何か』西谷啓治著作集第一〇巻、創文社
――〔一九七九〕「『近代の超克』試論」河上他〔一九七九〕所収
ハイデッガー、マルティン〔一九六〇〕『哲学とは何か』原佑訳、理想社。原著は一九五六年
袴谷憲昭〔一九九〇〕『批判仏教』大蔵出版
橋田邦彦〔一九三三、三四〕『生理学』上下、岩波書店
――〔一九三四〕『碧潭集』山極一三編、岩波書店
――〔一九三六a〕『空月集』山極一三編、岩波書店

――〔一九三六b〕『自然と人――橋田邦彦先生講演集1』山極一三編、人文書院
――〔一九三九〕『行としての科学』山極一三編、岩波書店
――〔一九七〇〕『正法眼蔵の側面観』杉靖三郎編、大法輪閣
――〔一九七七〕『生体の全機性――橋田邦彦選集』東京大学医学部生理学同窓会編、協同医書出版社
――〔一九八〇〕『正法眼蔵釈意』畑邦吉校訂、合冊版、山喜房仏書林。原著は一九三九、四〇、四四
ハーバーマス、ユルゲン〔二〇〇〇〕『近代　未完のプロジェクト』三島憲一編訳、岩波現代文庫
濱田恂子〔二〇〇六〕『近・現代日本哲学思想史』関東学院大学出版会
藤井淳〔二〇〇八〕『空海の思想的展開の研究』トランスビュー
藤田正勝〔二〇一八〕『日本哲学史』昭和堂
フッサール、エドムント〔一九九五〕『ヨーロッパ諸学の危機と超越論的現象学』細谷恒夫・木田元訳、中央文庫
ブラム、マーク〔二〇〇五〕「レヴィナスと清沢満之」『親鸞教学』八四
保苅実〔二〇〇四〕『ラディカル・オーラル・ヒストリー――オーストラリア先住民アボリジニの歴史実践』御茶の水書房。のちに岩波現代文庫、二〇一八
ホルクハイマー、マックス／アドルノ、W・テオドール〔二〇〇七〕『啓蒙の弁証法――哲学的断想』徳永恂訳、岩波文庫
前川清治〔一九九六〕『三枝博音と鎌倉アカデミア』中公新書
松本晧一〔一九九一〕「無適・橋田邦彦における『行』について」『駒澤大学佛教学部論集』二二

――（一九九二）「橋田邦彦と『正法眼蔵』」『印度学仏教学研究』四〇巻二号
松本三之介・山室信一編（一九八八）『日本近代思想大系10　学問と知識人』岩波書店
マラルド、ジョン・C（二〇〇六）「生成中の哲学を定義すること」水野友晴訳、J・W・ハイジック編『日本哲学の国際性――海外における受容と展望』世界思想社
丸山眞男（一九五二）『日本政治思想史研究』東京大学出版会
三浦雅士（二〇一八）『孤独の発明――または言語の政治学』講談社
宮川敬之（二〇〇八）『和辻哲郎――人格から間柄へ』講談社
宮川透・荒川幾男編（一九七六）『日本近代哲学史』有斐閣
村岡典嗣（一九三〇）『日本思想史研究』岡書院。平凡社、東洋文庫版、二〇〇四
森哲郎（一九九四）「宗教・哲学とナショナリズムの問題――西谷啓治『世界観と国家観』について」京都産業大学世界問題研究所所報『世界の窓』九
文部省編（一九三七）『国体の本義』文部省
山内舜雄（二〇一二）『橋田邦彦著『正法眼蔵釈意』――その世界・解説と評論』山喜房仏書林
山本伸裕（二〇一一）『「精神主義」は誰の思想か』法藏館
山本伸裕・碧海寿広編（二〇一六）『清沢満之と近代日本』法藏館
湯浅泰雄（一九九〇）『身体論――東洋的心身論と現代』講談社学術文庫（Yuasa［1987］の日本語版）
吉田敏雄編（一九八八）『元文部大臣橋田邦彦先生を偲びて』吉田敏雄（私家版）

吉仲正和〔一九八四〕『科学者の発想』玉川大学出版部
林鎮國〔一九九九〕『空性與現代性』台湾・立緒文化
レーヴィット、カール〔一九四九〕『ヨーロッパのニヒリズム』筑摩書房
レヴィナス、エマニュエル〔二〇〇五〕『全体性と無限』熊野純彦訳、岩波文庫
ローゼンベルク、アルフレート〔一九四二〕『二十世紀の神話』吹田順助・上村清延訳、中央公論社

渡邊二郎〔一九九八〕「哲学」、廣松渉他編『岩波哲学・思想辞典』岩波書店
渡辺哲夫〔二〇〇二〕『死と狂気』ちくま学芸文庫、二〇〇二。原著は一九九一
和辻哲郎〔一九三七〕「普遍的道徳と国民的道徳」『思想』一七九
――〔一九七九〕『古寺巡礼』岩波文庫。原著は一九一九
――〔一九九一―九二〕和辻哲郎哲郎全集全二五巻別巻二、岩波書店
――〔一九九二〕『日本精神史研究』岩波文庫。原著は一九二六
――〔二〇〇七a〕『倫理学』全四巻、岩波文庫
――〔二〇〇七b〕『人間の学としての倫理学』岩波文庫
――〔二〇一二〕『初版古寺巡礼』ちくま学芸文庫
和辻哲郎・務台理作・高坂正顕・西谷啓治〔一九六八〕『実存と虚無と頽廃』梅原猛編〔一九六八〕所収。原著は一九五二

Anastaplo, George [2002] *But Not Philosophy: Seven Introductions to Non-Western Thought*, Lanham: Lexington Books.

Burik, Steven [2009] *The End of Comparative Philosophy and the Task of Comparative Thinking: Heidegger, Derrida, and Daoism*, State University of New York Press.

Collins, Randall [2002] *The Sociology of Philosophies : A Global Theory of Intellectual Change*, The Belknap Press of Harvard University Press.

Cuevas, Bryan J. & Stone, Jacqueline I. (ed.) [2007] *The Buddhist Dead*, University of Hawai'i Press.

Dalai Lama [2005] *The Universe in a Single Atom*, Broadway Books.（和訳、ダライ・ラマ〔二〇一一〕）

Depraz, Natalie & Varela, Francisco J. [2003] "Imagining: Embodiment, Phenomenology, and Transformation," in Wallace [2003]

——— [2008] "The rainbow of emotions: at the crossroads of neurobiology and phenomenology," *Continental Philosophical Review* 41, Published online

Derrida, Jacque and Marion, Jean-Luc [1999] "On the Gift: A Discussion between Jacque Derrida and Jean-Luc Marion," J. D. Caputo & M. J. Scanlon (ed.), *God, the Gift, and Postmodernism*, Indiana University Press, 1999.

Garfield & Edelglass (ed.) [2011] *The Oxford Handbook of World Philosophy*, Oxford University Press.

Gilligan, Carol [1982] *In a Different Voice*, Harvard University Press.

Grassi, Ernesto [1969] "Critical Philosophy or Topical Philosophy? Meditation on the *De nostril temporis studiorum ratione*," G. Tagliacozzo and H. V. White (ed.), *Giambattista Vico : An International Symposium*, The Johns Hopkins Press.

Hamada, Junko [1994] *Japanische Philosophie nach 1868*, Leiden: Brill.

Heisig, J. W., Kasulis T. P. & Maraldo, J. C. [2011] *Japanese Philosophy : A Sourcebook*, University of Hawai'i Press.

Hubbard, J. & Swanson, P. (ed.) [1997] *Pruning the Bodhi Tree*, University of Hawai'i Press.

Izutsu, Toshihiko [2001] *Toward a Philosophy of Zen Buddhism*, Shambhala, 2001 (first edition:Imperial Iranian Academy of Philosophy, 1982).（和訳、井筒〔二〇一四〕）

Kasulis, Thomas P. [2002] *Intimacy or Integrity*, University of Hawai'i Press.（和訳、カスリス〔二〇一六〕）

——— [2018] *Engaging Japanese Philosophy : A Short History*, Univ. of Hawai'i Press

Maraldo, John C. [2018] *Japanese Philosophy in the Making 1 : Crpssing Paths with Nishida*, Chisokudō,

McCarthy, Erin [2010] *Ethics Embodied : Rethinking Selfhood through Continental, Japanese, and Feminist Philosophy*, Lexington Books.

Nakamura, Hajime [1989] "The Meaning of the Terms 'Philosophy' and Religion' in Various Traditions," G. J.Larson & E. Deutsch (ed.), *Interpreting across Boundaries : New Essays on Comparative Philosophy*, Delhi : Motilal Banarsidass Publishers.

Noddings, Nel [1984] *Caring*, University of California Press.

Paul, Gregor [1993] *Philosophie in Japan : Von den Anfängen bis zur Heian-Zeit : eine kritische Untersuchung*

München : Iudicium.

Sevilla, Anton L. [2017] *Waysuji Tetsurô's Global Ethics of Emptiness*, Palgrave Macmillan.

Shields, James Mark [2011] *Critical Buddhism*, Ashgate Pub Co.

Staal, Frits [1989] "Is there philosophy in Asia?" G. J. Larson & E. Deutsch (ed.), *Interpreting across Boundaries: New Essays on Comparative Philosophy*, Delhi : Motilal Banarsidass Publishers.

Wallace, Alan (ed.) [2003] *Buddhism and Science*, Columbia University Press.

Yuasa Yasuo, *The Body : Toward an Eastern Mind-Body Theory*, State Univ. of New York Press, 1987.

初出一覧

序　章　**伝統思想から哲学へ**
原題「日本仏教を哲学として鍛え直す」
『考える人』新潮社、二〇一一年春号。

Ⅰ　日本から哲学する

第一章　**日本発の哲学——その可能性をめぐって**
『岩波講座哲学』第一巻、岩波書店、二〇〇八。

第二章　**批判的思惟の有効性——マルクス主義と日本思想史**
『日本の哲学』一四、昭和堂、二〇一三。

第三章　**比較思想という視座**
原題「今、比較思想を問う」。
『比較思想研究』四一、比較思想学会、二〇一五。一部に、「新しい哲学を目指して」（『福神』一六、二〇一二）を組み込んだ。

第四章　公共性と他者――日本思想の立場から
書き下ろし。ただし、骨格は韓国文明研究学会（慶熙大学校、二〇一四）において"The Public Sphere and Other"と題して英語で口頭発表したものに基づく。

Ⅱ　近代日本哲学と仏教――批判的考察

第五章　仏教の非宗教的理解――和辻哲郎
原題「仏教の非宗教化――和辻哲郎」。
『福神』一四、二〇一〇。

第六章　ファシズム／ニヒリズム／日本――西谷啓治批判序説
原題「ファシズムからニヒリズムへ――西谷啓治」。
『福神』一五、二〇一一。

第七章　科学／国家／道元――橋田邦彦と『正法眼蔵』
『福神』一九、二〇一八。

第八章　禅から井筒哲学を考える
『道の手帖　井筒俊彦』河出書房新社、二〇一四。

第九章　社会性から宗教へ――今村仁司の清沢満之論
原題「今村仁司氏の清沢満之研究」。
『東京経済大学紀要』二五九、二〇〇八。

Ⅲ　脱近代に抗して

第十章　国家／宗教／倫理――脱近代の中で

書き下ろし。

終　章　果てしなき螺旋の途上にて

書き下ろし。

あとがき

終章の最後で、「いまだ生まれざる者」への責任という問題が新たにクローズアップされた。これまで予想はされていても、正面から取り上げるのを避けてきた問題である。「いまだ生まれざる者」を他者として組み込むと、本書で見てきた他者の三層構造を改めて見直す必要が出てくる。「いまだ生まれざる者」も時間性にかかわるという点で、死者と共通する。そこで、三層構造を時間性の観点から捉え直すことが考えられる。

第一層――共時的他者（他の人、他の生き物、他の自然物・人工物、自己）
第二層――異時的他者（死者、いまだ生まれざる者）
第三層――超時的他者（妖怪など、神、仏）

これによって、かえって「冥」の他者の領域が分析理解しやすくなりそうである（他者を理解しやすいというのもおかしいが）。ちなみに、生前・死後の自己もまた、異時的他者として考えることができるかもしれない。もっとも、時間の流れが現世的時間と異なるので、やはりちょっと違うかな、という感じもする。超時的他者も時間性を持たないわけではなく、現世的時間と異なる次元の時間を考える必要がありそうだ。

というわけで、どこまで行っても螺旋の途上から逃れられそうもない。当初はこれまでの論文をまとめるだけのつもりだったのが、その過程でかえって新しい発展を喚び起こすことになってしまった。「冥顕の哲学」は私個人の切実な問題から出発したものだが、菩薩の倫理学が形成されていく中で、次第に現代という時代に対する強い危機感に急かされるようになった。その危機感が空回りしないで、少数であっても心ある読者と共有できることを願っている。

本書の成立に至るいきさつは『冥顕の哲学1』の場合と同じであり、改めて述べない。ただ、当初は自分の独創と思っていた考えが、後から振り返ってみると、その多くが先人や友人たちによって説かれ、示唆されていたことに気がついて、愕然とする。私の役割は、そうして示唆されたことを私なりに消化し、整理し直したということだけにあるのかもしれない。最近では、「横の会」の討論から受けた刺激が大きい。

躁状態の自信過剰と鬱状態の自信喪失の間を揺れ動く著者をおだて励まして、何とかここまで引張ってきてくれたぷねうま舎の中川和夫さんに感謝したい。

二〇一八年十一月　　　　　　　　　　著　者

末木文美士

1949年生まれ．78年，東京大学大学院人文科学研究科博士課程単位取得退学．専攻，仏教学，日本思想史，比較思想．現在東京大学名誉教授，国際日本文化研究センター名誉教授，放送大学客員教授．
著書：『解体する言葉と世界――仏教からの挑戦』（岩波書店，1998），『「碧巌録」を読む』（岩波書店，1998），『明治思想家論――近代日本の思想・再考 Ⅰ』『近代日本と仏教――近代日本の思想・再考Ⅱ』『他者・死者たちの近代――近代日本の思想・再考Ⅲ』（トランスビュー，2004-10），『他者/ 死者/ 私――哲学と宗教のレッスン』（岩波書店，2007），『仏典を読む――死から始まる仏教史』（新潮社，2009），『哲学の現場――日本で考えるということ』（トランスビュー，2012），『草木成仏の思想――安然と日本人の自然観』（サンガ，2015），『思想としての近代仏教』（中公選書，2017），『仏教から読む古典文学』（角川選書，2018），『冥顕の哲学１　死者と菩薩の倫理学』（ぷねうま舎，2018）ほか多数。

冥顕の哲学２　いま日本から興す哲学

2019年１月25日　第１刷発行

著　者　末木文美士（すえきふみひこ）

発行者　中川和夫

発行所　株式会社 ぷねうま舎
〒162-0805　東京都新宿区矢来町122　第2矢来ビル3F
電話 03-5228-5842　　ファックス 03-5228-5843
http://www.pneumasha.com

印刷・製本　株式会社ディグ

ISBN 978-4-906791-98-9　　Printed in Japan

冥顕の哲学1　死者と菩薩の倫理学　末木文美士　四六判・二八〇頁　本体二六〇〇円

禅仏教の哲学に向けて　井筒俊彦　野平宗弘訳　四六判・三八〇頁　本体三六〇〇円

ダライ・ラマ　共苦（ニンジェ）の思想　辻村優英　四六判・二六六頁　本体二八〇〇円

九鬼周造と輪廻のメタフィジックス　伊藤邦武　四六判・二七〇頁　本体三二〇〇円

超越のエチカ
――ハイデガー・世界戦争・レヴィナス――
横地徳広　A5判・三五〇頁　本体六四〇〇円

秘教的伝統とドイツ近代
――ヘルメス、オルフェウス、ピュタゴラスの文化史的変奏――
坂本貴志　A5判・三四〇頁　本体四六〇〇円

グノーシスと古代末期の精神
第一部　神話論的グノーシス
第二部　神話論から神秘主義哲学へ
ハンス・ヨナス著　大貫　隆訳　A5判・第一部＝五六六頁　第二部＝四九〇頁　本体第一部＝六八〇〇円　第二部＝六四〇〇円

神の後に
Ⅰ　〈現代〉の宗教的起源
Ⅱ　第三の道
マーク・C・テイラー著　須藤孝也訳　A5判・Ⅰ＝二二六頁　Ⅱ＝二三六頁　本体Ⅰ＝二六〇〇円　Ⅱ＝二八〇〇円

―――― ぷねうま舎 ――――

表示の本体価格に消費税が加算されます
2019年1月現在